メイキングコレクション◉ロケ地の寅さん

全国各地を舞台とした「男はつらいよ」シリーズ。
和気藹々とした現場には常に笑顔があふれ、
時にはファンに見守られながら撮影が敢行された。
「寅さんが町にやってきた！」
それだけで地域の人々は心を熱くし、
かけがえのない故郷に誇りを感じたのである。

車両高さ制限2.00M

第29回 高松まつり
主催　高松市一番松まつり実行委員会
わかや
わか

第46作「寅次郎の縁談」(1993年)。寅さんは料理店経営に失敗して郷
里に戻っていた葉子(マドンナの松坂慶子)とデートする。場所は香川県
高松市の特別名勝・栗林公園。ロケ時、写真のように市内は賑やかな
高松まつりが開催されていた(背後に「第29回高松まつり」の横断幕が見
える)。2人は美しい園内を散策し、互いの過去を語り合った。

男はつらいよ　メイキングコレクション◉ロケ地の寅さん

第38作「知床慕情」(1987年)。雄大な知床半島を舞台に、離婚して斜里町の実家に戻っていたりん子（マドンナの竹下景子）と寅さんの淡い恋が繰り広げられた。写真のロケ現場は、ウトロ漁港の北方沿岸部。右舷では渥美清と竹下景子が打ち合わせしている。作品では、寅さんが身を引いて2人の恋は成就しなかったが、りん子の父で獣医の順吉（三船敏郎）とスナックを経営する悦子（淡路恵子）の恋は実った。

第26作「寅次郎かもめ歌」(1980年)。香《や》具師《し》仲間・シッピンの常の訃報を耳にした寅さんは、北海道の奥尻島を訪れる。常の娘・すみれ(マドンナの伊藤蘭)をなぐさめ、墓参りをするためであった。写真は奥尻島北端の賽の河原で、撮影の合間に談笑する山田洋次監督、伊藤蘭、渥美清。作品では渺々たる風景の中で交わされる、寅さんとすみれの会話が印象に残る。

第47作「拝啓車寅次郎様」(1994年)。ロケ現場で寅さんやポンシュウ(関敬六)などと談笑するゲストの小林幸子は、駆け出しの演歌歌手の役(役名は小林さち子)を演じた。新潟県上越市でロケした冒頭シーンと、長崎県雲仙市の雲仙温泉でロケしたラストシーンに花を飾った。

第46作「寅次郎の縁談」(1993年)。旅から戻った寅さんが、江戸川土手を歩きながら土手下を見ると、源公(佐藤蛾次郎)が大きな犬を従えて寝転んでいた。写真は源公に石をぶつけてからかう手前のシーンの撮影現場である。この作品では、社会人になる一歩手前の満男(吉岡秀隆)の未熟な恋と、寅さんの大人の恋が同時進行。満男は寅さんと行動原理が似ている。やはり寅さんの甥っ子なのである。

第35作「寅次郎恋愛塾」(1985年)。長崎県新上五島町の中通島のロケ写真。バイがうまくいかない寅さんとポンシュウ(関敬六)は、連絡船で中通島へ渡ったが、財布はこの日の宿代でギリギリの状態。昼飯も牛乳と菓子パンのみ。港で途方に暮れていたが、島で一人暮らしのお婆さんを助けたことから一宿一飯の恩義にあずかる。写真は危ない足取りで手押し車を押すお婆さんを、心配しながら見ているシーンである。

第44作「寅次郎の告白」(1991年)の終盤シーン。正月に遊びに来た泉(後藤久美子)と一緒に江戸川土手を歩く諏訪家の面々。屈託のない笑いの中、満男のモノローグが心に刺さる。「伯父さん、世の中で一番美しいものは恋なのに、どうして恋をする人間はこんなにブザマなんだろう……」。

第12作「私の寅さん」(1973年)。とらや一家は寅さんに留守番を頼んで九州旅行へ出かけた。阿蘇山、熊本城、杖立温泉、大分市などでロケを敢行。ニホンザルで知られる大分市の高崎山自然動物園のロケ現場には、多くのファンが詰めかけた。おいちゃんは2代目となる松村達雄、満は中村はやとが演じていた時代である。

寅さんの「日本」を歩く

岡村直樹 著

天夢人
Temjin

今も旅を続ける寅さん その〝聖地〟を歩けば いつかどこかで会えるはず

はじめに

寅さんはよほどのことがないかぎり急行や特急なんて乗らない。移動手段はもっぱら徒歩か各駅停車である。もちろん、鉄道がない場所ではバスにも乗るが、ふだんは間違ってもタクシーを使うことはない。

「行き先は風に聞く」というくらいだから、移動にはとにかく時間がかかる。第32作、さくらから電話で「おにいちゃん、いつ帰るの?」と聞かれた寅さん。「そうだなあ〜、まぁこれから、出雲の方へ出て、米子、鳥取と、フラフラと秋の風に吹かれて歩いてるうちにゃ、いずれ柴又へ着くでしょう」

一事が万事、こんな調子。なので柴又には年に数回しか帰れない。一年中ほとんど旅の空にあり、縁日やお祭りのカレンダーに合わせて全国津々浦々

に出没する。

立ち寄り先の情報は、駅前旅館の女将や駅員さん、地元のお年寄りなどから集めるので、情報誌など及びもつかないほど濃い。言ってみれば、寅さんは日本一の〝日本通〟なのである。

本書はそんな寅さんの心に刻まれた「日本」、観客の心に残る「日本」を〝寅さんの目線〟で紹介する初めての本となる。第50作（2019年12月）が公開されて久しいが、寅さんは今、どこを旅しているのだろう。

取り上げたロケ地は、全国340カ所以上。そこには本当の「日本」が待っている。さあ、本書を携えて〝寅さんの聖地〟を訪ねてみよう！　各駅停車に揺られ、駅前旅館に投宿すれば、階下から元気な声が聞こえてくるはず。

「女将、久しぶりだなぁ、またしばらく世話になるぜ」

寅さん一家とご近所さん。第7作「男はつらいよ 奮闘篇」（1971年）の撮影の合間にキャストが勢揃い。この作品のマドンナは榊原るみ。満男（中村はやと）はまだ赤ちゃんである。

※本文中のマークは、映画のシーン写真もしくはスチール写真です（一部に宣伝用写真もあり）。

寅さんに翻弄される人々

愛すべき家族や仲間

※カギ括弧《かっこ》の中は、寅さんへの呼びかけ方。

車《くるま》 竜造《りゅうぞう》（14〜49作）「なぁ、寅」

車《くるま》 竜造《りゅうぞう》（9〜13作）「コラッ、寅」

車《くるま》 竜造《りゅうぞう》（1〜8作）「寅さんよ〜」

森川信《もりかわしん》（1〜8作）／松村達雄《まつむらたつお》（9〜13作）／下條正巳《しもじょうまさみ》（14〜49作）
だんご屋「とらや」の6代目。寅さんの父・平造の弟で、寅さんとさくらの叔父《おじ》。通称「おいちゃん」。寅さんが戻ってくると、必ず大喧嘩《おおげんか》を始めるが、気性はやさしい。少年時代の夢は馬賊《ばぞく》。心臓病、神経痛などの持病を抱える。初代・森川の「バカだねぇ〜」、3代・下條の「オラ、知らねえよ〜」は絶品。

子供はいない

車《くるま》 つね「寅ちゃん」

三崎千恵子《みさきちえこ》 竜造の糟糠《そうこう》の妻。通称「おばちゃん」。寅さんの家出後、さくらを、わが子のように育てた。だんご屋を切り盛りする働き者。情にもろい。料理が得意。

遠縁

明石夕子《あかしゆうこ》（若尾文子《わかおあやこ》）

←兄弟→

店員 三平《さんぺい》ちゃん・佳代《かよ》ちゃんほか

「とらや」の草団子は、ヨモギ団子に餡がかかっている。界隈の祝い事では、引っ張りだこの柴又名物である。

車家

車《くるま》寅次郎《とらじろう》「俺」「僕」「私」

渥美清《あつみきよし》 本来はだんご屋「とらや」の7代目。だが、家出をして20年間も柴又《しばまた》に戻らずテキ屋（香具師《やし》）を続ける。さくらの結婚前に姿を現し、以後は毎年数回ほど柴又に戻る。若い頃は気性が激しかったが、年を取るにつれて分別が生まれる。長所は世話焼き、欠点は惚《ほ》れっぽいこと。これだけは人後に落ちない。

車家と諏訪家

菊《きく》「おい、寅!」

ミヤコ蝶々《ちょうちょう》 寅さんの実母。芸者だった頃に平造と知り合い、寅さんを産む。その直後、幼子を残して出奔《しゅっぽん》。現在は京都でラブホテルを経営。寅さんからは「産みっぱなしにしやがって」と罵《ののし》られるが、バカな息子を心配し続ける。

車《くるま》平《へい》造《ぞう》

作品には登場しない。シリーズでは一度、家族写真として映る。

妻

さくらの母で寅さんの育ての親。早くに亡くなっている。

←育児放棄の母と放蕩《ほうとう》息子→

昭《しょう》一《いち》郎《ろう》

早逝《そうせい》

諏訪家

諏訪《すわ》郁《いく》

諏訪《すわ》颷《ひょう》一《いち》郎《ろう》「寅次郎君」

志村喬《しむらたかし》・大塚君代《おおつかきみよ》 颷一郎《ひょういちろう》は元大学教授。第1作の博とさくらの結婚式で、8年ぶりに息子と再会。第8作で妻を亡くす。第22作では旅先で寅さんと偶然に出会い、酒を酌みかわしている。第32作では、三回忌の法要が営まれた。

諏訪《すわ》博《ひろし》「兄さん」

前田《まえだ》吟《ぎん》 大学教授の父に反発、家出。タコ社長に出会い、朝日印刷へ。寮の窓からさくらを見初《みそ》め結婚。堅実派だが、独立を志したことも。

一粒種↓

諏訪《すわ》さくら「お兄ちゃん」

←異母兄妹→

倍賞千恵子《ばいしょうちえこ》 車平造の長女で、寅さんの腹違いの妹。本名は櫻《さくら》。高校卒業後、オリエンタル電機に勤務していたが、寅さんの仲立ち(?)で、すったもんだの末に博と結婚。翌年、満男が誕生。兄のことを心配し、時にやさしく、時に厳しく接する。同母の秀才の兄がいたが早逝《そうせい》した。

諏訪《すわ》満《みつ》男《お》「伯父《おじ》さん」

中村《なかむら》はやと(2~26作)/吉岡秀隆《よしおかひでたか》(27~50作) さくらと博の一粒種。とらやの期待を一身に集める。堅実でシャイな性格。夢は音楽家だったが、大卒後、靴メーカーに就職。成長するにつれ、行動様式が寅さんに似てくる。初期作では、柴又界隈の赤ちゃんが出演したことも(第1作など)。第50作では小説家となっている。

憧れの伯父さん→

及川《おいかわ》泉《いずみ》(後藤久美子《ごとうくみこ》)

恋人。第48作で距離が一気に縮まるが、結ばれなかった。第50作で、小説家となった満男と再会。

大切な仲間たち

「とらや」の面々とともに寅さんの来し方行く末を親身になって心配する。マドンナのなかでも、リリーと泉は別格の存在である。

御前様《ごぜんさま》「寅〜っ」

笠 智衆《りゅうちしゅう》　柴又《しばまた》の題経寺《だいきょうじ》（通称・帝釈天《たいしゃくてん》）の住職。車一家や柴又の住人からは、親しみを込めて御前様《ごぜんさま》と呼ばれる。題経寺は車家の菩提寺《ぼだいじ》で、寅さんとさくらの父もここに眠っている。八方やぶれの寅さんも、御前様には頭が上がらない。

タコ社長「寅さんよ」

太宰久雄《だざいひさお》　朝日印刷の社長。本名は桂《かつら》梅太郎《うめたろう》だが、寅さんからは「タコ」と呼ばれている。一代で身を起こし、「とらや」の裏に印刷所兼住居をもつが、金策に走り回るのが常。いつも寅さんと喧嘩《けんか》を始める。あけみ（美保純《みほじゅん》）ら2男2女の父。

源公《げんこう》「兄貴〜」

佐藤蛾次郎《さとうがじろう》　題経寺《だいきょうじ》の寺男。関西生まれだが、生後すぐに母と離別、いつしか柴又《しばまた》に住みつく。寅さんの一番の舎弟《しゃてい》で「とらや」を手伝うが、御前様《ごぜんさま》に諭《さと》されて寺男に。寅さんを兄貴と慕ってはいるが、寅さんの恥を柴又中に広めている。通称「源《げん》ちゃん」。

あけみ「寅さん」

美保 純《みほじゅん》　タコ社長の娘。第33作「夜霧にむせぶ寅次郎」（1984年）で初登場。結婚したものの夫との仲がしっくりいかず、たびたび実家に帰る。第36作「柴又より愛をこめて」（1985年）では伊豆下田に家出。タコ社長の頭痛の種。

及川泉《おいかわいずみ》「おじちゃま〜」

後藤久美子《ごとうくみこ》　満男《みつお》の高校の後輩。満男が心を寄せている。両親が離婚したため名古屋住まいとなったが、母と反りが合わず佐賀の叔母の元に。その後、上京したりする。結婚が決まるが、その結婚式を満男がぶち壊す。50作では、満男と久々の再会を果たす。

リリー「寅さん」

浅丘ルリ子《あさおかるりこ》　旅回りのキャバレー歌手。第11作「寅次郎忘れな草」（1973年）で、北海道を走る夜汽車の車中、寅さんと出会う。同じ水商売の旅暮らしで意気投合。以後、シリーズではマドンナ最多の4作※にわたって登場。大人の恋愛が描かれる。

※49作を入れると5作。
※50作を入れると6作。

旅の仲間

登《のぼる》（秋野太作《あきのたいさく》／出演時は津坂匡章《つさかまさあき》）＝寅さんの舎弟《しゃてい》。初期作品に登場。足を洗う／ポンシュウ（1代目が小島《こじま》三児《さんじ》、2代目が関敬六《せきけいろく》）＝同業者／キュウシュウ（不破万作《ふわまんさく》）＝同業者／カラスの常三郎《つねさぶろう》（小沢昭一《おざわしょういち》）＝同業者／坂東鶴八郎《ばんどうつるはちろう》（吉田義夫《よしだよしお》）＝旅回り一座座長／大空小百合《おおぞらさゆり》（岡本茉莉《おかもとまり》・志穂美悦子《しほみえつこ》）＝旅回り一座看板女優など。

ご近所さん

商店街の麒麟《きりん》堂、蓬莱《ほうらい》屋、備後《びんご》屋、弁天《べんてん》屋、上海《しゃんはい》軒、江戸《えど》屋などで、寅さんの友人が多い。初期作品では青山《あおやま》巡査（米倉斉加年《よねくらまさかね》）がいい味を出している。同級生に柳文彦《やなぎふみひこ》（前田武彦《まえだたけひこ》）、茂《しげる》（犬塚弘《いぬづかひろし》）、安男《やすお》（東八郎《あずまはちろう》）、志村千代《しむらちよ》（マドンナの八千草薫《やちぐさかおる》）など。

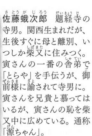

全50作品 歴代マドンナ一覧

作品数	女優	役	タイトル	上映年
第1作	光本幸子	御前様の娘	男はつらいよ	1969年
第2作	佐藤オリエ	音楽家／散歩先生の娘	続　男はつらいよ	1969年
第3作	新珠三千代	温泉旅館の女主人	男はつらいよ　フーテンの寅	1970年
第4作	栗原小巻	幼稚園の先生	新　男はつらいよ	1970年
第5作	長山藍子	美容師／豆腐屋の娘	男はつらいよ　望郷篇	1970年
第6作	若尾文子	おばちゃんの遠縁	男はつらいよ　純情篇	1971年
第7作	榊原るみ	元紡績工場勤務	男はつらいよ　奮闘篇	1971年
第8作	池内淳子	喫茶店の女主人	男はつらいよ　寅次郎恋歌	1971年
第9作	吉永小百合	小説家の娘	男はつらいよ　柴又慕情	1972年
第10作	八千草薫	美容院の女主人	男はつらいよ　寅次郎夢枕	1972年
第11作	浅丘ルリ子	旅回りの歌手	男はつらいよ　寅次郎忘れな草	1973年
第12作	岸惠子	画家	男はつらいよ　私の寅さん	1973年
第13作	吉永小百合	図書館勤務	男はつらいよ　寅次郎恋やつれ	1974年
第14作	十朱幸代	看護師	男はつらいよ　寅次郎子守唄	1974年
第15作	浅丘ルリ子	旅回りの歌手	男はつらいよ　寅次郎相合い傘	1975年
第16作	樫山文枝	大学の考古学研究室助手	男はつらいよ　葛飾立志篇	1975年
第17作	太地喜和子	芸者	男はつらいよ　寅次郎夕焼け小焼け	1976年
第18作	京マチ子	満男の先生である雅子の母	男はつらいよ　寅次郎純情詩集	1976年
第19作	真野響子	運送会社の事務員／未亡人	男はつらいよ　寅次郎と殿様	1977年
第20作	藤村志保	土産物店の女主人	男はつらいよ　寅次郎頑張れ！	1977年
第21作	木の実ナナ	松竹歌劇団スター	男はつらいよ　寅次郎わが道をゆく	1978年
第22作	大原麗子	とらやのお手伝い	男はつらいよ　噂の寅次郎	1978年
第23作	桃井かおり	田園調布のお嬢様	男はつらいよ　翔んでる寅次郎	1979年
第24作	香川京子	翻訳家	男はつらいよ　寅次郎春の夢	1979年
第25作	浅丘ルリ子	旅回りの歌手	男はつらいよ　寅次郎ハイビスカスの花	1980年
第26作	伊藤蘭	奥尻島のスルメ工場従業員→学生	男はつらいよ　寅次郎かもめ歌	1980年
第27作	松坂慶子	芸者	男はつらいよ　浪花の恋の寅次郎	1981年
第28作	音無美紀子	テキ屋の女房→旅館の仲居	男はつらいよ　寅次郎紙風船	1981年
第29作	いしだあゆみ	陶芸家のお手伝い	男はつらいよ　寅次郎あじさいの恋	1982年
第30作	田中裕子	デパート店員	男はつらいよ　花も嵐も寅次郎	1982年
第31作	都はるみ	演歌歌手	男はつらいよ　旅と女と寅次郎	1983年
第32作	竹下景子	蓮台寺の娘	男はつらいよ　口笛を吹く寅次郎	1983年
第33作	中原理恵	美容師	男はつらいよ　夜霧にむせぶ寅次郎	1984年
第34作	大原麗子	主婦	男はつらいよ　寅次郎真実一路	1984年
第35作	樋口可南子	印刷会社の写植オペレーター	男はつらいよ　寅次郎恋愛塾	1985年
第36作	栗原小巻	小学校教師	男はつらいよ　柴又より愛をこめて	1985年
第37作	志穂美悦子	旅館のコンパニオン	男はつらいよ　幸福の青い鳥	1986年
第38作	竹下景子	獣医師の娘	男はつらいよ　知床慕情	1987年
第39作	秋吉久美子	化粧品の美容部員	男はつらいよ　寅次郎物語	1987年
第40作	三田佳子	女医	男はつらいよ　寅次郎サラダ記念日	1988年
第41作	竹下景子	ウィーンの観光ガイド	男はつらいよ　寅次郎心の旅路	1989年
第42作	檀ふみ／後藤久美子	主婦／満男の恋人	男はつらいよ　ぼくの伯父さん	1989年
第43作	夏木マリ／後藤久美子	泉の母・クラブのチーママ／満男の恋人	男はつらいよ　寅次郎の休日	1990年
第44作	吉田日出子／後藤久美子	料亭の女主人／満男の恋人	男はつらいよ　寅次郎の告白	1991年
第45作	風吹ジュン／後藤久美子	理髪店の女主人／満男の恋人	男はつらいよ　寅次郎の青春	1992年
第46作	松坂慶子／城山美佳子	料理店経営／看護師	男はつらいよ　寅次郎の縁談	1993年
第47作	かたせ梨乃／牧瀬里穂	写真が趣味の主婦／郵便局員	男はつらいよ　拝啓車寅次郎様	1994年
第48作	浅丘ルリ子／後藤久美子	旅回りの歌手／満男の恋人	男はつらいよ　寅次郎紅の花	1995年
第49作	浅丘ルリ子	旅回りの歌手	男はつらいよ　寅次郎ハイビスカスの花 特別篇	1997年
第50作	…	…	男はつらいよ　お帰り 寅さん	2019年

編集◉町田てつ
本文デザイン◉荒川さとし
カバーデザイン◉雉田哲馬
DTP◉荒川さとし・スパロウ
写真提供◉松竹株式会社
特別協力◉岡崎匡・北山晶穂（松竹）

第1章

寅さんの大切な場所

何て言ったらいいのかなぁ～
俺が俺でいられる場所
な～んにも気にしないで、今日1日を振り返れる場所
そんな大切な場所って、誰にでもあるだろ――

014

駅

切ない物語は駅から始まり、駅で終わる 寅さんにとって駅は、人生のインターバルである

寅さんはベンチで昼寝をしながら列車を待つ（関東鉄道常総線の中妻駅）。駅は人々の思い出が行き交う場所。柴又の家族に後ろ髪を引かれる思いを残し、どこに行こうとしているのか（第39作「寅次郎物語」1987年）。

のお気に召す品揃への店
洋服
長
長岡洋品店
水海道市宝町大通り TEL(2) 0202
関東鉄道株式会社

笑い、怒り、喜び、悲しみ——
寅さんの心は必ずここに帰ってくる

マドンナたちは皆このちゃぶ台に座り、寅さんとの楽しい出会いを語った。茶の間では家族との口論がいつも大喧嘩に発展するが、寅さんにとっては一番心安らぐ場所なのである（第13作「寅次郎恋やつれ」1974年）。

茶の間

縁日

祭囃子が流れ、子供たちの笑顔が弾ける
縁日の出店は寅さんが主役となる晴れの舞台だ

「さあ！ 物の始まりが一ならば、国の始まりが大和の国〜」。雑踏に啖呵売のかけ声が響き渡る。寅さんが最も輝く場所、それが縁日の出店だ。ポンシュウ（関敬六）との掛け合いも神技の域に達する（第46作「寅次郎の縁談」1993年）。

觀吉

旅はおおむね風まかせ。野道や土手をひたすら歩く。しかし、どんな土地に行っても、地元の人々は寅さんに胸襟を開く。そして出会った人々の心に思い出を残し続ける（第43作「寅次郎の休日」1990年）。

野道

風に導かれながら野道を歩く
振り返るのはいつも葛飾柴又の方角である

「旅は道連れ、世は情け」。この言葉を人生で体現し続けているのが寅さんだ。列車のボックス席では、道化師、講談師、時にはカウンセラーに変身。“寅さん劇場”の開幕である（第37作「幸福の青い鳥」1986年）。

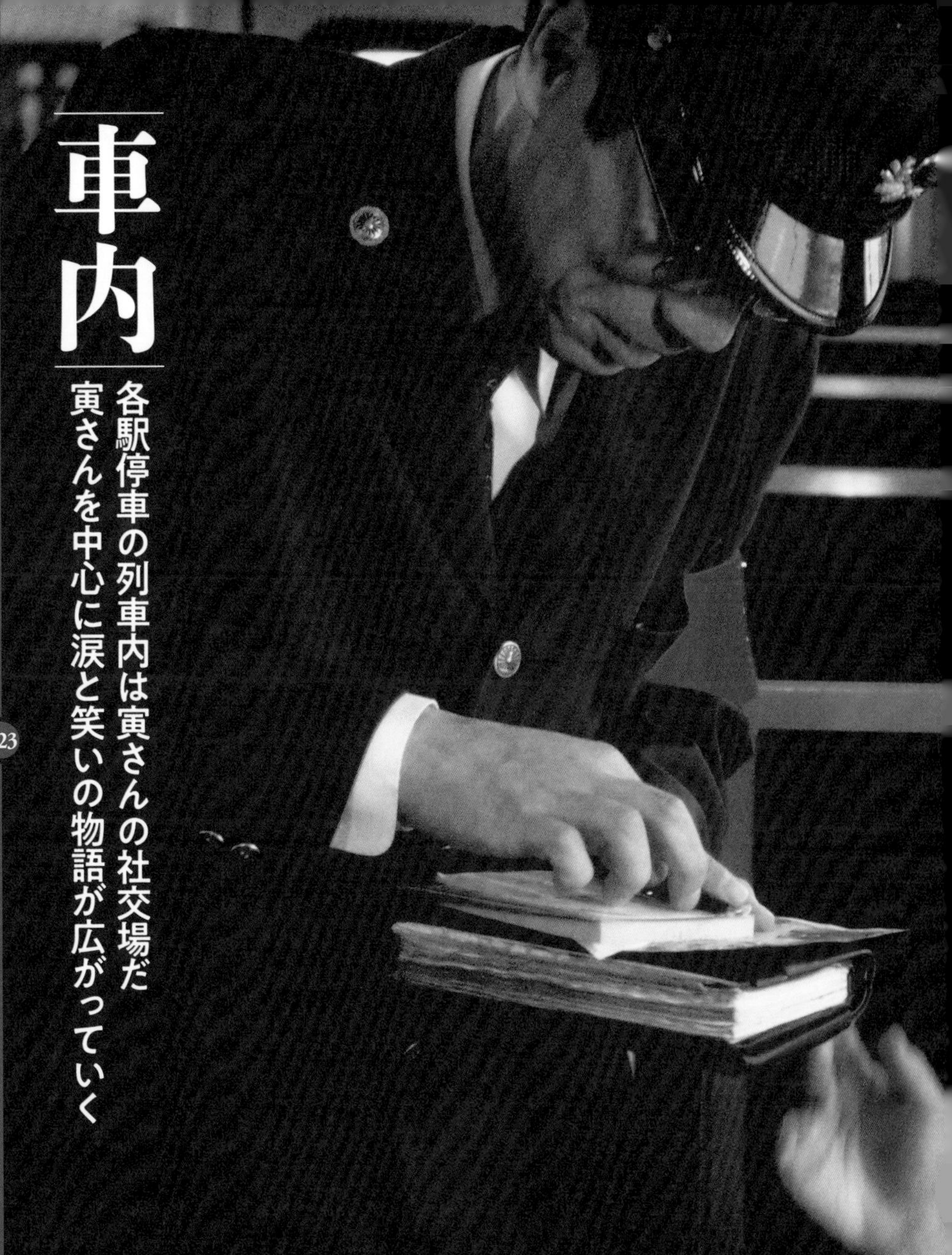

車内

各駅停車の列車内は寅さんの社交場だ
寅さんを中心に涙と笑いの物語が広がっていく

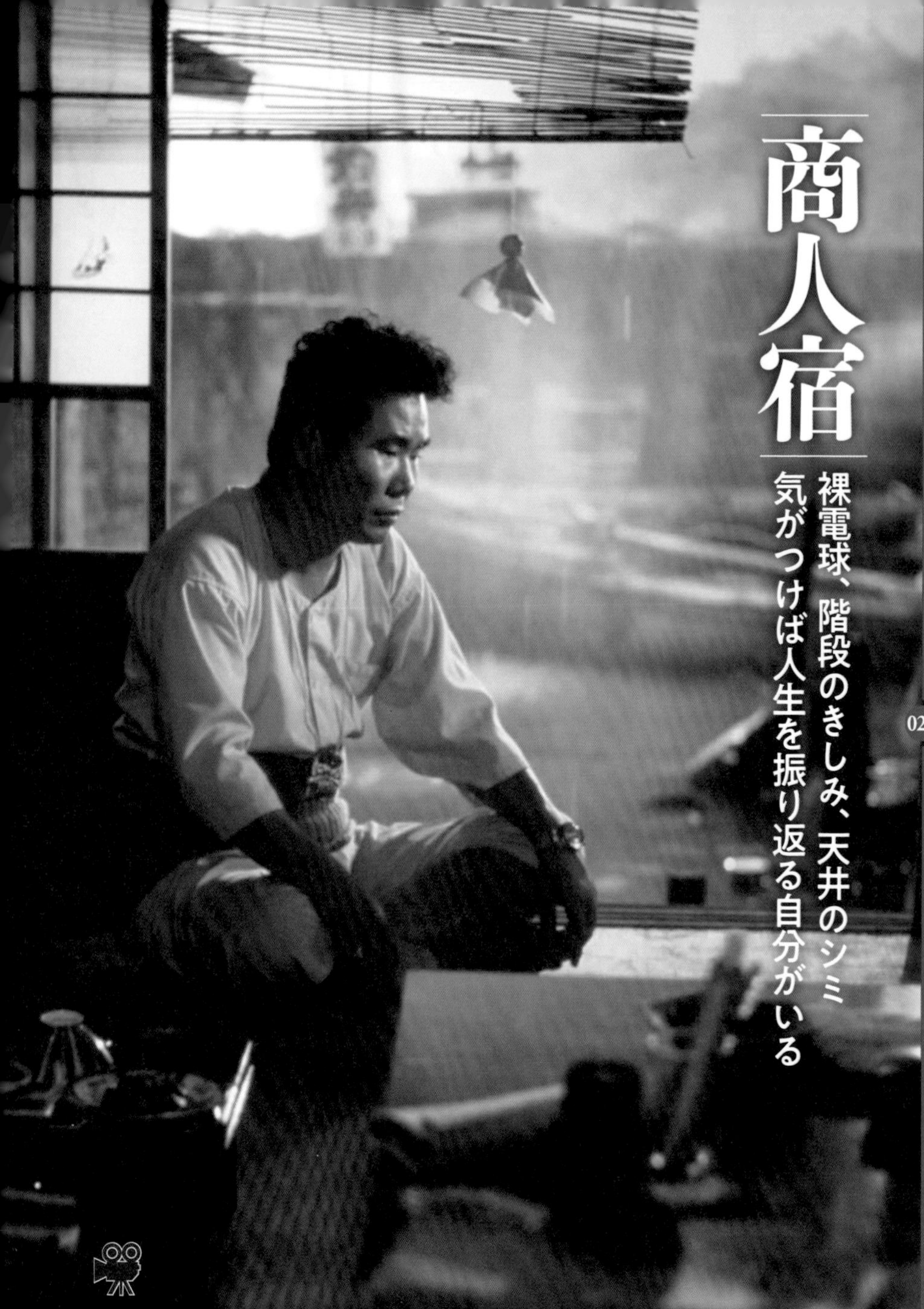

商人宿

裸電球、階段のきしみ、天井のシミ
気がつけば人生を振り返る自分がいる

「テキ屋殺すにゃ刃物はいらぬ、雨の3日も降ればいい」。雨で売ができない日、寅さんは宿屋で物思いに沈む。だがそれは後悔でも懺悔でもない。希望をつなげる光の道を探しているのだ（第5作「望郷篇」1970年）。

第2章 寅さんと温泉

山の端にゆっくりと陽が沈むと
温泉街に明かりがほっこりと灯る
天下の名湯だろうが、秘湯だろうが、寅さんには関係ない
必要なのは湯上がりのビールと女将の笑顔だ

第13作では窯場で働く女性に惚れて、勝手に新生活を夢見る。名湯での長逗留に、頭がのぼせてしまったのだろうか。

湯泉津温泉

Yunotsu Hot Spring

薄幸そうな女性にめっぽう弱い寅さん。出会うやいなや
女性の境涯と己が人生を重ね、「俺がなんとかする」と恋の空回りが始まる。
それは勝手だが、女性には女性の事情がある。
先走りの結果は見えているが、身の引き方は潔く美しい。

⑬寅次郎恋やつれ

出没する温泉は西高東低

「人になくって、俺にあるのは暇だ」なんて妙な自慢をする男は、日本の津々浦々に出没する。それも、行き当たりばったり、でたとこ勝負。なにせ、ノーテンキさが取り柄の男だ。あらかじめ、ガイドブックで当たりをつけておくわけではない。そうはいっても、好みはある。美術鑑賞、工場の夜景見学、近代化遺産なんぞというのは、このフーテン男に用はない。温泉につかり、四肢をゆっくり伸ばして売に疲れた身体を休めたいのだ。

　乗り越し清算に回ってきた車掌（笹《ささ》野高史《のたかし》）に「疲れがスーッと抜けるような温泉でさ、女将さんがやさしくって、酒がうまくって、どっかこのへんに、そんな気のきいた温泉ねえかい」（第41作「寅次郎心の旅路」1989年）などとのたまわっては、しきりに温泉地にあらわれる。それが寅さんの旅の流儀なのである。

　火山国の日本は温泉大国といわれる。宿泊施設が1軒以上ある場所を温泉地とするなら、全国で3千カ所を優に超す温泉が存在する。地域別分布は北海

湯泉津温泉《ゆのつおんせん》

◉島根県大田市温泉津町温泉津

重伝建に選定された町並み
薬効高い源泉が魅力

湯泉津温泉の源泉は、元湯と薬師湯の2カ所。日本温泉協会の天然温泉表示制度で、泉質・源泉・引湯方法や距離など、すべての項目が最高評価のオール5と認定されている。オール5評価の温泉は、日本に12カ所しかなく、薬効は極めて高い。赤い石州瓦で葺かれた木造建築が建ち並ぶ温泉街も風情がある。

●世界文化遺産
●重要伝統的建造物群保存地区

写真提供／島根県観光写真ギャラリー

温泉津焼きの窯場で汗水垂らして働く絹代（高田敏江）をさくらに紹介しようと、タコ社長を引き連れて温泉津駅に降りる寅さん。すでに駅員とも顔なじみとなっている（左）。しかし、意気揚々と絹代に会いに行くと、「寅さん、主人がね、主人がおととい帰ってきたですよ」。「そうか、そりゃ本当によかったな。あっ、ちょっと用事できたもんだから。これ妹のさくら」。相手を気づかう引き際に拍手（上）。

のんびりしすぎて宿代が払えない！温泉が舞台の物語はここから始まる

道がトップで、以下、長野、新潟、青森、福島、秋田とつづく。源泉数こそ大分県がずば抜けて多いが、温泉数そのものは東高西低である。

ところが、寅さんが出没している温泉は西高東低だ。ことに、九州が目立つのだけれど、第13作「寅次郎恋やつれ」（1974年）で足を向けたのは島根県大田市の温泉津《ゆのつ》温泉。

発見されて1300年を超える歴史を持つ温泉である。薬効にすぐれ、湯治場として知られてきた。開湯の起源は、伝えられるところ2説ある。ひとつは旅の僧が、湯に浸って傷を治しているタヌキを見つけたというもの。いまひとつは、縁結びのオオクニヌシノミコトが病気のウサギを湯に入れて治したというものだ。

各地の温泉を訪れると、宿の人から聞かされるのが開湯伝説。僧侶、それも弘法大師、あるいは行基が発見者というタイプが多い。または、サルやサギ、ハト、クマ、シカなどの動物が発見したというのも、しばしば耳にする。後者の伝説をそのまま温泉や宿の名に借用しているケースも少なくない。

こうしてみると、温泉津温泉は、温泉の起源にまつわる伝統をふたつながら満たしていることが分かる。いかにも薬効あらたかそうで、何とかして足を運んでみたくなるではないか。

しかし、だ。病は病でも恋の病に効く温泉はない。草津の湯でもお手上げなのが、恋の病というものなのである。

恋の病の諸相に関してはベテランをもって任じる寅さんであるから、温泉の効能に過剰な期待は抱かない。

彼には、もっとせっぱつまった理由がある。財布の中身が底をついて、宿代を支払えなくなってしまう、あるいはトイレを借りたのが縁で、番頭として居ついてしまうのだ。彼には、〝前科〟がある。三重県の湯の山温泉で番

世界文化遺産・重要伝統的建造物群保存地区という2冠に輝く温泉津温泉の町並み。温泉街は大森銀山で働いていた坑夫や商人たちの息づかいが聞こえてきそうだ。

頭に成りすましていた。第3作「男はつらいよ　フーテンの寅」（1970年）でのことだ。本作で番頭に化けたのは、町の窯場で汗みずくになって働き、子供を育てている絹代（高田敏江《たかだとしえ》）に同情してしまったからだ。聞けば、夫は蒸発中というではないか。同情は、いつしか恋心へと変わった。

長命館に泊まってみると……

苦労人の絹代と所帯を持とうと、柴又のとらやへ戻り、家族に相談を持ちかける寅さん。早速、さくらとタコ社長が、この縁談をまとめるべく、寅さんと共に温泉津へ出向いたのだが、あろうことか蒸発していた絹代の夫が戻っていて、寅さんの恋は一巻の終わり。傷心の彼は、またしてもトランク片手に、旅に出るのであった。舞台は津和野《つわの》へと移る。

温泉津を訪ねたのは、もう14〜15年

温泉津の最古の温泉施設（旧元湯）を改装した震湯《しんゆ》カフェ内蔵丞《くらのじょう》も町並みに溶け込んでいるギャラリーは女湯、カフェは男湯だった（上）。

ほど前になろうか。温泉津は一方が入江に面し、三方から丘陵が迫った地形に、細長く温泉街が伸びている。宿をとったのは温泉の中心部にある長命館である。低い丘陵を背負って建つ木造3階の旅館だ。螺旋状に巻く階段を上った3階の部屋を割り当てられた。「寅次郎恋やつれ」撮影当時の思い出話を聞きながら、女将さんに同作を収録したビデオを持参している旨を告げた。「どうですか、ご覧になります？」と水を向けると、一膝乗り出して「観る、観る」。絹代の息子役で出演した子供の母親と親しいので、彼女も呼んで一緒にとの仰せである。

ほどなく彼女もやってきて、3人で観賞。子供の出番となるや、女将と彼女は、「あっ、○○ちゃんだ」と揃って声をあげ、手を叩いたのだった。

即席の上映会がお開きとなり、道を挟んだ外湯の薬師湯で汗を流して、のほほーんとした気分でいたうちは良かった。が、その後がいけない。

台風が接近しているとかで、次第に吹き降りが激しさを増し、しまいには救急車がサイレンを鳴らして走り回る騒ぎになった。夜中じゅう、「川があふれそうだ、がけ崩れに用心しろ」と連呼されたのでは、寝てなどいられない。旅館背後の崖が崩れでもしたら、木造旅館はひとたまりもないだろう。いつでも脱出できるよう、身の回りの旅行用具を抱いたまま、まんじりともせずに一夜を明かしたことであった。

わが人生もこれまでかと覚悟した長命館での一夜だったけれど、風の便りでは、平成30（2018）年12月に廃業したという。人の命も旅館も永遠につづくものではない、と思い知ったのである。

かつて「温泉津千軒」と称されたほどの繁栄を、紅殻《べんがら》色の石州《せきしゅう》瓦となま

湯治場として1300年の歴史を持つ温泉津温泉には、元湯（右）と薬師湯の2つの源泉がある。巨大な2基の登り窯が目印の温泉津やきものの里（左）。映画のように割烹着を着た絹代が出てきそうである。

大森銀山をしっかり理解すると温泉津の本当の良さがわかってくる

こ壁の土蔵に偲びつつ、温泉街を進むと、温泉津焼きの窯場がいくつもあった。お絹さんがはたらいていたのは、ここに相違ない。登り窯の横には、飴色の水瓶がズラリ。「はんど」とよばれるもので、江戸時代、北前船で全国に広められた。「温泉津」の名が語るように、この町は温泉町であると同時に、港（津）だったのである。

大森銀山とともに栄えた温泉

深い入り江を備えた温泉津は、古くから天然の良港として知られ、中国の史書にも「石《いわ》見《み》六津の一」と見える。平安末期にはすでに港として機能していたらしく、中世荘園の発達とともに荘園の年貢を運ぶのに一役買い、日本海海運の拠点となったのであった。

だが、温泉津がさらなる隆盛を誇ったのは大森銀山のおかげだ。日本有数の鉱山にのし上がった大森銀山は、戦国大名による争奪戦の的となった。周《す》防《おう》の大内氏、出《いず》雲《も》の尼《あま》子《こ》氏、安《あ》芸《き》の毛利氏など銀山をめぐって血みどろの死闘を繰り広げ、最終的には毛利氏が手中に。そして、温泉津を銀の積み出し港とし、港と銀山を結ぶ銀山街道を整備した。

その後、徳川家康が天下の覇権を握り、銀山は最盛期に入った。石見一帯を直轄とし、大久保《おおくぼ》長安《ながやす》を初代銀山奉行に任命し、銀山経営に当たらせたのである。長安は大規模な坑道である間《ま》歩《ぶ》を次々と開き、銀の大増産に努めた。これが幕府のふところを潤す一方、大森町には商人が集まり、町は石見東部の政治・経済の中心地として発展した。まさに大森銀山あっての温泉津なのだ。

幕府直轄領を支配した大森代官所跡には、ぜひ立ち寄りたい。大扉の表門と長屋門が残っており、往時の威勢を伝える。ここは現在、石見銀山資料館となっている。毎年8月には、代官行列も再現される。

江戸時代の喧噪や活気 その残り香が漂う温泉街

山陰の温泉ってのはさ、肩の力がすーっと抜けていくよな、心が楽になるよな気持ちにさせてくれるんだよな。とくに温泉津は、江戸時代から栄えていた町だからね。喧噪や活気、その残り香が漂うっていうのかさ。まあ、恋の病にゃ効かねーけどね。

寅さんからひと言

湯の山温泉

Yunoyama Hot Spring

美人女将のために働く寅さん。ここでは若い男女の恋のキューピット役を演じる。しかし、自分の恋は成就しなかった。

年老いた番頭を頼りに、傾いた旅館を経営する美人女将。
どこかにちょっと陰があるようだが、生きる姿勢は真摯で美しい。
風呂掃除や壊れた備品の修理、宿泊客の接待までこなす寅さん。
夢見るのは女将とふたりで旅館を切り盛りすることだった。

❸フーテンの寅

働き者の番頭となった寅さん

次なるターゲットは、寅さんが旅館の番頭に化けるという〝前科〟を犯した、三重県菰野《こもの》町の湯の山温泉にしよう。鈴鹿山脈の主峰・御在所岳《ございしょだけ》のふもとに湯けむりを上げる温泉である。第3作「フーテンの寅」（1970年）の舞台となった温泉だ。

本作は、喜劇映画を数多く手がけた森﨑東《もりさきあずま》監督の異色作。シリーズのうち、山田監督以外の手になるのは第4作「新男はつらいよ」（小林俊一《こばやししゅんいち》監督）と本作だけだ。まずもって驚かされるのは、寅さんのいでたちだ。トレンチコートに白いマフラーやダブルのダークスーツにネクタイときた。格子縞の背広に腹巻き、中折れ帽子に雪駄履きのスタイルはどこへ忘れてしまったのか。さくらの出番がほんの一シーンだけというのも意外である。

湯の山温泉《ゆのやまおんせん》

●三重県三重郡菰野町菰野

開湯1300年を迎える古湯 風光明媚な「奥座敷」

御在所岳のふところにいだかれた温泉郷。奈良時代初期に発見されたといわれる古湯で、シカが傷を癒やしたとの伝説が残ることから「鹿ノ湯」とも呼ばれていた。栄枯盛衰を繰り返してきたが、明治期の鉄道開通以降は中京圏や関西圏の奥座敷として発展。ロープウェイで御在所山に登れば、琵琶湖や伊勢湾を一望できる。

●日本二百名山（御在所岳）

例によって例のごとく、寅さんは、他愛のない喧嘩の果てに、とらやを飛び出してしまう。一カ月後、おいちゃん（初代・森川信《もりかわしん》）とおばちゃんは、湯の山温泉に保養に出かけ、泊った旅館で悪夢のような事態に遭遇する。不

三滝川に架かる蒼滝橋で語り合うお志津（マドンナの新珠三千代）と寅さん。寅さんはお志津の弟・信夫に橋の上で喧嘩をふっかけられる。仁義を切って男気を見せようとしたが、ナイフを出されてびびってしまう。

具合を起こしていたコタツの修理を頼んだところ、番頭と称する男がやってきた。あにはからんや、その番頭が寅さんなのだった。番頭として居ついてしまったのは、女将のお志津（マドンナの新珠三千代《あらたまみちよ》）にぞっこんとなったからだ。彼女には信夫（河原崎建三《かわらさきけんぞう》）という弟がおり、芸者・染奴《そめやっこ》（香山《かやま》美子《よしこ》）と思い思われる仲である。

染奴のうらぶれたやくざの父（花沢《はなざわ》徳衛《とくえ》）が、四日市のコンビナート近くに住んでいたり、寅さんのテキ屋としての生活臭が色濃く描かれている。山田監督との資質の違いが看取できるシーンだろう。寅さんの言動も、物分かりの良くなった中・後半の作品に比して、けた違いに粗暴である。

近鉄四日市駅から近鉄湯の山線に乗っておよそ25分で湯の山温泉駅、さらにバスに乗り継いで10分で温泉に着く。山ふところに抱かれた奥座敷と

御在所岳ロープウェイから眺めた湯の山温泉。山麓に雛壇のように温泉街が形成されている（下）。山上公園の展望台からは伊勢湾も望める。寅さんとお志津の娘が登り、寅さんが風邪を引いたところだ（右）。

寅さんが惚れた女将の弟・信夫と染奴。寅さんには「もみじ荘」と染め抜かれた旅館の半纏がよく似合う。

いった立地だ。昔は鹿の湯温泉と称していた。傷ついた鹿が三滝《みたき》川の谷に身を隠し、傷を治したという。

温泉街の標高は400mほど。街中を三滝川が流れ、渓流に沿って雛壇状にホテル、旅館が建ち並ぶ。昔ながらの旅館もあれば、近代的なホテルもある。御在所岳ロープウェイの近く、渓谷に面して建つ大型ホテルは、幾多の王将戦、本因坊戦の名勝負が繰り広げられたところとしても有名だ。寅さんは、お志津の可愛がる娘を連れて、ロープウェイで御在所岳に登っていた。山頂からは、はろばろと開けた伊勢湾が望めたはずだ。

印象に残る蒼滝橋のシーン

小生が草鞋《わらじ》を脱いだ旅館の主は、「温泉の最盛期は、ロープウェイが誕生した頃（1959年）だったそうですね。客が大挙して訪れ、料金の千円札をリンゴ箱に足で押して入れていた、といいますよ」と語ってくれた。

三滝川には、歌謡曲のタイトルに出てきそうな橋名が目白押しだ。涙《なみだ》橋、契《ちぎり》橋、誘《いざない》橋……。メロドラマのロケにもふさわしかろう。

上流の赤い橋は大石橋。忠臣蔵でおなじみの大石内蔵助《おおいしくらのすけ》ゆかりの橋である。京都・山科に隠棲していた大石は、物見遊山を装ってこの温泉に来た。その大石が、愛人の阿軽《おかる》と別れたのが、この橋のたもとだったそうな。本作においては、信夫と染奴が駆け落ちを決意した場所として使われた。

本作のロケが行われたのは蒼滝橋《あおたきばし》だ。諸橋の中でも、趣のある点では筆頭格の橋。橋上の場面が映し出したのは、愛のささやきではなく、決闘シーンであった。寅さんと染奴の仲を誤解した信夫が、ナイフを取り出して迫ったため、恐怖で歯の根が合わなくなった寅さんは、欄干から水面に転落する破目に。ずぶ濡れとなった寅さんは、お志津に介抱してもらうのだったが……。

森川信がおいちゃん役を務めたのは第8作「寅次郎恋歌」（1971年）まで。そのあと2代目が松村達雄《まつむらたつお》、3代目が下條正巳《しもじょうまさみ》となる。寅のおいちゃんとしては、森川信はまさにはまり役。そそっかしい反面、情にもろい人柄など、いかにも寅さんと血がつながっていると納得させられる演技だった。

温泉街で繰り広げられる勇壮な〝炎の祭典〟

寅さん からひと言

湯の山温泉で見逃せないのは、信長に対抗した僧兵たちが拠点とした三獄寺《さんがくじ》の僧兵まつり。これがすごい迫力なんだ。燃え盛る松明を立てた600kgもの神輿を担いで、温泉街を練り歩くんだ。夜空に火の粉が舞う“炎の祭典”で、その勇姿は本作「フーテンの寅」で見られるよ。

こんな美人女将がいたら誰でも番頭に志願してしまうかも——

別所温泉

Bessho Hot Spring

シリーズ中、唯一マドンナが病没する作品。旅に出ても、心は闘病中の綾のことばかり。寅さんのひたむきな献身が心を打つ。

柴又に住む由緒ある家柄のお嬢さんで、
幼い頃、寅さんが「デメキン」と呼んで意地悪をしていた幼なじみの綾。
30年ぶりにとらやで再会すると、一目惚れ。
闘病中の綾を気づかう寅さんの“奮闘努力”が幕を開ける。

⑱純情詩集

真田幸村ゆかりの名湯

徳川の大軍を二度まで撃退して武名をあげた真田氏の居城・上田から、上田交通（現・上田電鉄）別所線に乗って30分余、電車がすべり込んだ別所温泉駅舎は、何ともユニークだった。パステルカラーの化粧、欧文の駅名表記が斬新で、丸窓電車とのツーショットは鉄道ファン垂涎《すいぜん》の的である。

別所温泉は、ヤマトタケルノミコトが東征の折に発見したとの伝説を有する。これを鵜呑みにはできないけれど、古代から存在してはいたらしく、「信州最古の湯」と称される。江戸期、泉源は上田藩が保有し、廃藩置県後に国有となったが、その後に別所村に払い下げられた。

駅から勾配のゆるい坂を10分ほど登ると、映画「卓球温泉」（1998年）の舞台となった温泉街だ。浴衣姿の湯客が、駒下駄の音をカラコロと響かせて歩む。とまあ、そんな古風な温泉情緒が似合いそうなたたずまいである。有島武《ありしまたけ》郎《お》、川端康成《かわばたやすなり》、吉川英治《よしかわえいじ》、池《いけ》波正《なみしょう》太郎《たろう》ら文人も数多く来湯するなど、東日本有数の温泉地として名を馳せて

別所温泉《べっしょおんせん》

◉長野県上田市別所温泉

「信州の鎌倉」の温泉街
国宝をはじめ文化財の宝庫

東濃の塩田平にあり、ヤマトタケルノミコトが発見したとされる信州最古の温泉。北条氏の支配下で発展した塩田平には、国宝や重要文化財を伝える寺社仏閣が残り「信州の鎌倉」の異名を持つ。温泉街には大正時代創業の旅館・花屋をはじめ、登録有形文化財に指定された建造物も多く、歴史情緒にひたれるのが魅力。3つの外湯も人気が高い。

●日本三御湯

満男の小学校の先生である雅子先生（檀ふみ）の母は、寅さんの幼なじみの綾（マドンナの京マチ子）。久方ぶりに再会した寅さんは、その美しさにのぼせ上がってしまう。だが、綾は重い病でいくばくもない命であった。

きた。共同浴場（外湯）のひとつ石湯《いしゆ》は、池波正太郎が『真田太平記』で、真田幸村がたびたび入浴したと設定して以降、〝幸村の隠し湯〟と形容されている。石湯前に建立されている記念碑は池波自身の手になる。

そんな由緒正しい温泉で〝汚点〟となる騒動が勃発した。騒ぎの張本人は、寅さんである。第18作「純情詩集」（1976年）で顚末をふりかえってみるとしよう。

寅さん、無銭飲食でブタ箱へ

満男の担任代理の雅子先生（檀《だん》ふみ）による家庭訪問を台無しにしてしまい、居たたまれなくなった寅さんは、逃げるようにして柴又を出た。そして、姿を見せたのが別所温泉。「信州の鎌倉」といわれるほど寺の多い温泉である。ここで偶然、かつて世話をした旅芸人一座の面々と再会する。座長の坂

038

心配で駆けつけたさくらも唖然
留置場の寅さんの待遇はVIPクラス

無銭飲食の件で駆けつけてきたさくらの顔は険しく、「寅さんは「さくらさん、満男のお母様」などとご機嫌をとる。

東鶴八郎（のち、中村菊之丞と改名）、その娘で花形女優の大空小百合らだ。なつかしさに舞い上がった寅さん、座員一同を旅館に招いて、飲めや唄えの大盤振る舞いに及んだ。財布の中身はおおかた、500円札一枚きりという男のことだ、とうてい料金を払えはしない。無銭飲食のかどでブタ箱入りというお粗末。

この警察署は、昔は役場だった温泉旅館組合の建物を警察署に見立てて撮影された。無銭飲食の〝犯行現場〟となった旅館の建物（実際は土産物屋）も残っている。

尻ぬぐいのため、さくらが警察署をたずねると、気のいい警察官（梅津《うめづ》栄《さかえ》）が、「寅さんなら、いま、風呂へ行ってますよ」と言うではないか。さらに、署の食事が口に合わないといって店屋物を注文した上、署員にコーヒーを奢《おご》ったりしていた。これが留置場に入れられている人間のすることか。はた迷惑な男を兄に持ったさくらの心中を推し量ると、同情にたえない。

警察官も警察官だ。留置している者を勝手に風呂へ行かせ、あげく寅さんとさくらを駅までパトカーで送ったりしているのだ。どこの国に、そんな警察官がいるものか。などと思ったのでは、「男はつらいよ」の美質を見損なっているのだろう。

それにしても、座長役の吉田義夫《よしだよしお》は

上田電鉄別所線の別所温泉駅（左）。1921年、開業当初の木造駅舎は健在だ。別所線の代名詞となっていた丸窓電車は現在、「まるまどりーむ号」（東急1000系を改造）として復活している（右／撮影：岡村直樹）。別所温泉から望む塩田平の秋景色（下）。

実に懐かしい顔だ。東映のチャンバラ映画にはまっていた洟垂れ小僧の時分、悪役専門の役者としてたびたびお目にかかっていた。映画では、悪の巨魁《きょかい》は進藤英《しんどうえい》太郎《たろう》であって、吉田は実働部隊の指揮者といった役どころだった。巨魁は自裁して果てるのだが、実働部隊長は正義の刃に斬って捨てられるのであった。

日本人ならば一度は乗りたい正しいローカル線

この上田電鉄別所線。駅数わずか15駅で、路線の総延長もわずか11.6km。極め付きのローカル線だけど、風情あんのよ。上田原、八木沢、中塩田などの木造駅舎が健在で、日本の正しいローカル線といった感じ。秋の収穫前の塩田平をトコトコ走る列車は、かわいらしくて好きだな〜。

寅さんからひと言

地鉈温泉
Jinata Hot Spring

家出したあけみに対しては、処世訓を弁じる大人の寅さんだが、島の真知子先生の前では子供同然の振る舞いを見せる。

式根島の美しい渚を背景に青春映画みたいな物語が展開する。
島の小学校で教鞭を執る女教師、家出したあけみ、
あけみに惚れた旅館の若主人、それに寅さん。
４人が人生の悩みや希望をぶつけ合い、互いの時間を共有していく。

㊱柴又より愛を込めて

あけみに愛想つかされる寅さん

恋愛百科の様相を呈する作品で、ヌードシーンを拝めるのはシリーズ中でもこの第36作「柴又より愛をこめて」（１９８５年）だけである。タコ社長の娘・あけみ（美保純《みほじゅん》）がうしろ姿のヌードシーンを披露してくれるのだ。舞台は、東京都に属する式根島・地鉈《じなた》温泉である。

あけみが家出した。夫に対する物足りなさからだったが、必ず連れ戻すと大見得をきった寅さん、伊豆の下田であけみを見つける。柴又に連れ帰ればいいものを、あけみのご機嫌をとるために共に式根島へ渡ってしまう。

ところが、だ。野伏《のぶし》港で教え子たちを待っていた小学校の先生・真知子（マドンナの栗原小巻《くりはらこまき》）を見て、一目惚れ。彼女や同窓生の連中とどこかへ行ってしまい、あけみは置き去りに。

地鉈温泉 じなだおんせん
◉東京都新島村式根島

野趣あふれる海中温泉
満潮の前後のみ入浴可能

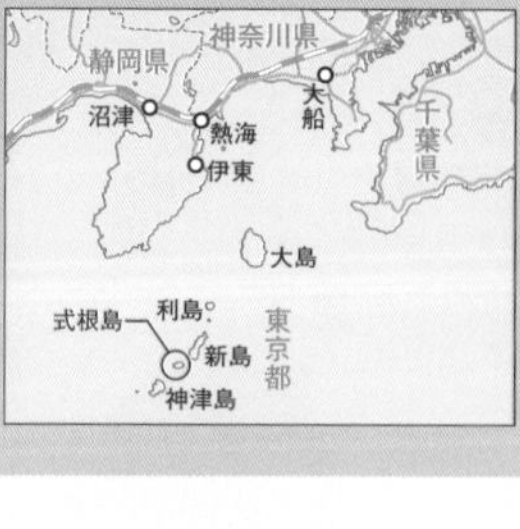

伊豆七島の式根島南東部にある海中温泉。岩の割れ目から鉄分を含んだ赤褐色の湯が湧出し、海水と混ざり合うことでちょうどよい湯加減となる。海水の流入量によって湯温が変わり、入浴可能なのは干潮の前後のみ。背後はその名のとおり鉈で割ったような岩場で、湯船や脱衣所といった設備もない。神経痛や冷え性に高い効能があり「内科の湯」と呼ばれている。

怒り心頭のあけみだったが、港で知り合った旅館の若主人に紹介された海の湯に入る。これが地鉈温泉だ。

わが国有数の海岸天然温泉である。大地に鉈が打ち込まれ、V字状の裂け目になったごとき断崖絶壁がそそり立

美しい島風景のなかで語り合う真知子と寅さん。寅さんの思惑と将来をしっかりと見据えて悩む真知子の思惑が絡み合う。真知子の実家は行徳で、柴又からも近く話が弾むふたりだったが……。

つ。その底から、熱湯がふつふつと湧いてくる。干潮になる時間帯を見計らって入る。満潮になったのでは、この一帯が海水に没してしまうのだ。

温泉まで160段あまりの階段を降りた若主人とあけみ。あけみは湯に手を浸して「熱い！」と叫んでいたが、温度は70度。これでは皮膚が焼けただれてしまう。海水と混じりあった適温のくぼみを探して入る。胃腸病や神経痛に卓効あり、と聞いた。

「見ちゃ、駄目よ」といいながら、一糸まとわぬ裸体となって入浴するあけみ。うしろ姿だけではあるが、眼福にあずかったことであった。強食温泉の上、鉄分を含んでいるので、岩肌が赤茶色に変色している。白衣を着けて入っている人が多いのは、人目を気にしてというより、肌を気遣ってということらしい。

潮騒に耳傾けながら、ゆったりと湯

船に四肢を伸ばす。至福のひとときである。見目うるわしき女性の裸体なんぞなくっても、都会暮らしで染みついた垢を落とせること疑いなし。

地鉈温泉へ向かう途中、道路脇に「湯加減の穴」がある。海際の温泉から200m以上離れていても、湯船の温度を確かめられる、とか。潮の干満によって湯温が変わるため、あらかじめこの穴でチェックしておくのもいいだろう。

おしまいに、マドンナの真知子と交わす会話を――。

「もしかしたら独身じゃない?」

「ええっ、お恥ずかしながら……。そういうのってわかるんですか」

「なんというか、首筋のあたりが涼しげなのね。生活の垢がついていないっていうのかしら」

その言葉にすっかり照れてしまう寅

宝石のように美しい伊豆七島の穴場 寅さんは下田から船で式根島に渡った

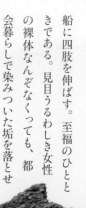

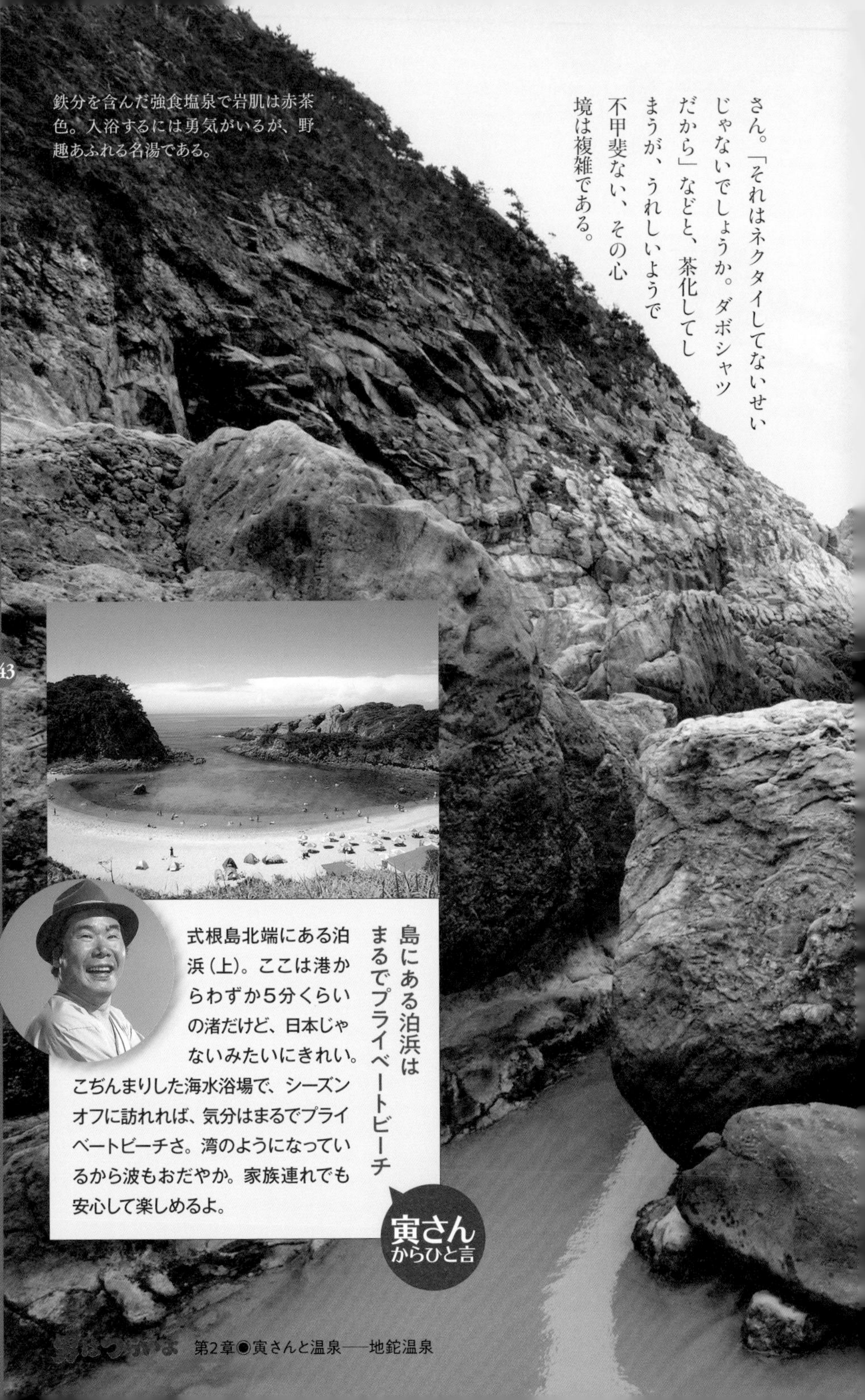

さん。「それはネクタイしてないせいじゃないでしょうか。ダボシャツだから」などと、茶化してしまうが、うれしいようで不甲斐ない、その心境は複雑である。

鉄分を含んだ強食塩泉で岩肌は赤茶色。入浴するには勇気がいるが、野趣あふれる名湯である。

寅さんからひと言

島にある泊浜はまるでプライベートビーチ

式根島北端にある泊浜（上）。ここは港からわずか5分くらいの渚だけど、日本じゃないみたいにきれい。こぢんまりした海水浴場で、シーズンオフに訪れれば、気分はまるでプライベートビーチさ。湾のようになっているから波もおだやか。家族連れでも安心して楽しめるよ。

財布の中身と相談して決める寅さんの手土産。たまに奮発した手土産を持参すると……

手土産
Souvenir

手土産が原因で持ち上がるお茶の間騒動

定番はワサビ漬にタタミイワシ

寅さんは、おいちゃんたちが「嫌な予感がする」と噂していると、決まって帰って来る。ところが、だ。いつも喧嘩や失恋で飛び出すように旅立つものだから、バツが悪くて素直にノレンをくぐれない。店の前を行ったり来たりはまだいい方で、第7作「奮闘篇」(1971年) では眼鏡と付け髭で変装して現れた。

とはいえ、まともに帰って来ることだってある。そういう時は、ほとんど手土産を持って帰ってくる。たいがいはワサビ漬やタタミイワシで安上がりに済ませているけれど。彼の懐具合からみて、おいちゃん、おばちゃんもさほどの期待はしていなかろう。

ブドウ騒動とメロン騒動

いつもいつも漬物などじゃ芸がないと考えたのだろう、第24作「寅次郎春の夢」(1979年) では、ブドウを手土産にとらやの敷居を跨いだ。手に持った籠をひらひらさせている。物は何かと聞いてもらいたいのである。それと察したさくらが、それ何? と問うと、「ブドウよ。季節のもんだからな。今年はまだ食ってないだろ」。それを聞いた一同の顔色が変わった。2階の寅さんの部屋に、到来物のブドウを広げて吟味していた矢先だったからだ。

2階で休むと言い出した寅さんを引き止めようとするのだが、無駄だった。すぐにすごい形相で降りてきた寅さん、2階のブドウを口に含んで、 さくらとおばちゃんへ種を「プッ」とばかりに吹き飛ばすのだった。

さらにそこへ、博がタコ社長の土産だといって、ブドウを差し出した。おまけに、寅さんの手土産に気がつき、「これ、すっぱくて、まずいんだぞ」とやったから、たまらない。この後は、例によって、ひと悶着という次第。

たかが手土産ぐらいのことで、騒動が持ち上がる。商いにも、さわりが出るぐらいのことは分かりそうなものだ。第15作「寅次郎相合い傘」(1975年) のメロン騒動で、リリー (マドンナの浅丘ルリ子) にピシャリとやりこめられたことはお忘れとみえますな、寅さん。

これな大阪の"おこぶさん"やで

第27作「浪花の恋の寅次郎」(1981年) は、大阪芸者のふみ (マドンナの松坂慶子) にのぼせての長逗留を切り上げて帰ってきた。土産は、大阪で仕入れた"おこぶさん"。つまりは、昆布のことだ。

帰る早々、「どうや、皆、変わりあらへんか」と「とらや」一同を煙に巻いた後、「おじん、これな、大阪の"おこぶさん"やで、食べてんか」。大阪は、昆布でうどんなどの「出し」を取る。

第8作「寅次郎恋歌」(1971年) では、孫の手を土産にした。背中の手の届かない部分を掻くための道具である。久方ぶりの帰還だというのに、ささいなことで寅さんは機嫌を損じてしまい、おいちゃんに孫の手を突き付けるように手渡す。すると、柄の部分がスポリと抜けてしまうのだった。

ワサビ漬を持って帰る寅さん (第1作「男はつらいよ」/右)とタタミイワシ (左) は寅さんの手土産の定番だ。熱燗好きの寅さんがとらやの茶の間で一杯やりたいということなのだろう。博とおいちゃんはどちらかというとウィスキー党。

第3章

寅さんと絶景

野道や川堤をのんびりと歩き、駅前旅館や商人宿に泊まる
寅さんの旅にはそんな地味なイメージがあるが
あにはからんや寅さんは、日本が世界に誇る絶景にも足を運び
それに負けない存在感を発揮している

阿蘇山

Mount Aso

家族旅行の留守番を買って出た寅さんだが、とらやの面々は店に残した寅さんのことが心配でたまらず、気もそぞろに。

寅さんが何日間もひとりで留守番というシュチエーションはシリーズ中、この第12作以外にはない。とらや一家は九州のひなびた温泉地を巡り、浮世の垢を流して、阿蘇山観光を楽しむはずだったが……。

⑫私の寅さん／㉚花も嵐も寅次郎

日本離れした雄大な景観

ちまちまとした箱庭的な景観に美を見出してきたわが国にあって、スケールの大きな景色が広がる阿蘇地方は、異色中の異色である。

世界でも指折りの火山国である本邦にあって、阿蘇山周辺の景色は、火山のもつエネルギーのすさまじさをまざまざと見せつける。それは世界最大級のカルデラ地形をなす。

カルデラとは、火山の爆発などによって陥没した窪地を指す。阿蘇カルデラは、周囲およそ１２８kmの円形の窪地を外輪山が取り巻く。南北は25km、東西が18kmもある、大きくへこんだ土地だ。窪地には水が溜まっていないので、そこに何万という人々が暮らしを立てている。

このカルデラは、27万年前から9万年前に起きた4回の超巨大噴火で誕生したと考えられている。カルデラのへりの崖の高さは３００ｍを超えるところが多い。それが何十kmもつづいているのだ。

阿蘇市では、人々の生活や文化と密接に結びつき、信仰の対象ともなって

阿蘇山 あそさん

◉熊本県阿蘇市

世界ジオパークに認定された「火の国」熊本のシンボル

面積380km²のカルデラ地形で、外輪山は東西18km、南北25km。カルデラ内部には阿《あ》蘇《そ》五《ご》岳《がく》（根《ね》子《こ》岳、高《たか》岳、中《なか》岳、杵《き》島《しま》岳、烏《え》帽《ぼ》子《し》岳）と呼ばれる火口丘があり、今なお活発な火山活動が観測されている。「火の国」熊本のシンボルとして親しまれてきた。

- ●世界ジオパーク
- ●日本ジオパーク
- ●日本百名山
- ●日本の地質百選

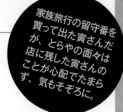

第12作「私の寅さん」のラストシーン。阿蘇山の火口付近で名画の複製を啖呵売する寅さんのかたわらには「非売品」の肖像画が置かれている。これはりつ子（マドンナの岸惠子）からプレゼントされたものだった。

きた阿蘇山を「世界でも類を見ない地域」として、世界文化遺産に登録しようと運動を展開している。構成資産は雄大な阿蘇五岳や中央火口丘群だけでなく、阿蘇神社や豊後街道など、阿蘇の文化的景観も含めたもので、世界自然遺産ではなく、あくまでも世界文化遺産登録なのだという。

　利に敏《さと》い観光業者が、かくも雄大な景観を放置しておくはずがない。北外輪山沿いに豊肥《ほうひ》本線（阿蘇高原線）、南側には地獄、垂玉《たるたま》、白水《はくすい》などの温泉地や、白川《しらかわ》水源の近くを走る南阿蘇鉄道が敷設されている。

　阿蘇山頂へはロープウェイが架けられ、ドライブロードも整備されている。緑の草原が広がる外輪山の上を走る阿蘇市道狩尾幹線は、かつて牧場の牛馬が通った「ミルクロード」に至る坂道だが、宮崎駿《みやざきはやお》監督のアニメ「天空の城ラピュタ」のイメージから「ラピュ

外輪山の麓の狩尾地区と熊本県道339号北外輪山大津線（ミルクロード）とを結ぶラピュタの道（阿蘇市道狩尾幹線）。阿蘇山のカルデラを見下ろせる天上の道で、ライダーたちの間で話題となり人気となった。日本とは思えない絶景だが熊本地震で一部が崩落し不通となっている（2019年5月現在）。

この景観が浅間山？　おばちゃんは
よほど寅さんのことが気がかりだったのだろう

第12作「私の寅さん」では、一家が阿蘇山を背景に記念写真をパチリ（右）。第30作「花も嵐も寅次郎」では、湯平温泉駅で螢子（マドンナの田中裕子）らと列車を待ち、阿蘇観光へ出かける（左）。

タの道」と呼ばれ、ライダーなどの間で話題になっている。

浅間山？ 阿蘇よ！「あ、そ」

とらや一家が打ち揃って阿蘇へ旅行したのが第12作「私の寅さん」（1973年）。日程は3泊4日。おいちゃん、おばちゃんにとっては、第3作「フーテンの寅」（1970年）において、三重県の湯の山温泉で骨休めして以来の旅だ。

おいちゃん、おばちゃん、さくら・博夫婦に満男を加えた5人での旅となる。旅の準備のために、あれもこれもと必要な品々を買い込んださくらが、大荷物を抱えて戻ってきた。

「あたしゃねえ、箱根より西へ行くのは初めてなんだからねえ」というおばちゃん。足袋は2足で足りるのかと、そわそわすることしきり。それにも増して不安なのは、店の留守番を寅さんに任せることだ。旅立つ前に寅さんが帰ってきて一悶着の末、自分ひとりが取り残されることになって不貞腐《ふてくさ》れた寅さんを、さくらが説得して留守番を引き受けてもらったのである。が、何をしでかすかわからぬ男のことだ。おばちゃんは、「火事でも起こして店が丸焼けになったらどうしよう」などと、心配でならない。

大分空港に降り立った一行、別府の高崎山で猿を見物する。凶暴なため仲間外れにされている猿を見て、思わず寅さんを思い出して顔を見合わせる。そして、阿蘇へ。おばちゃんは、観光バスの中でも、寅さんが心配で気をもみつづける。

これじゃあ、おちおち旅を楽しんでもいられない。さくらにたしなめられて気を取り直したおばちゃん。寝こけているおいちゃんに「ちょっと、あんた、あれ、浅間山だって。きれいだね

「寿命が延びるようだよ」とおばちゃん それなりに温泉気分を楽しんだ

え」と話しかける。さくらが「阿蘇よ」と訂正するや、「あ、そ」と応じるおばちゃんなのであった。心ここにあらずといった風情のおばちゃんではあっても、三度三度の食事の支度から解放されたのだ。旅館で疲れをいやし、谷川で釣りに興じる博たちを見ながら、「寿命が延びるようだよ」と、それなりに温泉気分を楽しんでいる。

火山の周囲に温泉が多いことは、例をあげるまでもないが、阿蘇周辺にも各地に温泉が湧出している。ちなみにとらや一家は杖立《つえたて》温泉、栃木《とちのき》温泉と渋い通好みの温泉に立ち寄っている。

が、楽しかるべき旅も長くはつづかない。なまじ、とらやに電話し、寅さんと話したのがまずかった……。

寅さんは愛のキューピット

その留守番役自身が阿蘇を旅するのが第30作「花も嵐も寅次郎」（1982年）である。大分県の湯平《ゆのひら》温泉で同宿したデパートガールの螢子（マドンナの田中裕子《たなかゆうこ》）、ゆかり（児島美《こじまみ》ゆき）、動物園飼育係の三郎（沢田研二《さわだけんじ》）とともに、阿蘇へのドライブとしゃれこんだのだ。もちろん運転は三郎の役回りで、この小旅行で三郎は螢子に惚れる。

三郎の職種（飼育員）を強調する演出だろうか、ドライブの途中、4人をサファリ・パークへと向かわせている。車に乗ったまま園内を周遊しながら、窓越しに、放し飼いにされているキリン、シマウマ、サイなどの生態を見学する。動物たちが窓にニューッと顔を近づけてくる度に歓声をあげていたゆかりは、トラを見出して、「トラよ、寅さん」と口走っていましたっけ。

とらやに〝飼われている動物〟が、やさしい一面をのぞかせるのは、東京に帰ってからのことだ。螢子と三郎の仲を取り持とうと奮闘するのである。実生活でもふたりの役者は結婚してしまった。寅さんが愛のキューピットになったのである。

カルデラに7万人！世界文化遺産にしたいね。

寅さんからひと言

カステラじゃないよ。カルデラだよ。阿蘇山ってのは活火山だからね。そのなかに7万人の人が生活しているっていうから、日本人というのはすごいね。世界文化遺産になったらいいな。売しやすくなるかな〜。

地味な鳥取県だが、砂丘のスケールには度肝を抜かれる。日本離れした景観というのは、こういうことなのだろう。

鳥取砂丘

Tottori Sand Dunes

青春時代の悩みを抱える満男と泉。
破天荒なふたりの行動に振り回されてばかりの寅さんだが、
今回は寅さんにも青春時代が戻ってきた。
鳥取市で若いときに付き合っていた聖子と会うことができたのだ。

㊹寅次郎の告白

砂丘を転げ回る満男と泉

第42作「ぼくの伯父さん」（1989年）以降の作品は、主役が寅さんから満男にバトンタッチされた感がある。それにつれて、満男の思い人として高校の後輩である泉（マドンナの後藤《ごとう》久美子《みこ》）がしきりに登場する（「寅次郎の縁談」「拝啓 車寅次郎様」を除く）。第44作の「寅次郎の告白」（1991年）もそのうちの一作だ。

秋の気配がただよう頃、泉が就職活動のため上京してきた。満男が付き添って面接にいくが、うまくいかない。両親が離婚していることがネックとなったのだ。気落ちして名古屋へ帰った彼女を待っていたのは、母・礼子（夏木《なつき》マリ）の再婚問題だった。悩んだ泉は家出してしまう。

一方、旅に出た寅さんは、鳥取県倉吉市でバッタリ泉と再会。その頃、彼女から絵ハガキを貰った満男は、後を追って鳥取に来ていた。礼子に「鳥取砂丘で待っているから伝えてほしい」と言い残して——。

それを知った寅さんと泉は、世話になっている駄菓子屋のおばあちゃん

鳥取砂丘 とっとりさきゅう

◉鳥取県鳥取市

起伏に富んだ独特の景観は国内最大級の規模を誇る

鳥取市の海岸沿いに広がる砂丘の総称。東西16㎞、南北2.4㎞に及び、国内最大級の規模を誇る。多くの観光客を迎えるのは、起伏に富んだ独特な景観を持つ浜坂砂丘で、風の作用でできる風紋や砂柱などを見ることができる。砂丘に生育する16種の固有植物も必見。

- 天然記念物（浜坂砂丘）
- 日本の夕陽百選
- 日本の地質百選

砂丘の砂と寅さんの衣装が同化しているようで面白いが、混じり気のない無垢な砂とカラッとした太陽の光が、寅さんの生き方や人生を祝福しているようでウキウキしてくる（宣伝用写真）。

（杉山《すぎやま》とく子）の手配した車で、砂丘に駆けつけた。

　待つ身の満男が伝言が伝わったかどうか、不安を抱えながら砂丘に座っていると、遠くから「せんぱーい」という微かな声が耳に届いた。空耳だろうか。いや、待ち焦がれていた泉の声に間違いない。立ち上がった満男は、砂浜の急斜面を砂まみれになりながら、ころげ落ちていく。

　抱き合って砂浜に倒れこむふたり。

「なんだよ、生きていたのか」

「心配した？」

　ほんわか、ふたりの仲はいいムードである。こうなっては、伯父さんも単なるお邪魔虫。下手なアドバイスなんぞ無用だ。

　第45作「寅次郎の青春」（1992年）に移行すると、満男の泉に寄せる思いはさらにヒートアップしていく。宮崎県の日南《にちなん》海岸の浜辺で、砂に「泉」

群青の日本海と砂丘の対比が美しい。まるで砂山に群がる蟻のような観光客の姿だが、鳥取砂丘には年間260万人の観光客が訪れるという。近年は外国人観光客も急激に増えている。

の字を書いていましたものねえ。泉は泉で、これまでの「先輩」をやめて、「満男さん」と呼びかけている。

さあ、先が楽しみになってきましたぞ。ところで寅さんは鳥取で、昔の恋人・聖子（マドンナの吉田日出子《よしだひでこ》）と再会し、こちらのカップルもほんわかムードとなる。

摩訶不思議なスリバチ

鳥取砂丘は、県内を北流する千代川《せんだい》河口の東側に発達した海岸砂丘だ。狭くは千代川から二ッ山付近までを指すが、かつては浜坂砂丘と呼ばれていた。しかし、広義には二ッ山以東の福部《ふくべ》砂丘、千代川河口以西の湖山《こやま》砂丘から白《はく》兎《と》海岸までを含む。

広義の砂丘の大きさは、東西が16km、南北幅が2・4kmとなる。起伏にとんだ地形、砂表面の風紋など、他の海岸砂丘に例のない雄大な景観を見せている。1950年代後半には、観光地としての人気が定着した。

海岸砂丘は、海岸線に砂丘列が何列も平行しているのが普通だ。その高さは20m未満が多いけれど、鳥取砂丘には海岸線に斜交する高さ40mに達する3列の砂丘列があり、海岸に近い砂丘列の背後は急斜面を成している。ことに、砂丘第2列の最高点は47m

寅さん砂丘でダウン？（宣伝用写真）。

にもなり、馬の背と呼ばれる。満男が泉を待っていたのは、ここだ。

円形、楕円形、あるいは半月形の凹地はスリバチと称され、その特異な形態が観光客の目を奪っている。

酩酊感をともなった感動を味わいたいなら、やはり風紋にとどめをさす。砂の表面に浮き出るさざなみ模様である。摩訶不思議な現象を生み出す〝真犯人〟は風だ。

砂表面を吹く風速4～9mの風が、もっともきれいな風紋を作る、とされる。夏の海風は5mに達するので、乾燥した砂の表面には絶えず新しい風紋が形作られていく。朝夕の太陽光を横合いから受けると、陰影がいちだんと鮮明となり、たとえようもないほど美しい。

多くの観光客を魅了する鳥取砂丘だが、昔は市民の身近な行楽地でもあった。砂丘では小学校の遠足や運動会が行われ、市民は「浜出」と称して楽しみにしていたという。江戸期には、武士の馬術や砲術、練兵場としても利用されていた。

聖子との間で焼け棒杭に火が付けば、寅さんは鳥取で暮らしていたかもしれない

寅さんからひと言

毎年テーマを変えるサンドアートの美術館

鳥取砂丘に行ったら多《た》鯰ヶ池《ねがいけ》近くの砂の美術館に行ってみなよ。今風の言葉で言えば、サンドアートって言うの？ 小さい頃に海水浴場でお城を作ったでしょ。それの本格的なやつだよ。世界中の砂の彫刻家が、いろんな風物を作品にしてるんだ。砂だからいいんだね。儚《はかな》い感じでさ。

吉永小百合がマドンナとして最初に登場した作品。この作品の歌子と寅さんのからみを観て、寅さんファンになった人は多い。

東尋坊

Tojinbou

日本全国の津々浦々を旅している寅さん。
袖振り合うも他生の縁で、さまざまな出会いと別れがある。
女性3人連れのガイド役を買って出て、楽しい時間を過ごした寅さん。
歌子を励まし続けた寅さんのドラマはここから始まる。

❾柴又慕情

再び「バター〜」で爆笑

福井県は、観光地としてのイメージが薄い。そんな県ではあるが、坂井市三国にある東尋坊の名を知らない人は少なかろう。火山岩の一種である「輝《き》石《せき》安山岩の柱状節理《ちゅうじょうせつり》」を見せて、そそり立つ大断崖である。

日本海の荒波に浸食された断崖は1㎞もつづき、高さは最大で25m。7階建てのビルに相当する。北方の雄島《おしま》や越前松島と共に、いたるところに奇岩・奇礁が連なる。国の名勝、そして天然記念物に指定されている。

2時間枠のサスペンス・ドラマが似合いそうな断崖を舞台にロケされたのが第9作「柴又慕情」（1972年）である。こちらは、追い詰められた犯人が断崖絶壁から海に身を躍らせるシーンとは無縁で、寅さんと歌子（マドンナの吉永小百合）らが嬉々として遊び戯れるさまが映し出されていた。歌子は、女友達ふたりと北陸を旅行中に寅さんと知り合い、4人で東尋坊に足を延ばしたのだ。画面に映るカップルの女性、歌子の友達も超ミニスカートで、当時の流行を感じさせる。

東尋坊 とうじんぼう

◉福井県坂井市三国

迫力満点の断崖絶壁
勇壮な自然の造形美を満喫

日本海の荒波による侵食でできた荒々しい断崖絶壁が連なる景勝地。ゴツゴツとした岩は「輝石安山岩の柱状節理」という珍しいもので、これほどの規模で見られる場所は世界に3ヵ所しかない。歩道が整備されているほか、遊覧船で海上からも奇岩織りなす景勝を楽しめる。

- 天然記念物
- 日本の地質百選
- 日本の夕陽百選

バスから荒磯を望むカットも含め、東尋坊シーンは1分半ほどだが、映画ではその魅力を丹念にトレースしている。歌子（マドンナの吉永小百合）が岩場をジャンプするシーンが印象的である。

若い女性3人に囲まれて寅さんはご満悦の様子。記念写真を撮る段になって、彼は以前にも使った「バター〜」のダジャレを飛ばしたりしている。

悪霊伝説が名前の由来

京福バスの遊歩道入口バス停付近から、東尋坊を経て雄島までの約4kmにわたって、松林を縫うように遊歩道が整備されている。荒磯《ありそ》遊歩道だ。道沿いには、高見順《たかみじゅん》、三好達治《みよしたつじ》、高浜虚《たかはまきょ》子《し》ら三国にゆかりの深い文学者の記念碑が点在する。三好の詩碑は、彼の処女詩集『測量船』冒頭の二行詩「春の岬旅のをはりの鷗どり　浮きつつ遠くなりにけるかも」を刻む。

それにつけても、東尋坊とは、何とも不可思議な地名ではないか。由来を尋ねてみると、次のようだ。南北朝期から戦国期にかけて、多数の僧兵を擁して越前国（福井県）に威をふるった

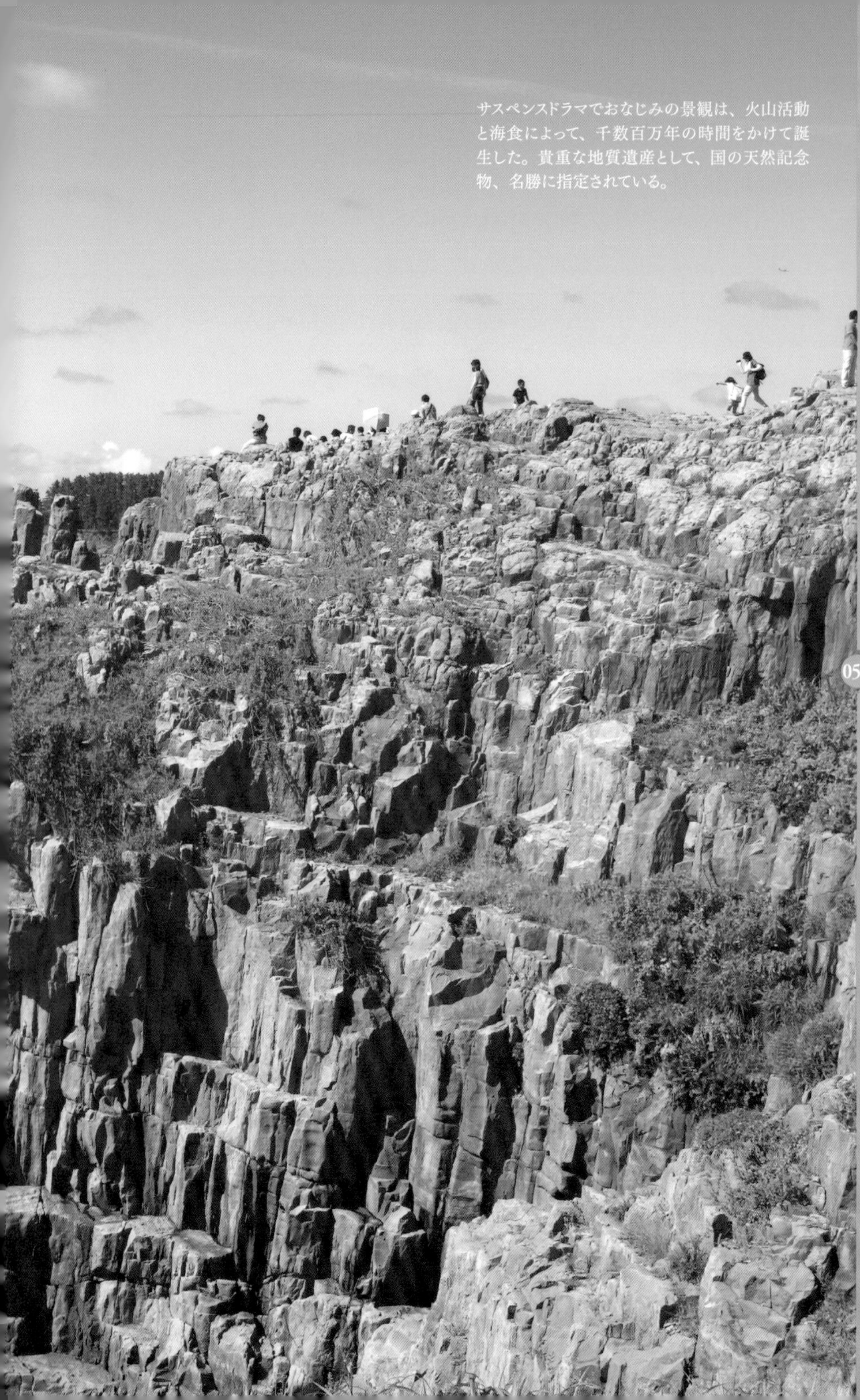

サスペンスドラマでおなじみの景観は、火山活動と海食によって、千数百万年の時間をかけて誕生した。貴重な地質遺産として、国の天然記念物、名勝に指定されている。

火山列島日本が生んだ奇勝で
この規模の柱状節理は世界でも数例しかない

東尋坊タワー（右）から眺めた東尋坊の全景（左）。タワーからは白山連峰、神秘の島・雄島、越前海岸なども一望できる。東尋坊観光遊覧船に乗ると海中からそそり立つ懸崖を間近で見ることができる。

平泉寺（現・勝山市）という寺がある。平安時代末、寺に東尋坊という大剛力の悪僧がいて、衆徒らに疎んじられていた。衆徒らが海辺遊覧を催し、酒に酩酊した東尋坊を岩壁から海へ突き落したところ、一天にわかにかき曇り落雷して多くの人が死傷した。それからというもの、東尋坊の怨霊が現れ、海が荒れるため海へ船を出さないようになった。このことから、この岩壁を東尋坊と呼んだ、という。

　わが国の海岸は総延長約3万5千㎞。それが生み出す景観は、白砂青松に象徴されるように日本人の原風景のひとつとされてきた。一方で、明治以来150年に及ぶ近代化・産業化の過程、さらに戦後の復興期で海岸の姿は大きく変貌した。その変貌の渦中にある海岸を、寅さんは歩いてきたことになる。

　平成23（2011）年3月11日に東北地方を襲った津波は、日本の海岸が自然災害に対して脆弱であることをはっきりと示した。その対策として、海岸沿いの住人を高台に移し、防潮堤を築いて事足れりとできるのか——。

　そういえばこの作品のオープニングでは、昭和52（1977）年に廃線となった軽便鉄道の尾小屋《おごや》鉄道の懐かしい姿を見ることができる。

寅さんからひと言

360度の大パノラマに恋の悩みなんか吹っ飛ぶぜ

東尋坊の絶景を堪能するなら東尋坊タワーへ行ってみな（上）。高さは55mだけど、岩の上に建ってるからね。海抜にすると100mになる。どーんとした日本海と荒磯の360度大パノラマは、他ではなかなか体験できないよ。「地球の丸さが実感できる」という宣伝文句に偽りなし。恋の悩みなんか吹っ飛ぶぜ。

シリーズ中、唯一寅さんが海外へ渡航する。音楽の都・ウィーンである。それでも国内シーンも味わい深く、見逃せない。

松島

Matsushima

「寅次郎心の旅路」は、松島を巡る遊覧船上から
諏訪一家の日常、通勤ラッシュの喧噪などのカットを経て、
くりはら田園鉄道（2007年廃線）での自殺未遂騒動が冒頭のシーンとなる。
遊覧船上ではポンシュウと乗客のミニコントに寅さんが大爆笑する。

㊶寅次郎心の旅路

260余島を数える松島

寅さんが海外を旅した第41作「寅次郎心の旅路」（1989年）の冒頭、寅さんは、ポンシュウ（関敬六《せきけいろく》）ともども宮城県松島の遊覧船に乗っている。船は、乗客が与えるエサを目当てに慕い寄ってくるウミネコを従えて、松島湾内を周遊する。他にも大小の遊覧船が行き交っており、さすがは日本三景に数えられるだけのことはあるわいと感心させられる。

湾内に浮かぶ島々は、俗に「八百八《はっぴゃくや》島《しま》」と称されるが、現在は260余島で統一されているらしい。「めがね島」の通称を持つ高島、伊達政宗がお気に入りだった双子島、仁王像が葉巻をくわえて座っているように見なせる仁王島……など、島の形が千姿万態で見飽きることがない。

松島は、宮城県中央の松島丘陵の東端が沈水してできたリアス式海岸がさらに進んだ沈降地形で、溺れ谷に海水が入りこみ島として残っている。この作品の映像は、これらの島々を映し、名刹・瑞巌《ずいがん》寺の仏堂・五大堂もとらえて、サービス満点である。

松島 まつしま

◉宮城県松島町ほか

多くの文人墨客が絶賛した日本的景観の極致

「八百八島」と称されるほど多数の島が浮かぶ松島湾一帯の通称。古くから景勝地として親しまれ、松尾芭蕉が『奥の細道』の旅で訪れた際に、眺望を賞賛したことでも知られる。松が生い茂る大小の島々が織りなす景観は、まさに日本三景の名にふさわしく、多くの文人墨客に愛されてきた。

- 特別名勝
- 日本三景
- 日本の地質百選

けれど、船内では騒動が勃発する。ポンシュウが、船端から景色を眺めていると、隣の若い女性客が腕をからめてきた。あれっ、可笑しなこともあるもんだと思っていると、女性は勘違いに気付いた。先ほどまで一緒だった恋人だとばかり思い込んで、腕を組んだのだ。あわてて腕をふりほどき、帰ってきた彼氏に事情を訴えた。

　腕を組んできたのは女性の方だ。ポンシュウに罪はない。そうとは知らない彼氏は、つかみかからんばかりの勢いで抗議するのだった。その一部始終を見ていた寅さんは、テキヤ仲間を笑い者にするのであった。この後、稼業に立ち戻りはしたものの、悪ふざけばかりしていて、リズミカルな口上を披露することもない。どうも、この日の彼は商売に身が入らないようだ。

　松島の見どころを挙げよといえば、大方の人は月との取り合わせと答えるだろう。古くから、松島を訪れる者を魅了してきた月なのだ。松尾芭蕉は、『奥の細道』冒頭に「松島の月先《まず》心にか丶りて」と記した。〝独眼竜〟こと仙台藩主・伊達政宗も「松島や　雄島の松の秋の空　名高き月や　照りまさるらん」と詠んでいる。

　日本三景は、ここ松島と、京都府の天橋立、広島県の宮島だ。三景各々《おのおの》に「雪月花」を当てはめる場合、松島は「月」であり、「雪」が天橋立、宮島は紅葉を花に見立てて「花」となるのである。アイン・シュタインも眺めた松島の月は、平成28（２０１６）年に「日本百名月」に認定された。

　満月に近い日の月の出から2時間ほど、月明かりが描く金の波は、あたかも月の道のごとくである。その月が天心近くに昇りはじめると、海は銀の波をたて、白銀の世界を現出し、島々や松の陰影を美しく描き出すのだ。

日本百名月のひとつに数えられる松島の夜景。月の光で海面が黄金に輝く（左）。西行戻しの松公園からの眺望。島々の間を幾多の観光船が走り抜けていく（右）。

ドナウ川の川辺で久美子と語り合っても寅さんの心は常に日本にあった

久美子（マドンナの竹下景子）とドナウの川辺で語らう。自殺未遂の勤め人（柄本明）は、寅さんをウィーンでほったらかしに。でも海外でも「我が道を行く」寅さんだった。

日本三景の対象となっているのは、松島湾内外にある諸島のこと、または、それら諸島と湾を囲む松島丘陵も含めた修景地区を指す。延暦《えんりゃく》16（797）年、坂上田村麻呂は、長老坂から湾内を見下ろした眺望を絶賛している、という。松島の美しさは、すでに平安時代の昔から知れ渡っていたのだ。

誰でも知ってる大漁節に歌われた名刹・瑞巌寺

寅さんからひと言

松島といえば、伊達政宗が再建した瑞巌寺は見逃せないね。斉太郎《さいたら》節《ぶし》（大漁うたい込み）に、「♪松島のサーヨオ瑞巌寺ほどの寺もないトエ　アレワエー　エート　ソリャ大漁だエ」と歌われる寺だよ。東北最古の桃山建築だってさぁ。本堂は国宝。政宗の隠し砦だったていう話もあるんだな。

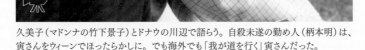

寅さんが訪れた世界遺産で強い印象を残したのが知床半島。三船敏郎の演技もよかった

世界遺産

World Heritage Site

世界遺産を先取りしてロケ地となった名所

知床半島の魅力が横溢「知床慕情」

第38作「知床慕情」(1987年)の舞台となった知床半島は、平成17(2005)年に世界自然遺産に登録された。鹿児島県の屋久島、青森・秋田の両県に跨る白神山地につづく、国内3番目の登録だった。地図を広げると、オホーツク海と根室海峡に挟まれて、千島列島に向けて角のように突出しているのが知床半島。先端部の知床岬までは70kmほどだが、岬に至る道はない。知床連山が背骨のように半島中央部にどっしりと居座り、深々とした森と断崖絶壁が人の行く手を阻んできたのだ。

半島という限定されたロケーションに残された美しくも険しい景観と、それゆえに育まれてきた野生動物たちの楽園。海と陸に跨る生態系の豊かさが評価されての登録だった。

本作の公開は遺産登録のはるか前だけれど、知床の自然がかもす魅力を存分に引き出している。寅さんが「バードウオッチングという、わけのわからない遊び」に興じている場面ひとつを挙げてみても、シリーズにおける本作の異色ぶりが伝わるだろう。

温泉津は石見銀山とともに栄えた

世界遺産「石見銀山遺跡とその文化的景観」の構成資源となった温泉津《ゆのつ》温泉(島根県大田市)を舞台としたのが第13作「寅次郎恋やつれ」(1974年)だ。「温泉津」は、読んで字のごとく、温泉と「津」(港)という、ふたつの性格を有する町。湯泉津は、古くから町の石見銀山の積み出し港として栄えた。

われらが主人公は、もっぱら温泉街で失恋騒動を巻き起こすだけだが、銀山を取り締まる幕府の代官所役人、坑夫らもここの湯に入ったのである。つまり、温泉街の町並み、港湾、そして銀山の遺構を一体的に評価しての遺産登録だ。

銀山川伝いに街道をたどると、羅漢寺が現れる。渓流沿いの洞窟には500体もの羅漢を安置。銀山で命を落とした坑夫たちの霊を弔ってある。羅漢像を拝むには、銀山川に架けられたアーチ形の石橋を渡る。銀山跡には無数の間歩《まぶ》が残されているが、公開されているのは龍源寺間歩のみである。

寅さんの夢とかかわるのが、世界遺産暫定リストに記載されている「金を中心とする佐度鉱山の遺産群」。第31作「旅と女と寅次郎」(1983年)で、寅さんは、金山一揆の首謀者として捕り方に追われる夢を見るのだった。

第1作で登場「古都奈良の文化財」

第1作「男はつらいよ」(1969年)で、妹・さくらの見合いをぶちこわした寅さんは、草《わら》鞋《じ》の先を古都・奈良に向けた。東大寺で、柴又帝釈天の住職、通称・御前様(笠智衆)と、その娘・冬子(マドンナの光本幸子)と出会う。はるか後年の平成10(1998)年、その東大寺を含む「古都奈良の文化財」が世界文化遺産に登録された。シリーズの全作品にいえるが、山田監督は世界遺産登録を先取りするように、ロケ地としていたのである。

龍源寺間歩の坑道は約600mで、見学できるのは273m。当時のノミ跡も生々しい(左)。知床半島の岸壁は陸伝いでは行けず、遊覧船で近づけるだけである(右)。

第4章 城下町

寅さんと

盆地の中央に蛇行する川が流れ、小高い丘に天守がそびえる

旧市街に灯る古い木造旅館の明かり

石畳に雪駄の音が響き、寅さんがやってきた

「ここね、この町は。懐が深いんだろね」

大洲

Oozu

寅さんは文化勲章クラスの画家であろうと、
人間国宝クラスの陶芸家であろうとまったく動じない。
ひとりの人間として接するだけである。それは殿様の末裔でも同じこと。
人間、お金があっても地位があっても悩みはつきないのである。

⑲寅次郎と殿様

城下は「おはなはん」の舞台

高知市近郊の町の停留所で高知駅行きのバスを待っていた折、所在なげなおばあちゃんに話しかけた。

「きょうは、どちらまで？」

「ちょっと、ご城下まで」

世が平成と改まって間もないころの話だ。明治維新から１２０年ほどの歳月が流れているというのに、いまだに高知市を「ご城下」と敬称付きで呼んでいる層が健在なのである。この発言を耳にしたとたん、高知市がぐっと身近な町に感じたものだ。

旅先で住人と交わした何気ないふたこと、みことがきっかけとなって、その町のひいきとなった経験をお持ちの方は存外多いのではなかろうか。寅さんと愛媛県大洲市の関係も、こんな幸福な出会いから始まった。

大洲市を舞台としたのは第19作「寅次郎と殿様」（１９７７年）。ここは瀬戸内海に注ぐ肱《ひじ》川を外濠とした城下町だ。大洲は、かつて、朝の連続テレビ小説「おはなはん」の舞台となった。まだらに壁の剥げ落ちた土蔵、狭い路地に互いを支えあうように建つしもた

大洲 おおず

◉愛媛県大洲市

大洲城の南に開けた小京都
江戸から明治期の面影を残す

大洲は伊予《いよ》国（愛媛県）西部に６万石を領した大洲藩（外様）の城下町として発展。城下は肱《ひじ》川の左岸に築城された大洲城の南に開ける。町並みは江戸末期から明治期の面影を色濃く残し、伊予の小京都と呼ばれている。大洲城天守は木造復元天守だが、台所櫓・南隅櫓・高欄櫓・苧綿櫓の４櫓が残され、重要文化財に指定されている。

●日本100名城

大洲から“お殿様”がとらやを訪ねてきた。ちょうど旅先から帰ってきた寅さんが、とらやの面々に得意げに紹介する。「控え！ 控え！ 無礼者！ この方を何と心得る。伊予は大洲5万石の殿さま、藤堂久宗さまであらせられるぞ。頭が高い」

城下町で繰り広げられた名優アラカン、寅さん、のり平の夢の共演

屋、行きちがう市民が挨拶を交わすときのうたうような大洲弁。明治時代に迷い込んだかと錯覚させる、なつかしい街並みがつづく。ついでながら、「おはなはん」のヒロイン・樫山文枝《かしやまふみえ》は、第16作「葛飾立志篇」（1975年）のマドンナも務めた。

寅さんが、大洲城主の家柄にあたる16代目の藤堂久宗（嵐寛寿郎《あらしかんじゅうろう》）に大洲の町で出くわしたことから、ひと騒動が持ち上がる。

泊り合わせた宿で鞠子（マドンナの真野響子《まやきょうこ》）に手土産を持たせたことで、寅さんの財布はからっけつ寸前。高台の城跡で軽くなった財布の中身を確かめていたところ、虎の子の500円札が風にさらわれてしまう。空から降ってきた札を拾ったのが16代目のお殿様で、お礼にとラムネを御馳走すると、「甘露じゃのう」。拾い主が殿様とは露知らぬ寅さん、「殿様みたいな口をきくじゃねえか」と、すっかり意気投合してしまうのだった。

世間知らずの殿様と、はしっこい執事（三木のり平）、寅さんがからむシーンは、何度観てもふきだしてしまう。江戸城中において、浅野内匠頭《あさのたくみのかみ》が吉《き》良上野介《らこうずけのすけ》に刃傷に及んだ事件をもじっている場面だが、三木のり平の最後のセリフが、ことのほか可笑しい。

城は伝統工法で復元された

殿様に敬意を表するため、大洲の城と城下町にも触れておこう。城は鎌倉時代末期に築かれたが、いくつかの櫓《やぐら》を残して、天守は1880年代後半に取り壊されたままだった。代々の先祖が朝に夕に仰ぎ見てきた天守だ。かつての勇姿を望む市民の後押しを受け、平成16（2004）年に木造天守が復元された。4層4階の天守は、藩

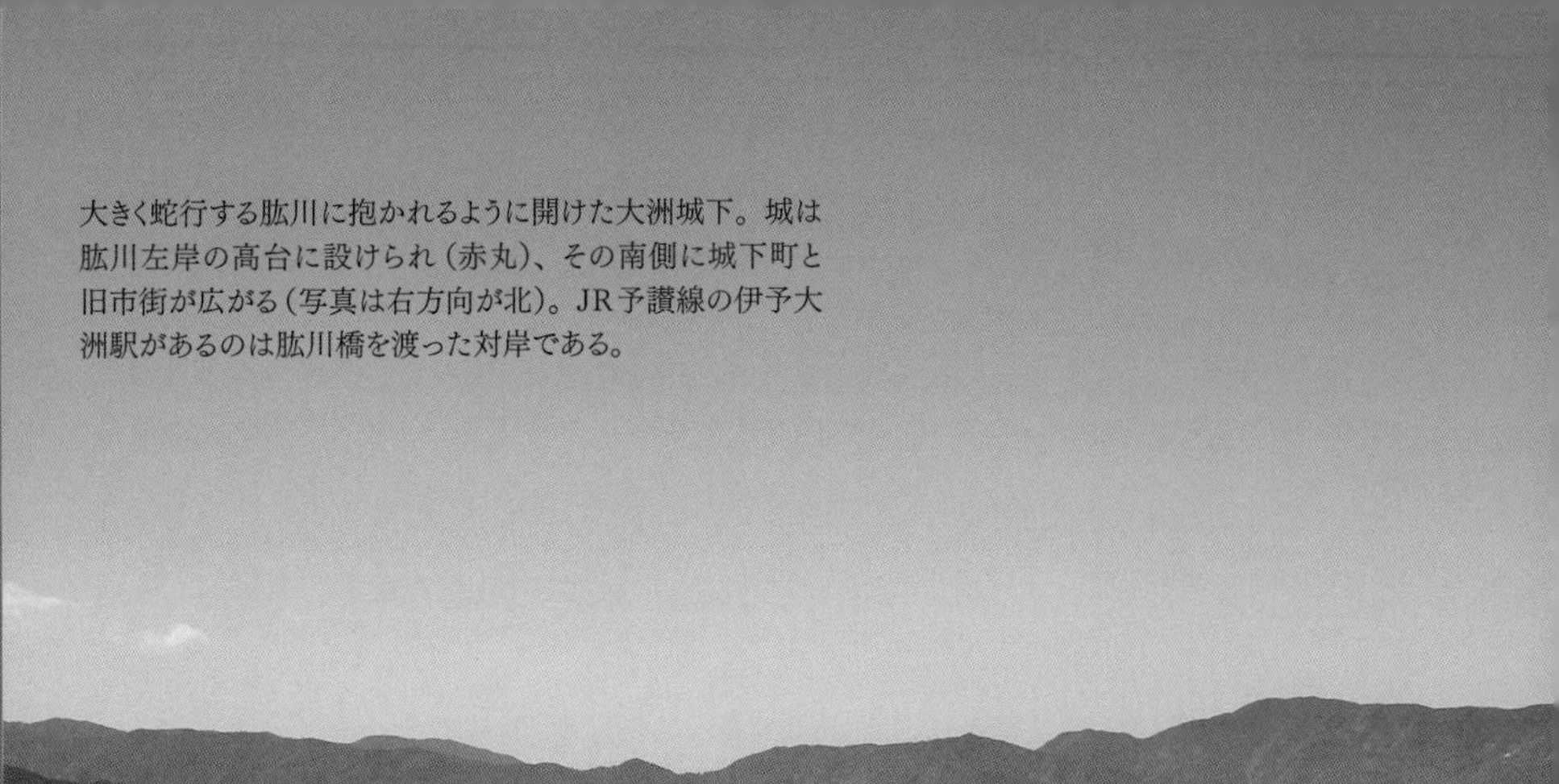

大きく蛇行する肱川に抱かれるように開けた大洲城下。城は肱川左岸の高台に設けられ（赤丸）、その南側に城下町と旧市街が広がる（写真は右方向が北）。JR予讃線の伊予大洲駅があるのは肱川橋を渡った対岸である。

政時代の工法や木組などにこだわって復元。さだめし、16代目当主・藤堂久宗公も、ご満悦のことであろう。殿様が藤堂の姓を名乗っているのは、江戸時代最初期、大洲一帯が藤堂高虎《とうどうたかとら》の領地だったことを踏まえているのだろう。

肱川が下流に向かってS字型に曲がったところに、川を挟んで南北に大洲市街がつくられている。JR伊予大洲駅から南下して肱川《ひじかわ》大橋を渡ったあたりが旧城下。城は肱川の流れを巧

1966年、NHK朝の連続ドラマ「おはなはん」は、このおはなはん通りなどで撮影された。

大洲城の復元天守と石垣(左)。江戸後期〜末期に建設された台所櫓・南隅櫓《みなみすみやぐら》・高欄櫓《こうらんやぐら》・苧綿櫓《おわたやぐら》は、国の重要文化財に指定されている。天守の石垣の下で執事と寅さんが再会するシーンがエンディングとなった(右)。

みに使った堅城で、近世の築城洋式の中でも最古に属する平山城だ。

大洲は戦災を免れたこともあって、城下町に特有のT字路、喰違《くいちがい》、袋小路などの街路も残っている。さらに、枡形や西ノ門、二ノ丸、三ノ丸、鉄砲町などの地名が、散策の興をそそる。

侍屋敷の規模は、他の城下町と同じく、城に近いほど大きく、離れるにしたがって小規模となる。三ノ丸や西ノ門、鉄砲町などの侍屋敷は一般に広く、上級武士が住んでいたが、城下の周りにある比志町や殿町ではほとんどが20坪以下と狭い。

町人地の面影を偲ぶなら、肱川の南の旧城下東端にある志保《しほ》町(旧塩屋町)がよろしかろう。明治時代は、名実ともに大洲の中心街で活気にあふれていた。木蝋《ろう》や生糸の製造元、問屋、料理屋、土産物屋などが軒を接し、職人も多い典型的な町人町であった。しかし、今では道路沿いの格子や白壁造りの民家に、往時の隆盛ぶりを思いめぐらすぐらいか。「おはなはん」のロケも、このあたりで行われた。

印象に残る鵜飼のシーン

大洲市は、四季それぞれの楽しみ方ができる伊予の小京都である。5月は冨士山《とみす》のツツジ、夏なら肱川の鵜飼、晩秋から初冬にかけては肱川あらしの見学といった具合なのだ。肱川の鵜飼は、岐阜県の長良川、大分県の三隈川と並び称される。日が山の端に隠れる頃合い、遊覧船が川岸を離れ、船内で川魚料理を楽しみながら川を下る。待つことしばし、目の前に鵜匠《うじょう》を乗せた船が姿を見せ、かがり火の下であざやかな手綱さばきで鮎を獲るのである。

鵜飼といえば「寅次郎と殿様」に次のようなシーンがある。大洲の旅館で帳場に座り込んでいると、電話が鳴る

（寅さんの特技は、旅館の帳場に気安く入り込んでしまうこと）。泊りの客を呼んでほしいという。それを女将に取り次ぐ場面である。女将がその客は「鵜飼いに出かけてなさるけんど」というと、寅さんは電話口で相手にそのまま復唱したあと首をかしげる。

「しかし、変わってんね、その客は。わざわざウガイに表へ出かけていくなんてさ。そこの洗面所の奥で、ガラガラッってやればいいじゃねえか」

「そのウガイじゃのうて、ほれ、川に船うかべて……」

「あーあっ、あの浦島太郎みたいな格好して、アヒルの首にゴムテープつけて引っぱるやつか」

寅さんが泊ったこの旅館は「油屋」（映画では「伊洲屋」）だが、今は和食の店に変わっている。

肱川あらしは、大洲盆地にたまった霧が肱川沿いに河口の長浜町に流れ下る現象。発生は年20回ほど。その様子は霧の湖から流れ出す川さながらで、ゴォー、ゴォーとうなりをあげながら流れ下るとか。河口付近に架かる通称・赤橋を白い霧が呑み込んでいくさまを、展望台から見渡す感動が口コミで広がっていった。今では沖合の漁船からあらしを見学するツアーがあり、フォトコンテストも行われている。

江戸時代、川は山と海を結ぶハイウェーの役割を果たしていた。肱川も例外ではない。幕末、土佐藩の郷士であった坂本龍馬は、藩内情勢に見切りをつけ、土佐藩を脱藩した。文久《ぶんきゅう》2（1862）年のことだ。その際の脱藩ルートに肱川を選んだのである。

3月下旬、高知城下を抜け出し、土佐、伊予両国の国境である峠をひた走り、大洲城下を抜け、長浜で四国最後の夜を過ごした。翌日、船で長州の三田尻に上陸、維新回天の荒波に乗り出したのであった。

寅さんからひと言

ポコペン横町で昭和30年代にタイムスリップ

俺なんかがさ、子供のころに駆け回っていた町並み、それが大洲にはあるんだな。ポコペン横町さ。レトロな琺瑯《ほうろう》看板がいっぱいあって、露店なんかも再現されてる。日本中どこにもあった30年代初期の町並みだよ。歩いてると、近所の悪ガキ達の顔がうかんでくるな～。

071 旅館の帳場に入り込んで女将と世間話 こうなると寅さんの独壇場である

高梁

Takahashi

備中松山藩の城下町、高梁。寅さんが愛した町である。義弟の博の故郷で、映画では2回ロケが行われている。

寅さんが坊さんに！ もちろん真似事ではあるが、
実に似合っている。法話も堂々としたもので、寺の檀家たちは、
「住職さんの話よりありがたいわい」と絶賛。
寺の娘の心もちょっぴり寅さんになびくのだった。

❽寅次郎恋歌／㉜口笛を吹く寅次郎

日本三大山城の備中松山城

岡山県高梁市は、第8作「寅次郎恋歌」（1971年）、第32作「口笛を吹く寅次郎」（1983年）の2作で舞台となった。なぜ2作とも高梁かといえば、さくらの亭主・諏訪博の父・飈一《ひょういち》郎《ろう》の生家があるから（博は北海道生まれで、大学を退官した飈一郎が、家族とともに高梁へ戻った）。JR備中高梁駅のある伯備《はくび》線は、山陽と山陰を結ぶ陰陽連絡鉄道の中でも、列車の本数が最も多く、はなはだ便のよい路線だ。

まずは「寅次郎恋歌」。博の母が危篤との報に、博とさくらは取るものも取りあえず高梁へ。が、母は帰らぬ人となった。その葬式の日、ひょっこり寅さんが現われ、トンチンカンなことばかり仕出かす。皆が帰ったあと、博の父親（志村喬《しむらたかし》）を慰める寅。学者として研究一筋に歩んできた父親は、庭先に咲いたりんどうの花を引き合いに、家族団らんのうちにこそ幸福がある、と寅さんを諭《さと》す。研究に没頭するあまり、妻を思いやることのできなかった自戒をこめての言葉だ。

妻を喪った父親は、これまで絶えて

高梁《たかはし》
◉岡山県高梁市

当時の風情が色濃く残る備中松山城の城下町

「備中の小京都」と呼ばれる城下町。白壁の武家屋敷や、高梁川の舟運で栄えた商家、鍵形に曲がる道、外堀の役割を果たしていた紺屋川などが、藩政時代の趣きを色濃く伝える。備中松山城は、市街地北部の臥牛山の頂きに築かれた山城。天守が現存する国内12城のひとつに数えられる。

●日本三大山城（備中松山城）
●重要文化財（備中松山城）

高梁の町を一望にできる高台にある薬師院（映画では蓮台寺として登場）。第32作「口笛を吹く寅次郎」（1983年）では、寅さんは博の父親の墓参りの帰途、山門に続くこの階段で朋子（マドンナの竹下景子）に出会い、ほのかな希望をいだく。婿養子となって寺を継ぐという夢であった。

したことのない買い物も自分でこなす。着流しに茶羽織《ちゃばおり》姿で買い物籠をぶら下げた父親に、寅さんが同道するシーンがある。ふたりは、市内を貫流する高梁川の支流・紺屋川沿いの道、石火《いしび》矢《や》町の武家屋敷通りを歩く。その先を、蒸気機関車の代名詞ともいうべきD51が黒煙を噴き上げつつ走り抜けていくのであった。

城下町らしいたたずまいの武家屋敷通りには、旧折井家、旧埴原《はいばら》家などの武家屋敷が建ち並ぶ。前者は、天保《てんぽう》年間（1830～44年）に建てられたという漆喰壁の長屋門、母屋が美しい。後者は、寺院建築の要素を取り入れた数寄屋風の建物が印象に残る。映画では、通りの一角を占める岡村邸が諏訪家との設定。石垣の上に白壁の塀を建てまわした構えの屋敷である。屋敷の門は、明治の初めに設置された郡役所にあったものを移築したのだとか。

高梁川と高梁の町並みを見下ろす方谷林公園《ほうこくりん》。写真家になるため東京に行ってしまった恋人（マドンナの竹下景子が演じた朋子の弟）を案じるひろみ（杉田かおり）をなぐさめる寅さん。このあと崖から落ちそうになる。

「朋子さんと結婚するって、みんな言うとるけど」
「大きな声でさぁ、言わないほうがいいょ。確定じゃないから……」

うーん、寅さん、さくら、博もこの門をくぐったのか。小生と同じ姓を刻んだ表札をためつすがめつしていると、その横に貼り紙があるではないか。曰く、「押し売りお断り」。いったい、寅さんはどんな気持ちでこの門をくぐったのだろうか。顔が見てみたい。後年、第20作「寅次郎頑張れ!」(1977年)で、とらやに下宿していた良介(中村《なかむら》雅俊《まさとし》)に押し売りと間違われた寅さんですからなあ。

ここは昼日中は人影の少ない通りだが、朝方はにぎやか。高梁高校へ通う高校生が歩いて、あるいは自転車を押しながら通る。当方のかたわらを「おはようございます」と挨拶しながら通りすぎてゆく。寅さんなら「青年、しっかり勉強するんだぞ」と声をかけるところだろう。自分のことは棚に上げて。

高梁市は備中松山城の城下町。標高420mの臥牛《がぎゅう》山頂の城郭は、日本三大山城のひとつに数えられる。小生、こんな高所に立地する城へ2本の足で登ったから、ゼイゼイ、ハーハーと息がきれ、立ち止まっては歩き、歩いては立ち止まるていたらく。山上の城郭を藩の政庁としたのでは不便至極であるから、臥牛山南麓に城主の居館兼政庁として、いわゆる〝御根小屋〟をこしらえて政務をみたのである。この臥牛山をはじめとして、四方を囲む山々が城下町に迫り、町の西側を流れる高梁川に沿って半月状に町並みが広がる。

城下町は、茶人としても知られる小《こ》堀遠州《ぼりえんしゅう》の作。その後、城主はころころと変わったが、延享《えんきょう》元(1744)年に入部した板倉家が名高い。わけても、幕末期、2度にわたって幕府老中を務めた板倉勝静《かつきよ》は特筆すべき藩主であろう。安政の大獄では大老・井伊《いい》直弼《なおすけ》と対立し、戊辰戦争においては官軍に抗して箱館まで転戦するといった硬骨漢ぶりを示した。

舞台となった寺は薬師院

寅さんが高梁を再訪したのは、12年後の第32作「口笛を吹く寅次郎」(1983年)。ふだんは横の物を縦にもしない横着者のくせに、葬式や法事となると妙に義理堅いのが寅さんだ。本作では、博の亡父の墓参りにきた寅さん、たちまち菩提寺の和尚(松村達《まつむらたつ》雄《お》)の娘・朋子(マドンナの竹下景《たけしたけい》子《こ》)にぞっこん。ここまではいつものパターンだが、二日酔いの和尚に代

四方の山々が城下町に迫り 高梁川に沿って半月状に町並みが広がる

備中松山藩時代の面影を色濃く残す高梁の武家屋敷群。石火矢《いしびや》町などに数多く残る（左）。「寅次郎恋歌」では寺の住職を囲んで家族写真を撮影。寅さんは「はい、笑って〜」と言って顰蹙《ひんしゅく》を買う（右）。

わって法話を垂れるのだから恐れ入った。御前様に言わせれば「煩悩が背広着て歩いているような男」の法話に、檀家の人たちは聞き惚れる。で、長逗留となり、恋心はヒートアップしていく。

そこへ、博、さくら、満男が3回忌の法事で寺にやってきた。ところが、寅さんが法衣に身を包んでいる。さくら、博の驚くまいことか。そこから、てんやわんやの一幕が展開する。

菩提寺は、劇中では蓮台寺となっているが、実際の撮影に使われたのは薬師院である。市内を見下ろす高台にあり、長く急な階段が印象的だ。隣の松蓮寺などと共に、あたかも城郭のごとき堂々たる構えの寺院だ。

高梁のシンボル・備中松山城は、標高430ｍに築かれた山城だが、山麓に堅固な石垣を巡らせた寺院が置かれ、城下の防衛拠点とされた。前記二寺院に加え、頼久寺など20余寺によって町を城塞化したのだ。

城下のひとところに寺を集中させて防衛拠点とした町は、青森県弘前市をはじめ各所にある。弘前城下の南茂《みなみしげ》森《もり》には、都合33の寺院が集中する。その中心には、城主である津軽家の菩提寺・長勝寺があることから、「長勝寺構え」などと呼ばれる。犬猿の仲である南部氏の侵攻に備え、その方面に寺院を集めて出城化したのである。

中級武士の暮らしが体験できる武家屋敷館

石火矢《いしびや》町なんてさ、いかにも城下町という感じだろ。ここにある旧折井家と旧埴原家の屋敷が、高梁市武家屋敷館として公開されているんだ。江戸時代の中の上くらいの武士の生活を体験できる施設さ。見学すると、身が引き締まる思いがするよ。

寅さん からひと言

「寅さんに話を聞いてもらいたい」。丹後から柴又に出てきたかがりの心には、寅さんへの想いが大きくなっていた。

彦根

Hikone

人間国宝の陶芸家・加納作次郎と意気投合した寅さんは、
一緒に京都先斗町で酒を飲み、翌日、作次郎の家で目覚める。
そこに登場するのがお手伝いのかがりで、
このときはまだ一目惚れという寅さんの病気は出なかったが……。

㉙寅次郎あじさいの恋

肩書きにおもねらない寅さん

第29作「あじさいの恋」（1982年）の終幕、寅さんは滋賀県彦根市の彦根城の城門で売をしている。商っているのは瀬戸物である。京都で知り合った人間国宝の陶芸家・加納作次郎（片岡仁左衛門）の作と偽って、大風呂敷を広げている最中だ。

「そんじょそこらへんにある瀬戸物屋の安物とはわけが違う。（中略）デパートでもってお願いしたら、10万は5万が下らない品物。今日は私、それだけ下さいとは言わない。旅先で金に忙しい。よし、2万、1万5千、ああ、やけくそ、1万でどうだ！」

ここで、取り巻いた客のひとりから「1万円は高うないか、もう一声」と声が飛んだ。おや、と思った寅さんが目を上げると、そこに加納作次郎先生の笑顔があるではないか。自負心に凝り固まった芸術家にとって、この行為は許しがたい侮辱だろう。けれど、寅さんは悪びれた様子もなく、「じいさん、ビールでも飲むか」と満面の笑みである。寅さんにしてみれば、加納作次郎は人間国宝である前に、ひとりの

彦根 ひこね

◉滋賀県彦根市

水陸交通の要衝
井伊家ゆかりの城下町

琵琶湖に臨む城下町で、かの井伊大老（直弼《なおすけ》）のお膝元。中山道の宿場町や琵琶湖水運の拠点として多くの人が行き交った。当時の姿をそのまま残す彦根城のほか、井伊家ゆかりの史跡が点在。商家町の風情を今に伝える河原町芹町地区は重伝建に選定されている。

- 特別史跡（彦根城）
- 重要伝統的建造物群保存地区
- 日本遺産

鎌倉のあじさい寺（成就院）で寅さんを待つかがり（マドンナのいしだあゆみ）。寅さんを発見して微笑む。寅さんも満面の笑顔で「よ、だいぶ待たせたんじゃねえか?」。デートはいい雰囲気である。

じいさんなのだ。その人間の肩書だとか権威におもねる真似を、彼は断じてしないのである。

　寅さんが売していた城門の近くには、埋木《うもれぎの》舎《や》が保存されている。彦根藩の歴代藩主の中でも、とびっきり有名な井《い》伊《い》直弼《なおすけ》が青少年時代を過ごした屋敷である。

　彦根城主の井伊家は、徳川家にあって、一、二を争う名門だ。家康の厚い

彦根の夢京橋キャッスルロード。土産物屋が並ぶ観光タウンだが、城下町風情を楽しむことができる。

信任を受け、大坂城に拠《よ》る豊臣家に対抗するため城が築かれた。彦根城は、江戸方面の東側の防御は意識せず、城下の西を流れる芹川を天然の堀として敵の襲来に備えていた。

江戸時代初期に創成された城下町には、いくつかの共通点を見い出せる。

①身分が高い家臣ほど、城に近い位置に屋敷がある。

②敵の侵入に備えるため、折れ曲がった町割りで構成。

③商人や職人の居住区は城下町の外縁部に配置。

④城下町防御のため、寺院を特定の地域に集中させて寺町を形成。

彦根城は、こうした近世城下町の特徴をすべて備え、「古地図で歩ける町」といえそうだ。

歴史にさしたる興味はなさそうな寅さんではあるが、売にふさわしい場所を探り

しみじみと語る寅さん節が しっとりとした風景に溶け込んでゆく

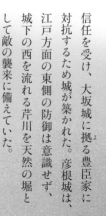

当てる嗅覚は鋭いはず。彼がなぜ、埋木舎近くを選んだかに思いを馳せながら、彦根城下を歩いてみたいものだ。
それにしても、京都で出会ったかがり（マドンナのいしだあゆみ）と寅さんは、互いの心の隙間を埋め合うよう相思相愛となった。鎌倉のあじさい寺でデートをするが、やはり寅さんは己を律してかがりから離れていく。

天下普請の彦根城
昔のまんまだ。国宝だよ。

彦根と言えばやっぱり天下普請の彦根城さ。国宝の天守を持つ城は、姫路城、松本城、犬山城、松江城、それに彦根城。ここは天守、四隅を飾る櫓、お堀から庭園まで昔のまんまなんだ。江戸時代にはさ、西国に残った太閤殿下の遺臣たちににらみをきかせていたんだぜ。格好いいだろ。

寅さん
からひと言

伊根湾に臨むかがりの実家近くの小さな船着場で、かがりを励ます寅さん。そうこうしているうちに宮津行の最終船便が出航してしまう。かがりは「うちに泊まりはったらどうどす？ そないして、ね」。寅さんはかがりの優しい心にほだされていく。

杵築

Kitsuki

「おまえ惚れたな」「惚れて悪いんですか」
杵築城下でのふたりの出会いから舞台を東京に移して、
抱腹絶倒、寅さんの恋愛指南が始まった。
それは観覧車のなかでの愛の告白で大団円を迎える。

㉚花も嵐も寅次郎

坂によって結ばれた城下町

大分県杵築《きつき》市は杵築藩の城下町、石畳と坂の町である。

八坂川河口の台地先端にある杵築城跡から市内を遠望すると、前方右手の台地に北台武家屋敷、左手の台地に南台武家屋敷が配置され、ふたつの武家屋敷群に挟まれた谷間に町人の住居群が割り当てられていることが明瞭となる。そして、南と北の武家屋敷群と町人地をつなぐのが坂なのである。

武家屋敷は土塀や石塀を連ね、敷地も広い。一方、町人地の家々は狭い敷地に軒を接して建っている。妻入りと平入りの家が混じりあっているが、塗屋造りである点は共通している。2階には虫籠《むしこ》窓が取り付けられているが、1階の店舗は開けっ放しである。土間のままで商いをしている店も見かける。谷間の町人地を見下ろす坂は、志保屋の坂、酢屋の坂、飴屋の坂、番所の坂などと命名されている。

いずれの坂もさほどの勾配ではなく、石畳の坂である。確かに緩くはあるのだが、歩くのには石段の寸法が中途半端のような気がする。馬や駕籠で上り

杵築 きつき
◉大分県杵築市

海辺の城下町で江戸にタイムスリップ

国東半島の南側に位置する城下町。坂が多いのが特徴で、南北の高台に武士、その谷間に商人が暮らしたことから「サンドイッチ型城下町」と呼ばれている。重伝建に選定された武家屋敷や石畳を敷いた数々の坂道が江戸時代の風情を伝え、時代劇のロケに使われることも。復元された天守閣からは眼下に豊後水道の海を一望できる。

●重要伝統的建造物群保存地区

下りしたのだろうか。

下校時刻にさしかかると、園児たちがスキップしてでもいるような足取りで坂を下ってくる。「危ない！」と声をあげそうになったけれど、それは杞憂に過ぎなかった。通い慣れた坂だ、園児らの足取りは確かなのである。

これらの坂のうち、志保屋の坂にスポットを当てたのが第30作「花も嵐も寅次郎」（1982年）だ。谷間の町屋へ向かって下る坂の向こうに、高台へせりあがっていく酢屋の坂が手に取るようである。

本作はデパート勤めの螢子（マドンナの田中裕子《たなかゆうこ》）、タイガースのボーカルとして人気を博し、その後のソロ活動でも大ヒットを連発していた絶頂期の沢田研二をゲストスターに迎えた作品。沢田は、動物園の飼育係・三郎の役である。

やがて、恋に落ちるふたりが、再会

高台の武家屋敷と谷間に軒を接するように建てられた町人の住居群。写真は南台から見下ろした志保屋の坂（手前）と酢屋の坂（正面）。杵築の町は武家屋敷が商家を守るように形成されている（撮影：岡村直樹）。

することになるのが志保屋の坂という設定なのだ。

蛍子、その同僚であるゆかり（児島《こじ》美《ま》ゆき）と杵築の町を観光中だった寅さんは、車で帰京するという三郎とバッタリ。4人で周辺の観光スポットをドライブした後、別れる段になって突然、三郎は「僕と付きおうて下さい」と叫ぶ。

三郎のずっこけ会話が見物

三郎の純朴さに打たれた寅さんは、帰京すると、口説きのテクニックを身振り手振りよろしく三郎に伝授する。そしてまずは江戸川の散歩に行けとアドバイス。

「目にしみるような青空だ。ぽっかり浮かぶ白い雲（中略）ピーヒョロロ、ピーヒョロロ、トンビがくるりと輪をかいた。僕もあの雲といっしょに、知らない国に行ってしまいたい」

「口で言わない。目で言うんだ」寅さんのアイコンタクトは神業に近い

ここからは寅さんが三郎と蛍子の二役を演じる。スタッフが「寅のアリア（独唱）」と呼ぶ名場面だ。

「あら、三郎さん、どうしてそんな寂しいことおっしゃるの／蛍子さんのいる、この東京にいっしょに住むのがつらいんだ。せめて遠い北国へでも行ってしまったら、この辛さを忘れことができるかもしれない／三郎さん、ほんとのことをおっしゃって／蛍子さん、僕はあなたのことを愛しています、なんてことを間違っても口に出しちゃいけないぞ。口で言わない。目で言うんだ」

江戸川の土手に座ると、寅さんの指南通りに空を指さしながら「あの白い雲と!」と叫ぶ三郎。「どの雲?」と戸惑う蛍子。最初のデートは蛍子の戸惑いで終わった。

この後、目尻に涙がたまるほど笑うシーンがつづくのだけれど、お後は皆さんのために取っておくとしよう。

寅さんの恋愛指南が効を奏したのか存ぜぬが、撮影後、沢田と田中が結婚したのはご存知のとおり。実生活でも寅さんがふたりの愛のキューピットになったのである。

寅さん からひと言

城山公園から眺めるオーシャンビューが最高

お城ってのはやはり天守だよな。杵築城天守ってのは八坂川河口の台地に鎮座し、晴れた日には豊後水道の彼方に四国まで見えるっていうロケーションだ。天然の要害で、かの島津家の猛攻に数ヶ月も耐え抜いたんだとさ。今は城山公園として整備されているんで、おすすめだよ。

「小京都」を名乗るのは全国45町市。古き良き日本が残る町でドラマは繰り広げられた

小京都

Little Kyoto

武家屋敷が静かに時を刻む小さな城下町

鍋島家の支藩・小城藩の城下町

第42作「ぼくの伯父さん」(1989年) は、吉野ケ里《よしのがり》遺跡をはじめ佐賀県一円にロケしており、小京都・小城《おぎ》町も舞台となった。ロケ時には「町」だったが、近隣自治体と合併し、現在は「市」に昇格している。

佐賀藩・鍋島家の支藩・小城藩の城下町で、同藩は7万3千石余を領した。武士の居住区は、桜岡《さくらおか》とその北麓にあった小城藩邸を取り囲むように、9つの小路に集まっていた。幕末には、鯖岡小路《さばおかこうじ》が加わった。満男の恋人・泉（マドンナの後藤久美子）が通う小城高校、寅さんが売する須賀神社、ラストシーンでJR唐津線小城駅などが映し出される。

三木露風の故郷、播州龍野

シリーズでも五指に入る傑作と評価の高い第17作「寅次郎夕焼け小焼け」(1976年) で、ファンに強い印象を残したのが龍野市（現・たつの市)。播州《ばんしゅう》龍野、龍野藩の城下町である。

日本画壇の大家・池ノ内青観（宇野重吉）と知り合った寅さん、画伯の故郷である龍野で再会する。市主催の歓迎の宴席に同伴した寅さんは、そこで地元芸者のぼたん（マドンナの太地喜和子）と、すっかり意気投合。詐欺師に大金をだまし取られた彼女のために奮闘努力する。しかし、その甲斐もなく……。

バックに流れるのは童謡「赤とんぼ」。龍野は同曲を作詞した三木露風の故郷である。ぼたんにと絵を贈った青観に感謝するため、青観の住む東京に向かって手を合わせる寅さん。その時、醤油樽を踏み台にしているのは、龍野が薄口醤油の産地として名高いからだ。

「山陰の小京都」と呼ばれる津和野

温泉津《ゆのつ》温泉で失恋した寅さんは、山口県との県境に近い津和野《つわの》町へ。ここの食堂で第9作「柴又慕情」(1972年) でのぼせあがった歌子（マドンナの吉永小百合）と再会する。第13作「寅次郎恋やつれ」(1974年) である。彼女は、父親の反対を押し切って結婚したが、夫が病死していた。その事情を、津和野川のほとりで聞かされる寅さん。今は夫の実家があるこの町で図書館勤めをしているのだが、姑との折り合いがよくない。歌子に未練を残しながら、町はずれのバス停から小郡《おごおり》行きのバスに乗る寅さんであった。森鴎外《もりおうがい》らの逸材を輩出した津和野は、「山陰の小京都」とも呼ばれる城下町。歌子が勤めていた図書館は、武家地の中心・殿町《とのまち》にある。

世界文化遺産に登録された萩城下

第37作「幸福の青い鳥」(1986年) の導入部に使われたのが山口県萩市。長州藩の本拠・萩城があった町だ。城下の一部が世界文化遺産に登録されている。幕末維新期にかけて吉田松陰《よしだしょういん》、高杉晋作《たかすぎしんさく》、伊藤博文《いとうひろぶみ》らが群がり出た。映画は、萩城址、萩時代祭の行列などを捉えている。行列が練り歩くのは、平安《ひや》古《こ》地区の鍵曲《かいまがり》と呼ばれる、道が直角に折れ曲がったところである。

落ち着いた町並みが続くたつの市内。播磨の小京都と呼ばれ、「童謡の里」宣言も行っている(左)。醤油樽を踏み台に東京に住む青観に手を合わせる寅さん(右)。

第5章 寅さんと名刹・古社

にぎやかな縁日での売を終え
お世話になった寺や神社の参道を振り返る
心に浮かぶのは帝釈天の御前様の顔
そして遠く離れた柴又で暮らす家族の笑顔である

金刀比羅宮

Kotohira Shrine

満男を捜しに瀬戸内海へ来た寅さん。ミイラ取りがミイラになってしまった。水商売風の雰囲気をもつ美人だった。

第42作以降、寅さん・満男・泉・マドンナという四巴で物語が進み、
4者ともに煮え切らないまま恋が終わるパターンが増える。
しかし、寅さんが持つ奇妙な包容力は全員の心を満たしてくれる。
そしてその包容力は、ファンの心も癒やしてくれるのだ。

㊻寅次郎の縁談

船乗りが広めたこんぴら信仰

金刀比羅宮は、標高538mの象頭《ぞうず》山の中腹に建つ。通称、「こんぴらさん」。奥社までは1368段、御本宮までででも785段もの石段を登って参拝する。

こんな難行苦行を押して、江戸時代には年間500万人、現在でも300万人もの客が参拝する、という。お詣りの労苦が大きければ大きいほど、ご利益も大きいというわけなのだろう。こんぴらさんに祀られているのは、海上交通安全の守り神だ。

江戸時代、こんぴら信仰を広めたのは瀬戸内海の船乗りたち。彼らは優れた航海技術を備え、日本海と大坂、江戸を結ぶ西回り航路で活躍し、行く先々でこんぴらさんのご利益を伝え広めたのである。

やや内陸部にあるこんぴらさんが、なぜ海上交通安全の守り神として敬われたのか。ゼーゼー、ハーハーあえぎつつ、御本宮の展望台に達すれば、その理由が分かる。讃岐富士と呼ばれる飯野山の向こうに瀬戸内海が広がり、瀬戸大橋、対岸の岡山県までが一望に

金刀比羅宮 ことひらぐう

◉香川県琴平町

今なお厚い信仰を集める讃岐の「こんぴらさん」

明治の廃仏毀釈以前は「金毘羅大権現」と称したことから、「こんぴらさん」の名でつとに知られる。祭神は大物主命《おおものぬしのみこと》と崇徳《すとく》天皇。江戸時代には全国の庶民に信仰が広がって、「こんぴら参り」が盛んとなった。山麓から本宮に続く785段の階段が名物で、その左右には土産物店などがずらりと軒を連ねる。円山応挙《まるやまおうきょ》の障壁画など多数の重要文化財を所蔵している。

第46作の島ロケは、香川県三豊《みとよ》市の志々島と香川県多度津町の高見島で行われた。映画の中では琴島という名の美しい島として描かれる。ここで寅さんは、生活に疲れて生家で療養中の葉子（マドンナの松坂慶子）に惚れてしまう。病気で療養中の葉子をかばって急な階段で手を差し伸べる寅さん。満面の笑みである。

島の石段や坂道を物憂げな表情で上り下りする葉子は美しかった。寅さん同様、満男も島の看護師に惚れてしまう。まったくもって血は争えない。こっちも相思相愛となったが、泉のことが頭から離れなかったのか、満男は愛を貫き通せなかった。

江戸時代、年間５００万人の参拝客が日本一長い石段を登り、この景色を眺めた

金刀比羅宮への階段を駕籠に乗りながら降りてくる寅さんと葉子。葉子は寅さんに癒やされ元気になっている。

できるのである。

地形図に当たると、讃岐平野の中で、こんぴらさんが建つ象頭山《ぞうずさん》だけが屹《きつ》立《りつ》している。たいそう目立つ。象頭山とは、象が鼻を伸ばしているように見えることから、名が付いた。平地にそびえ、かつ山容もユニークな山は、航海の目印として欠けるところがなかったわけだ。

第46作「寅次郎の縁談」（1993年）の寅さんは、瀬戸内海の小島で出会った葉子（マドンナの松坂慶子《まつざかけいこ》）とお詣りに来た。

展望台から雄大な景色を楽しんだふたり。そのあとの、お賽銭《さいせん》をあげる段がおかしい。「浅野内匠頭《あさのたくみのかみ》じゃないけど、腹切ったつもり、もってけ泥棒！」と気前よくお札を放り投げる葉子に対し、寅さんは小銭を握ってもじもじ。これは口上のお株を奪われたからではなかろう。単に、ふところが寂しいだ

寅さんの懐ぐあいが温かかったなら駕籠で高松まで行ったに違いない

けなのだ。

病み上がりの彼女を気遣ったのか、それとも寄る年波のせいか、帰りは駕籠を雇って石段を下っている。

本作の寅さんは、石段に祟《たた》られっぱなし。葉子が病を養っていた小島は急峻な地形で、寅さんは石段で顎を出していた。

第42作「ぼくの伯父さん」（1989年）で寅さんが売に励んだ須賀神社（佐賀県小城《おぎ》町）の参道も壮烈な石段だったが、駕籠屋稼業が成り立つほどではなかった。時代劇じゃあるまいし、いま時分、駕籠が使われているのは金刀比羅宮ぐらいなものだ。

普通、駕籠というのはふたり一組で、先頭の先棒、うしろの後棒が調子を合わせて担ぐ。けれど、数百段もの石段では、前後になって担ぐという定法は通用しない。ここの駕籠は、ふたりが横一列になって担ぐ。

半纏《はんてん》を身にまとった駕籠屋さん、「お殿様のお通り」と景気をつけながら、参道の石段を下ってくる。先頭の駕籠に揺られているのが寅さん、後ろの駕籠には葉子が乗っている。

「駕籠屋さん、これはどこまで行くんだい」

「あの石段の下までですよ」

「具合がいいからよ。いっそ高松までやってくんねえか。なあ、葉子ちゃん」

「そうやねえ。ご祝儀はずむから」

駕籠のお値段は、参道入り口と365段目の大門との往路が5800円、復路が3200円。「高松まで」なんて威勢のいいことを言って、大丈夫ですかねえ、寅さん。

「風の吹くまま気の向くまま」に旅している寅さんは、考えられる限りの乗り物に乗っている。第22作「噂の寅次郎」（1978年）の救急車につづいて、またひとつ駕籠の〝乗車体験〟という勲章を得た。

寅さん からひと言

登山時間は約2時間半 飯野山で讃岐平野を一望に

御本宮の展望台から見える讃岐富士（香川県丸亀市・坂出市）の本当の名は飯野山。高さは約421mだけど、低山登山て言って、今すごく人気があるらしい。山頂には薬師堂が設けられ、十一面観音なども祀られているよ。御利益があるかもな。

慈恩寺

Jion Temple

お高くとまった人間やインテリが嫌いなくせに、寅さんは妙なコンプレックスを抱えている。それがいつも騒動の種に。

山形県の名刹で墓参りを終えた寅さんは、慈恩寺の住職に諭される。
すると突然、心の中に猛烈な向学心が湧き上がった。
勢い込んで柴又に帰ると、インテリ女性が下宿しているではないか。
向学心は恋学心となって一気にヒートアップしていった。

⑯葛飾立志篇

マドンナに歴史を学ぶ寅さん

インテリ嫌いのはずの寅さんが、学問を志すきっかけとなったのは山形県寒河江《さがえ》市の慈恩寺だった。第16作「葛飾立志篇」（1975年）である。

かつて窮地を救ってくれた女性の墓に詣でた寅さんは、学問がないばかりに辛い思いをしたと慈恩寺の住職（大滝秀治）に訴える。

「いやぁ、それは違う。おのれの愚かしさに気が付いた人間は、愚かとはいいません」

「おのれを知る。これが何よりも大事なことです……。あなたも学問なさるといい。『四十の手習い』といってな、学問を始めるのに早い遅いはない。ねぇ、子のたまわく『朝《あした》に道を聞けば、夕《ゆうべ》に死すとも可なり』」

住職のありがたい言葉を胸に、寅さんが勇んで柴又に帰ってみると、2階の自分の部屋に若い女性が間借りしているではないか。大学院で考古学を研究している礼子（マドンナの樫山文枝《かしやまふみえ》）だった。

さあ、大変。たちまち、礼子に熱を上げた寅さんは、彼女の歓心を買いた

慈恩寺 じおんじ

◉山形県寒河江市

東北有数の古刹
貴重な仏像を多数所蔵

1200年以上の歴史を持ち、江戸幕府からも厚い庇護を受けていた東北有数の古刹。杉木立に囲まれた広大な境内に、重要文化財の本堂（1618年築造）をはじめ、その長い歴史を物語る幾多の堂宇や三重塔が厳かに建ち並ぶ。古刹だけに多数の寺宝類を所蔵。なかでも、弥勒菩薩像や薬師如来像など仏像には貴重なものが多く、31体が重要文化財に指定されている。

かつて愛し、世話にもなった女性の墓に詣でる寅さん。すると、「失礼だがお身内の方かな」と慈恩寺の住職（大滝秀治）が話しかけてきた。寒河江川を望む荒れた墓だが、住職は丁寧にお経をあげてくれた。

いばかりに、伊達メガネをかけるわ、礼子の指導で歴史を学び始めるわで、涙ぐましい努力を重ねる。

一念発起してはみたものの、惜しむらくは、学問に必須のねばり強さに欠けるのが寅さんだ。おまけに、だ。礼子がパスカルの「人間は考える葦である」を例に引くと、偉い人は足で考えるもんかね、などと言っているようでは、物になりそうもない。とらや一同のハラハラぶりは推して知るべし。

少しばかり話が脱線するけれど、大滝秀治は僧侶、あるいは雲水役がピタリとはまる役者ですなあ（次ページ写真）。第22作「噂の寅次郎」（1978年）における大井川・蓬莱橋のシーン（別項）を思い起こしていただきたい。いや、第17作「寅次郎夕焼け小焼け」（1976年）の古本屋のおやじも捨てがたい。いい役者です。

無軌道もんの寅さんのことだ。話が

国、県、市を含めて62件の文化財指定を受けている慈恩寺。参道から苔むした石段を上がっていくと重厚な慈恩寺正門が出迎えてくれる。山形県指定有形文化財である。

多少脱線しても意に介さないだろうが、そろそろ本題の慈眼寺に戻る。

　山形県といえば、サクランボが特産品として知られる。ここ寒河江市も同様で、JR左沢《あてらざわ》線・寒河江駅の駅名標がサクランボの形を模している。だが、東根市などライバル産地は多いのである。

　しかし慈恩寺は、山形県内はおろか、東北地方にまで範囲を広げても、一、二を争う大寺だった。慈恩寺は、村山市との境となっている葉山《はやま》の南麓に位置する。かつての慈恩寺は、山岳信仰の山として東北一円の尊敬を受けていた葉山の別当寺だった。この地を領していた大江、最上氏の庇護を受けつつ、葉山修験の中核をなしていた時期がある。最上氏改易後は、江戸幕府の庇護を受け、東北随一の朱印高2800余石を与えられた名刹なのだ。

　伝えるところによれば、行基がこの

097

人間は考える葦である——「へぇー、偉い人は足で考えるもんかね」

世界一長い木造橋としてギネスに登録されている蓬莱橋（静岡県島田市）で、偶然すれ違った雲水（大滝秀治）に「女難の相が出ていますぞ」と見立てられる寅さん。

地を選び、インド僧・婆羅門僧正《ばらもんそうじょう》が天平《てんぴょう》18（746）年に開基した、という。本堂を中心として、3院、付随する48坊だったが、現在は3院、17坊。小ぶりになったとはいえ、本堂は国の重要文化財だし、他の建造物や仏像、絵画、古文書なども多数が文化財の指定を受けている。

寅さんからひと言

朝日岳に発する寒河江川は清流日本一

東北の川っていうのは好きだなぁ。朝日岳に発する寒河江川は、芭蕉句で有名な最上川の支流だけど、いかにも東北の川という感じだね。空気自体が清澄だからさ、川の水が空の色を映して、深い色になるんだよ。源流部にブナ林が多いために水質が良くてね、清流日本一という評価があるんだぜ。

赤間神宮で売をした寅さんは、この作品で再び現実世界の愛のキューピットになる。共演した長渕剛と志穂美悦子である。

赤間神宮

Akama Shrine

コンピュータ占いで「南の方角にすばらしい出会いが待っている」。
これを信じて赤間神宮のある下関から九州に渡った寅さん。
確かに素晴らしい出会いが待っていた。
旅先で応援し続けてきた旅芸人一座の女優・美保に再会したのである。

㊲幸福の青い鳥

安徳天皇を祀る赤間神宮

関門海峡を足下に臨む赤間神宮で寅さんが売をしていたのは、第37作「幸福の青い鳥」（1986年）である。

大和田健樹《おおわだたけき》が作詞した『鉄道唱歌』第2集山陽九州編では、26〜30番までの5番にわたって関門海峡を歌い込む。29番は「満ち引く汐も早鞆《はやとも》の瀬戸と呼ばるる此海《この》は源平両氏の古戦場壇の浦とはこれぞかし」だ。鉄道唱歌にいう「早鞆の瀬戸」とは、関門海峡が600mに狭まる場所で、潮流の速さは10ノット（時速約18km）を超えることもある。

この流速ただならぬ海峡では、わが国の歴史をにぎわす事件がたびたび起きている。文禄《ぶんろく》元（1592）年、豊臣秀吉が文禄の役のため通過した際、暗礁で船が座礁してしまった。秀吉は危うく難を逃れたが、部下が責任をとって切腹している。また、海峡に浮かぶ船島（巌流島）では、宮本武蔵と佐々木小次郎が決闘に及んだ。

広く知られているのは壇ノ浦の戦いだ。平安時代の末、源氏によって京の都を追い落とされた平家が、洋上で決

赤間神宮 あかまじんぐう

◉山口県下関市

関門海峡に臨む竜宮城のような神社

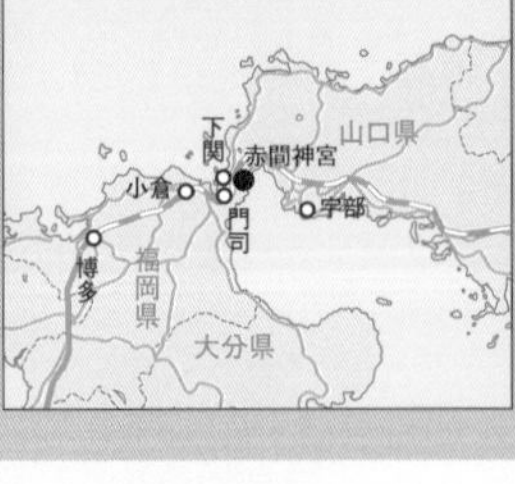

壇ノ浦の戦いに敗れ、わずか7歳で入水した安徳天皇を祀る神社。ひときわ目をひく水天門は、幼き霊を慰めるためにきらびやかな竜宮城を模したと伝えられ、戦後に再建されたものではあるが、登録有形文化財に指定されている。またラフカディオ・ハーン（小泉八雲）の怪談『耳なし芳一』の舞台になったことでも知られ、境内には芳一の木像も祀られている。

まるで竜宮城のような赤間神宮の水天門。竜宮造りと呼ばれる独自の建築様式で、「安徳天皇は壇ノ浦で水神となったが、御霊は天上におわす」という意味から水天門と命名されたと伝わる。

戦を挑んだのである。平家が擁立した安徳《あんとく》天皇、ときに満7歳。戦いは利あらず、いよいよ最後の時を迎えた。母方の祖母・二位《にい》の尼《あま》に抱かれた安徳天皇は、「波の下にも都はございます」と説かれ、壇ノ浦の急流に身を投じたのだった。ここに、我が世の春を謳歌した平家は、滅んだ。

　この安徳天皇を祭神としているのが赤間神宮。もとは阿弥陀堂と称していたが、明治に入って赤間神宮と改称している。安徳天皇を偲ぶ「先帝祭」（5月初旬）は、神宮最大の祭りだ。

　過去、連歌師の飯尾宗祇《いいおそうぎ》やシーボルトらが訪れた神宮で、寅さんが売をしていたのは鳩笛。素焼きした土で作った郷土玩具で、八幡宮の使いともいわれ、京都府の岩清水八幡宮、大分の宇佐八幡宮などでも売られる。

　朱塗りの水天門の下で売をする寅さん。客が寄り付かず、手持ち無沙汰で、

赤間神宮で売をしていた鳩笛を美保（マドンナの志穂美悦子）にプレゼントする寅さん。美保は柴又で働くようになり、保護者気分で見守る寅さんだったが、美保の心は絵を志す健吾（長渕剛）に傾いていく。

テキヤ仲間のポンシュウ（関敬六《せきけいろく》）が商っているコンピュータ占いの札で運勢を占ってみる。すると、「南の方角にすばらしい出会いが待っている」と出た。では、九州へ渡ってみるかと語り合っているふたりの背後には、高々と海峡を跨ぐ関門橋が映っている。店をたたんだ寅さんは、「すばらしい出会い」を求めて連絡船に乗るのだった。

寅さんからひと言

早鞆の瀬戸に逆らい約10分
巌流島で元気をもらおう

赤間神宮へ参拝したら次は巌流島かな。赤間神宮から徒歩で約20分の唐戸桟橋から船が出ててね。早鞆の瀬戸の流れに逆らって10分ほどで到着。散歩道なども整備されているし、ここは何といっても武蔵と小次郎の決闘地。血湧き肉躍るぜ。元気になるぜ。

ついに「おとうさん」「あいよ!」と呼び合う女性が現れた。秀吉と名づけたテキ屋仲間の子と一緒に奇妙な旅が始まる。

二見興玉神社

Futamiokitama Shrine

他人の幸せな姿を見て、自分の心もポッと温かくなる。
それが寅さんの行動の原動力であり、
まわりの人たちに福をもたらす寅さんの人徳なのである。
「寅次郎物語」のラストシーンはそんな寅さんの姿が輝いている。

㊴寅次郎物語

母親探しの旅に出た寅さん

正月のとらやは猫の手も借りたいほどの忙しさだが、寅さんにとっても稼ぎ時だ。「正月に向かって俺らはかき入れ時だ。寒いからって、こたつにぬくぬくしているわけにはいかねえよ」という次第で、第39作「寅次郎物語」（1987年）の寅さんは、有名な夫婦岩のある伊勢の二見浦で正月の商売をしている。

夫婦岩は、二見浦のシンボルだ。大きい岩が男岩で、高さが約9m。小さい岩は女岩で、高さ4mほど。ふたつの岩は全長35mの注連縄《しめなわ》でしっかりと結ばれている。重さ40kgもある注連縄の中央から朝日が昇るのは夏至前後と言われ、正月の初日の出は少々ずれるようだ。

二見興玉《ふたみおきたま》神社は、夫婦岩沖合いの海中にある興玉神石《おきたましんせき》の遥拝所として設けられたのが起こり。開運招福、交通安全、海上守護の神として、根強い信仰を集めている。

夫婦が仲むつまじいことを例えるのに「琴瑟《きんしつ》相和す」などというけれど、寅さんが夫婦岩で売をしているのには

二見興玉神社 ふたみおきたまじんじゃ
◉三重県伊勢市

お伊勢参り前の禊の地
海上に浮かぶ夫婦岩

二見浦の立石崎《たていしざき》に鎮座する神社。立石崎の沖合い約650mに沈む興玉神石《おきたましんせき》（猿田彦大神《さるたひこのおおかみ》ゆかりの霊石）の遥拝所であり、海上に浮かぶ夫婦岩が鳥居の役割を果たしている。古くより伊勢神宮に参拝する前の禊場として信仰を集めてきたが、現在では禊をする代わりに「無垢塩祓い《むくしおはらい》」を受けるのが一般的。夫婦岩にちなんで、縁結びの神様としても人気が高い。

伏線がある。なぜ寅さんが伊勢に足をとどめているかといえば、テキヤ仲間である般若《はんにゃ》の政《まさ》の一粒種・秀吉の母親を探すためなのだ。政は飲む、打つ、買うの三拍子そろった極道者で、彼の女房ふで（五月《さつき》みどり）は、秀吉を残して家を出てしまった。政は秀吉に寅を頼れと言い残して病死したのである。

秀吉は、豊臣秀吉にあやかって寅さんが名を付けた子だ。頼られて放っておいたのでは、テキヤ仲間の仁義にはずれる。で、秀吉を連れて、母をたずねて三千里の旅に出たのだった。

秀吉は旅の疲れから発熱、寅さんは大あわて。捨てる神あれば、拾う神もある。旅館の隣室にいた隆子（マドンナの秋吉久美子《あきよしくみこ》）が看病してくれて、秀吉は命拾い。そんな旅の末に、伊勢でふでを探し当てたのだった。

秀吉にすっかりなつかれている寅さんは、母子は一緒に暮らすのが最善の道と思い、伊勢を立ち去ることにし、連絡船に乗る。「離れたくない」とぐずる秀吉との別離の場面は、映画「シェーン」のラストシーンを思わせる。

ここで寅さんは名言を吐くのだが、そのセリフは「寅さんと連絡船」の項に譲る。船長（すまけい）は、母子の対面に同道しており、いっさいの事情を呑み込んでいる。そして、寅さんが売をする終局へと移る。

いったん、秀吉と別れた寅さんは、正月、ポンシュウ（関敬六《せきけいろく》）らと再び

「そうか、船長が秀吉のテテ親か。いいだろ、あいつだったら、いいだろ」

二見浦の夫婦岩（右）。このパワースポットのおかげで秀吉は母親と再会し、新しい父親（すまけいの船長）もできた。二見浦でのラストシーン（左）では、ふで（五月みどり）、秀吉、船長の仲睦まじい姿を見せる。

寅さんと隆子（マドンナの秋吉久美子）。秀吉の母親探しの旅は、新和歌浦（和歌山県）、吉野（奈良県）、近鉄志摩線に乗って伊勢志摩（三重県）と続いた。発見したのは真珠で知られる賢島であった。

二見浦で売をしている。そこへ、ふで、秀吉、船長がお揃いで通りかかる。どこから見ても、仲むつまじい家族といった様子だ。声はかけずに、赤い橋を渡ってゆく3人を見送る寅さん。「そうか、船長が秀吉のテテ親か。いいだろ、あいつだったら、いいだろ」とつぶやく。そして、夫婦岩が映って、ジ・エンドとなるのだった。

寅さん からひと言

土産物は松井真珠店のジュエリーがいいねぇ

映画に出てくる松井真珠店は明治時代後期に創業した老舗よ。英虞湾産の真珠だけを使って、熟練の職人が加工してるんだぜ。確かに値は張るがさ、いつか必ず、おばちゃんやさくらにプレゼントするつもりさ。おいちゃんと博にはネクタイピンかな〜。

新年、はちまきをキリリと巻いた寅さんの啖呵売の声が、全国各地の縁日で響きわたる

新年
New Year

新年は稼ぎ時、柴又で年越しなどしてられない

年越しそばとは縁遠い寅さん

帝釈天参道に店を構える、とらやの大晦日は、押しかける初詣客をさばくのに猫の手も借りたいほどだが、帝釈天題経寺の除夜の鐘が響く時刻、家族そろって年越しそばをすするのが恒例だ。

茶の間に据えられたテレビでNHKの「ゆく年くる年」を見ながら、そばを食べている一同が、「今頃、寅はどうしているんだろう」、「吹きさらしの駅のホームかなんかで」と言い合っている。と、驚いたことに、寅さんの四角い顔がテレビに映し出された。アナウンサーに直談判でもしたのか、インタビューを受けているのだ。第3作「フーテンの寅」（1970年）で、舞台は鹿児島県霧島市の霧島神宮である。

「あなたがたも大変ですねえ。ま、普通だったら、コタツにあたりながらですね、年越しそばでも食べているんでしょうけども、（あなたがたは）寒い風に吹かれて」

「お前さんだって同じじゃねえかよ」

この後、「お子さんは」と水を向けられると、いささか躊躇《ちゅうちょ》しながらも、「2人、いや3人かな」と寅さん。これを聞いたおいちゃん（初代・森川信）は、子供なんて、どこにいるんだい、と涙ぐむのであった。

一年の労苦を癒やし、来るべき年を心も身体も清らかにして迎えるために、家族打ち揃って食べるのが「年越しそば」である。

改まった面持ちのおいちゃんが、みんなの顔を見回しながら、家族が無事に新しい年を迎えられることに感謝の念を表し、世の中には年越しそばも食べられない人がいる、それに比べて俺たちは恵まれているんだ、と付け加える。

ここで、おばちゃんが、毎年、おんなじことを言ってるよ、この人は、とまぜっかえす。ちゃぶ台を囲んだ一同に笑顔が広がり、そばに箸をつける。その席に、寅さんがいたことはないのである。「そこが渡世人の辛えところよ」という、なつかしい声が聞こえてきそうだが、何しろ新年は稼ぎ時なのである。

旧年は「恥ずかしきことの数々」

大晦日《おおみそか》と呼ばれる12月31日の夜に、深夜0時をはさんで寺院の鐘が打ち鳴らされ、新しい年を迎える。除夜には「旧年を除く」の意が含まれている。

除夜の鐘は108回撞《つ》くわけだが、これは人間の煩悩の数を108つとする、仏教思想に基づくとする説が有力だ。で、鐘を撞く前後には、煩悩消滅を願って合掌し撞木《しゅもく》を握るのである。

「煩悩が背広を着て歩いている」ような男は、除夜の鐘をどう聞きなしているのだろうか。家族の心配をよそに、新しい年もまた、女に惚れちゃあ振られることを繰り返すのであろう。「とらや」のちゃぶ台には、「旧年中の恥ずかしきことの数々」を詫びる賀状が乗ってはいるだろうけれど、反省だけなら何回でもできる。

寅さんがテレビのインタビューを受けた霧島神宮。除夜祭が盛大に行われる（右）。帝釈天題経寺の鐘楼の鐘は、柴又一帯に響き渡る。鳴らすのは源ちゃんである（左／鐘楼は写真右手）。

暮れなずむ小さな港町

漁船のエンジン音が軽やかに聞こえてくる

船だまりを前にした古い宿屋の引き戸が勢いよく開けられた

「女将さんいるかい？ しばらく世話になるぜ」と寅さんの声

第6章 寅さんと港町

ラッパを吹きながら、
肩で風を切るように
豆腐屋の配達自転車
に乗る寅さん。これ
ほど鉢巻きが似合う
男がいるだろうか。

浦安

Urayasu

「額に汗して油まみれで働くこと」に目覚めた寅さん。
天ぷら屋もダメ、銭湯の釜焚きもダメ、印刷工もダメ。
ふてくされて江戸川の小船で昼寝をしていると、
舫いが解けて船が流され、浦安の港へ。

⑤望郷篇

浦安が漁師町だった時代

第5作「望郷篇」（1970年）は、鉄ちゃんたちにとってはこたえられない作品だが、その筋の話題は別項に譲る。

北海道で蒸気機関車の釜焚きとして働く若者に触発された寅さんは、額に汗して働くことを決意、柴又に帰った。とらや一同を前に一大決心を披瀝《ひれき》し、汗まみれになる仕事はないかと相談に及ぶ。そして柴又で仕事を探すも、彼の悪評は町中に知れ渡っている。これぞと思った仕事をすべて断られ、江戸川に舫《もや》われた船でフテ寝する寅さん。ところが、杭につないだ纜《ともづな》がほどけてしまった。いい気持ちに寝込んだ男を乗せた船は、江戸川を流れ流れて、河口の浦安に。映画公開当時の浦安は、いまだ「町」だった。

この町には、額に汗して働く人々の営みがあった。寅さんがありついた職は、豆腐屋の手伝い。豆腐屋なら油揚げを売っているのだから、汗まみれになる道理だ。けれど、殊勝な心がけは二の次で、店に居ついたのは娘の節子（マドンナの長山藍子《ながやまあいこ》）がいた故だ。

浦安 うらやす

◉千葉県浦安市

漁師町の面影が残る東京の一大ベッドタウン

東京23区に隣接するベッドタウン。臨海部に東京ディズニーランドがあることで知られるが、かつては鉄道も通じていないのどかな漁師町だった。特にアサリ漁やノリの養殖が盛んで、山本周五郎の小説『青べか物語』の舞台にもなったが、昭和中期から埋め立てが進み、町の様子は激変。それでも当時の海岸線付近には、現在もその面影がわずかに残っている。

東京湾の上空から見た江東区・江戸川区・浦安の市街上部の太い川が隅田川、その下が旧江戸川の流れ。寅さんは柴又から江戸川を流れ下り、途中で旧江戸川に入って浦安に着いた。赤丸が寅さんが豆腐屋で働き、「♪包丁１本さらしに巻いて、旅へ出るのも板場の修業〜」と歌いながら、配達自転車を乗り回した浦安市猫実《ねこざね》あたりである。

長山は、テレビ版「男はつらいよ」でさくら役を務めた女優である。節子の母親に扮する杉山とく子は、同じテレビ版においておばちゃん役を演じていた。テレビ版からシリーズを贔屓《ひいき》してきたファンのはしくれとして、監督

寅さんと登は義理のある親分の息子（D51の釜焚き）を探しに小樽築港機関区へ。父の危篤を告げたが、息子はD51に乗務して走り去ってしまう。

の遊び心が嬉しい。

『青べか物語』の舞台となった漁師町浦安 その最後の輝きが「望郷篇」で描かれる

旧江戸川の三角州に発達した浦安は、三方を水に囲まれた漁師町である。漁業の最盛期には、千数百隻の「青べか」が境川などに係留されていた、という。青べかというのは、ひとり乗りの海苔《のり》採取用の木造船だ。作家の山本周五郎は、昭和3（1928）年から1年ほど浦安に滞在し、ほぼ30年後、その折の見聞を小説『青べか物語』へと昇華させたのであった。

山本は、漁師町の片隅に生起する庶民の哀歓を描ききっている。漁師ことばをふんだんに散りばめた文章は、時にユーモラス、時には猥雑《わいざつ》でありながら、楽天的でたくましい住人の生活力が横溢している。とりわけ、船宿の長《ちょう》少年との交歓があざやかに定着されている。その船宿は今も営業中だ。旧江戸川沿い、地下鉄東西線の鉄橋下の「吉野家」がそれだ。4年前、吉野家を訪ねて、山本が滞在した当時のエピソードなどを聞かせていただいた。

現在は、長少年こと吉野長太郎さんの長男・眞太郎さんが店を切り盛りしている。店内には、額装された山本の写真が飾られて、3隻のべか船が写っている。けれど、現在はどこを探してもべか船を見出すことはできない。

「1971年に組合が漁業権を放棄して、埋め立てが始まって以降、浦安はすっかり変わってしまった。船宿も数えるほどに減ってしまったからね」と言って、眞太郎さんは川下を指さした。指先には、ディズニーランドのシンデレラ城やホテル群が蜃気楼《しんきろう》のように浮かんでいた。

漁師町浦安を隆盛に導いたのは、ひとえに旧江戸川河口に位置していたことに起因する。

川が運んだ土砂と東京湾の海流がぶ

屋形船や釣宿が並ぶ旧江戸川土手近くの浦安の町並み。かつての漁師町の面影をわずかに残すが、マンション群が近くに迫っている。

つかり、湾の中でも最大級の浅瀬や干潟に恵まれていたのである。ここに多くの貝が棲息し、湧くように獲れたのだ。獲れた魚介類を運ぶルートがまた整っていた。旧江戸川は新川、小名木《おなぎ》川という人工河川につながり、川をたどっていけば日本橋の魚河岸に着いたのである。

浦安市猫実の町中を談笑しながら歩く寅さんたち。首から提げているのは「♪トップー」と聞こえる豆腐屋の笛である。

漁師町のかつての活気を知りたくなって、郷土博物館に足を運んだ。館内には、再現された堀割にべか船が浮かび、船宿が建っていた。海苔養殖の工程を学び、べか船の制作も体験できるというが、豆腐屋が復元されていたのには思わずニンマリ。まさか、汗みずくになって油揚げを揚げている寅さんが、いるんじゃなかろうな。

「お兄ちゃん、地道にね」

さて。すでに腐ってしまっている油揚げを送りつけられたさくらは、不安に波立つ心を鎮めるべく、浦安の豆腐屋を訪れる。さくらは、境川に舫われているべか船を脇に見、猫実《ねこざね》の庚申塔の角を曲がって、目指す豆腐屋にたどり着いた。

このように観てくると、昭和45（1970）年公開の本作が、漁師町浦安の最後の栄光をフィルムに定着していることに思い当たる。監督の念頭にあったかどうかは分からないが、記録性の面でも価値あるシリーズだと得心させられる。

寅さんが節子にホの字になっているらしいことに薄々感づいたさくらは、「お兄ちゃん、地道に、地道にね」の言葉を残して柴又に帰っていったが、案の定、節子に恋人がいることを知った寅さんは、地道な暮らしにおさらばするのだった。

シリーズを始めるにあたって山田洋次監督は、寅さんの故郷を浦安に設定する腹だったらしい。浦安をロケハンした際、よりふさわしい適地があるかもしれないと、旧江戸川をさかのぼりぶつかったのが柴又だった、という。

その柴又で、古老から耳よりな話を

浦安の豆腐店の夕飯時。「寅さんに感謝を込めて」と節子（マドンナの長山藍子）、「これからもよろしくね」と女将。気恥ずかしそうに「へい、どうも」という寅さんは、何とアロハを着ている。

聞きこんだ。柴又で商売に失敗した住人が夜逃げするとなると、十中八、九は浦安を目指す、というのだ。江戸川河口に位置する浦安に住めば、上流から流れ下ってくる薪などの漂流物を拾って、かつかつながら生計が立つのだそうである。ひょっとすると、寅さんもそうした〝伝統〟をわきまえた上で、浦安に居ついたのかもしれない。

寅さんからひと言

2匹の猿が狛犬のように座った庚申塔が珍しい

浦安の猫実って町の猫実庚申塔。この近くに俺がちょこっと働いた豆腐屋があるんだけどね。この庚申塔は300年ほど前に建てられた浦安市有形文化財。申（猿）が彫られた庚申塔はいっぱいあるけど、ここは2匹の猿が、狛犬のようにでーんと座っているのがいいんだな〜。

平戸

Hirado

平戸市生まれの純朴な青年に恋の手ほどきをする寅さんだったが、自分自身は物静かな青年の姉に一目惚れしてしまう。

平戸は古くから開かれた港で、日本の扉を世界に開き、
ここからさまざまな文化が流入した。
人と物の交差点となってきた平戸が舞台だけに
登場人物たちは、いずれもあっけらかんとして憎めない。

⑳寅次郎頑張れ!

遣唐使船が停泊した平戸島

小生は3年前の初夏、松浦鉄道のたびら平戸口の駅で下車し、平戸島へ渡った。

同駅は、北海道、本州、四国、九州の4島を「本土」とした場合、本土最西端の駅となる。駅からのバスに乗って平戸大橋で軽々と海を跨ぎ、平戸市の中心街に達した。

あざやかな朱に塗られた吊り橋である平戸大橋が開通したのは、1977年4月。同年12月に第20作「寅次郎頑張れ!」が公開される8カ月前のことである。

ここ平戸島が「歴史」という大海原に翻弄されたのは、九州の西端に位置していたことが要因だろう。古くは最澄、空海を乗せた遣唐使船が停泊したのが平戸島だった。上代仏教と中世仏教の転回点に立つ栄西が茶種を持ち帰り、大航海時代にはキリスト教の布教を求めるポルトガル、交易を求めるオランダ、イギリス人らが相次いで進出、そして去っていった。

長崎に先立って、平戸が海外貿易の表玄関だったことを物語る痕跡は、復元されたオランダ商館を初めとして、

寅さんとの出会いが縁となり、良介（中村雅俊）と幸子（大竹しのぶ）の恋はゴールに向かった。背景は公開の年に竣工した平戸大橋。

平戸城天守から眺めた平戸港。中央の桟橋が平戸桟橋で、左の入り江近くに天文《てんぶん》19（1550）年に初めてポルトガル船が入港した。湾の入り口（写真右）には平戸オランダ商館も忠実に再現されている。

市内のそこここで見かける。

宮の町で英国商館通りを折れて、山につづく坂道をたどっていくと、聖フランシスコ・ザビエル記念聖堂の塔が空に突き上げる。その麓《ふもと》には3つの寺院が鎮まっている。寺院と教会が重な

平戸 ひらど

◉長崎県平戸市

かつての南蛮貿易の中心地 数奇な歴史が残る島

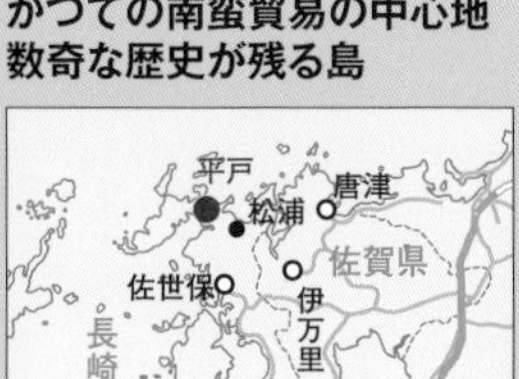

九州の北西端に浮かぶ平戸島の港町。遣唐使の船が寄港するなど、古くより海上交通の要衝となり、南蛮貿易の中心地として繁栄した。鎖国後はキリシタン弾圧の舞台になり、島内にはその遺構が点在するほか、離島だった港ならではの町並みが残り、重伝建に指定されている。

- ●世界遺産
- ●重要文化的景観
- ●重要伝統的建造物群保存地区

藤子（マドンナの藤村志保）と寅さんが坂を下るシーン（左）。この坂は「寺院と教会の見える風景」として、現在、観光名所になっている（右）。手前は光明寺の鐘楼と経堂である。

って見える風景は、平戸ならではのものである。

山田監督は、平戸らしいこの坂道を見逃がさない。寅さんと藤子（マドンナの藤村志保《ふじむらしほ》）が下ってくる印象的なシーンが撮影されたのである。

藤子は、松浦郷土資料館前の通りで土産物店「おたち」を営んでいる。とらやに下宿していたワット君こと良介（中村雅俊《なかむらまさとし》）が藤子の弟で、失恋したと思いこんで帰郷した良介を心配した寅さんが平戸を訪れたわけだ。だが、良介への気配りはどこへやら、藤子に首ったけの寅さんは、彼女に付きまとって離れない始末。

鼻歌であろうが替え歌であろうが自由自在の寅さん、恋の病に罹《かか》ってテンションがハイになっている場合は、ことさら陽気なメロディーを口ずさむ。オランダ橋と称される幸橋のかたわらを自転車で通り過ぎながら、唄っていたのは、「憧れのハワイ航路」だ。おいちゃん、おばちゃんをハワイに連れていくという第4作「新 男はつらいよ」での約束が不履行のままなことなど、とうの昔に忘れているらしい。

まあ、おいちゃん、おばちゃんへの罪滅ぼしのために、ポルトガル伝来の菓子「カスドース」でも手土産に持ち帰れば上等なのだが。

平戸オランダ商館で往事の賑わいを追体験

オランダ船の入港は1609年。商館が建てられて、ずいぶん賑わったんだってね。復元されているのは、商館が長崎の出島に移る前の平戸オランダ商館。ここには当時の貿易資料がいっぱい展示されているんだぜ。近くにはオランダ井戸。オランダ埠頭も残ってる。足を運んでみなよ。

寅さん からひと言

ウトロ

Utoro

手つかずの自然が残る知床半島。
斜里町で牛馬を診察する獣医の娘に惚れた寅さん。
都会の暮らしに疲れて戻ってきた娘も寅さんに心をよせるが……。
己を悟る寅さんは、自ら身を引き旅に出る。

㊳知床慕情

縁日に縁遠い町に現れた寅さん

塒《ねぐら》定めぬ渡り鳥を自認する寅さんが、第38作「知床慕情」（1987年）で旅先に選んだのは、北海道は知床半島のつけ根にあたる斜里の町である。ここには半島観光の西側の拠点となるウトロ港があり、半島を周遊する観光船も発着する。

寅さんの稼業柄、旅先は啖呵売（タンカをきりながら品物を売ること）をするにふさわしい町でなければならない。いくら自然に恵まれた町であっても、祭礼や縁日が開かれぬ町では商売にならない。そんな訳で、彼の旅先は城下町、港町、門前町などに偏っている。なので、世界自然遺産に登録される知床は、例外中の例外だろう。

ゲストに、世界的スターの三《み》船《ふね》敏《とし》郎《ろう》（獣医の上野順吉）、彼がひそかに思いを寄せるスナックの雇われマダム・悦子に淡路《あわじ》恵子《けいこ》を迎えての作品。三船と淡路は、黒澤明監督の「野良犬」で共演した間柄だ。そして、順吉の娘・りん子を演じた竹下《たけした》景子《けいこ》と淡路恵子は、2年後の作「寅次郎心の旅路」（1989年）でも共演している。

ウトロ

◉北海道斜里町

オホーツク海に臨む魚港
知床観光の拠点

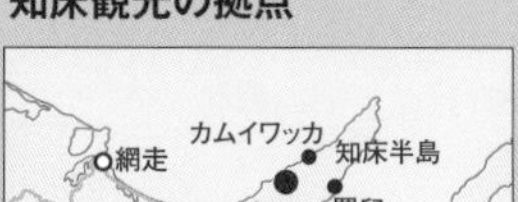

断崖が続く知床半島西側で唯一の漁港。その名はアイヌ語のウトゥロチクシ（岩間を縫って海岸へ行き来する場所）に由来する。東海岸の羅臼とともに知床観光の拠点となり、知床半島クルーズの基地となっている。世界自然遺産に登録されてから、道の駅や知床世界遺産センターが開設され、一躍、脚光を浴びるようになった。温泉も人気がある。

●世界自然遺産

堤防に係留されている大型の船が知床観光のクルーズ船。船上からフレペの滝、カムイワッカの滝、五湖の断崖、カシュニの滝などを眺め、知床岬で折り返すコースなどが設定されている。

オホーツク海に臨む静かな港町
シーズンには世界中から観光客が押し寄せる

知床半島では、原始の姿をとどめる陸の自然と、海を覆いつくす流氷がはぐくむ豊かな海の生態系が守られている。しかも、陸と海の生態系を別個にではなく、一体のものとして守ろうとする。その姿勢が世界自然遺産に登録された理由である。

　オジロワシはユーラシア大陸北部に繁殖し、冬季になると知床に飛来する。翼を広げると全長2mにもなる大型猛禽類だ。海岸、湖沼、大きな川といった水辺に生息し、魚などを捕食するが、小動物を襲うこともある。流氷の上に羽を休め、周囲を睥睨《へいげい》している様は、なかなかの風格である。

“知床の自然を守る会”のパーティーに参加した順吉（三船敏郎）は、この後、愛の告白をする。

仲間に迎え入れられた寅さん

　寅さんの自由奔放なふるまいに魅せられた船長（すまけい）は、〝知床の自然を守る会〟の3周年記念パーティーの席上、熱弁をふるう。

「俺が嬉しかったことは、オジロワシがシベリアから飛んできて、この知床に羽を休めるように、寅さんという色男が仲間に入ってくれたことだ。寅さん、いつまでもこの町にいてください」

　寅さんが世間体、地位や肩書などを気にする男でないことは確かだけれど、船長はいささか寅さんを買いかぶっているんじゃないかしらん。

　りん子と半島クルーズを楽しんだ折、カムイワッカの滝を見て、「カムチャッカ?」などと口走った。柄でもないバード・ウォッチングに誘われれば、「バード・ウォッチング」と「オ」の部分に力点を置いて、妙なアクセントを披露する男なのだ。「自然を守る」に必須のねばり強さは持ち合わせちゃあいないんだな、寅さんは。

　知床の自然は美しいが、その観光資源にもまして、知床の名を知らしめたのは、森繁久彌の歌「知床旅情」だろう。本作でも、バック・ミュージックに使われた。この歌は昭和35（1960）年、映画「地の果てに生きるもの」の撮影で森繁が羅臼に長期滞在した際に、自身で作詞、作曲し、「さらば羅臼よ」の曲名で披露したものだ。シングルレコードの発売は5年後で、のちに加藤登紀子も歌ったことで知られる。

「♪しれとこの岬に　はまなすの咲く

クルーズ船での一コマ。「ほら、あれがカムイワッカの滝」「カムチャッカ?」「ううん、カムイワッカ、ほら」。会話は弾み、揺れる船上でバランスを崩したりん子（マドンナの竹下景子）を寅さんが支えた。

頃……」の歌詞と森繁特有の節回しが受けて、歌謡史に名を刻むヒット曲となった。ウトロ港・三角岩の近くと、羅臼に歌碑が建立されている。

本作のタイトルは、森繁の歌「知床旅情」を意識してのことであろうし、知床を守る会のパーティー会場も、歌詞「飲んで騒いで　丘に登れば」にちなんで設定したのかもしれない。

寅さんからひと言

世界自然遺産の中を走る唯一の横断絶景道路

車で来たら国道334をウトロから羅臼まで走るのがいいよ。何たって知床半島を横断できる唯一の道だよ。半端なスケールじゃないんだ。深い木々の中を進むと、突然、視界が開ける。その繰り返しがいいんだな。天気がよければ、途中で国後島も見えるんだぜ。羅臼岳もきれいさ。

歌手のリリーと寅さんの性格は似ている。意地を張っては、喧嘩別れをするが、心の中ではお互いを求め合っていた。

網走

Abashiri

寅さんが一番愛した歌手のリリー。
旅暮らしに疲れたふたりは、お互いの悩みと苦労を理解し合い、
出会うたびに距離を縮めていった。
そんな寅さんとリリーは、網走に向かう夜汽車で運命の出会いをした。

⑪寅次郎忘れな草

永遠のマドンナ・松岡リリー

オホーツク海に面する網走市は、網走川河口周辺に碁盤目状に開け、豊かな海の幸に恵まれた町である。モヨロ人によるオホーツク文化が残る町ではあるが、映画「網走番外地」の影響か、観光客の関心は、ややもすれば網走刑務所に偏りがちだ。冬はどうか。水平線の彼方に流氷が白くきらめき始めると、観光船が手ぐすね引いて観光客を待つ季節だ。氷を割って青い航跡を描く砕氷船。船底に氷がぶつかるゴーン、ゴーンという音が、腹に響く。

それはそれとして、われら寅さんファンにとっては、網走は聖地といってもいい町だ。第11作「寅次郎忘れな草」（1973年）で永遠のマドンナ・松岡リリー（浅丘《あさおか》ルリ子）と寅さんが初めて出会った、運命的な町だからだ。

ふたりが赤い糸で結ばれるきっかけとなった本作は、シリーズ中でも記念すべき作品だ。240万人近い観客を動員し、第12作「私の寅さん」（1973年）に次いでシリーズ中2位の記録を打ち立てた。

網走神社前でレコードの売をしてい

網走 あばしり
◉北海道網走市

オホーツクに臨む港町
雄大な自然が旅人を誘う

北海道の東部、オホーツク海に面した港町。冬季は流氷に閉ざされるが、その休漁期があることによって、スケトウダラ、ホッケ、ホタテなど豊かな水産資源が維持されている。明治時代に監獄（刑務所）ができたこともあって「さいはて」のイメージが強く、ロマンを求めて旅する人も多い。網走湖、濤沸湖、能取岬をはじめとする自然にも恵まれ、四季を通じて多くの観光客が訪れる。

た寅さんは、厚化粧の女に「ちっとも、売れないじゃないか」と声を掛けられた。前夜、網走行きの夜間急行「大《たい》雪《せつ》」で見かけた女だ。

彼女は、ドサ回りの歌手だった。浮き草暮らし同士と知ったふたりは、たちどころに打ち解けて、互いの身の上を語り合う。妻子の待つ網走の港に帰ってくる漁船を目にしながら、というところがミソだ。

「兄さんなんか、そんなことがないかなァ。夜汽車に乗ってさ、外見てるだろ。そうすっと、何もない真っ暗な畑の中なんかにポツンと灯りがついてて、ああ、こういうところにも人が住んでいるんだろうなァ、そう思ったらなんだか急に悲しくなっちゃって、涙が出そうになる時ってないかい?」

「ううん、こんなちっちゃな灯りが、こう、遠くへ遠去かっていってなァ。あの灯りの下は茶の間かなァ。もう

夜汽車でリリーを見た寅さんは、寂しげな表情のなかに自分の姿を見い出していた。翌朝、偶然出会ったふたりは、波止場に座って己の境涯を語り合った。似た者同士なのである。

遅いから子供たちは寝ちまって、父ちゃんと母ちゃんふたりで、しけたせんべいでも食いながら、紡績工場に働きに行った娘のことを話してるんだよ、心配して。暗い外を見て、そんなことを考えていると、汽笛がポーッと聞こえてよォ、何だかふっと、こう涙が出ちまうなんて、そんなこと、あるよなァ、わかるよ」

そこで会話は途切れ、ふたりは黙しがちに海を眺めるのであった。人生を共に歩む伴走者を持たぬ、渡り鳥同士の会話は、観客の胸底に深々と届くのである。

リリーと語り合ううち、放浪者の虚しさに思い至った寅さんは、心を入れ替えて酪農家ではたらく。だが、三日坊主の彼のことだ。過酷な労働にたちまち音《ね》をあげてしまう。で、またまたさくらのお出ましとなる。

「さっぱり売れないじゃないか」「不景気だからな、お互い様じゃねえか？」

この場面の撮影は、網走から車で30分ほど、能取湖に近い、卯原内《うばらない》で行われた。

いきいきとリリーを演じた浅丘ルリ子の役柄は、当初、農家の未亡人という設定だった、という。仮に当初の予定通りだったとしたら、浅丘演ずるところのマドンナが、「特別篇」を入れて5回も登場することになったろうか。彼女の役柄は、ドサ回りの歌手であってこそ光り輝いたのだ。

網走川の河口に発達した網走港は、冬には沖合が流氷群で埋め尽くされ、流氷観光の基地となる。

寅さん からひと言

日本最初の刑務所は世界最古の木造受刑施設

流氷砕氷船おーろら号もいいけど、おれは博物館網走監獄かな。お世話になったことはないけど、「監獄」っていう響きが、昔風だよな。要するに明治時代、日本で一番最初に建てられた監獄を保存・公開しているところさ。何たって世界最古の木造受刑施設なんだぜ。

シリーズの中でもっとも哀切感が感じられる名作。舞台のひとつとなった伊根の風物もこの作品を引き立てている。

伊根
Ine

京都で知り合った女性を伊根に訪ねて帰ろうとすると、
連絡船の最終便が出航してしまっていた。
女性とその家族の誘いで寅さんはその家に泊まることに。
夜が更けてふたりで人生について話し合ううちに寅さんの心に灯が灯る。

㉙寅次郎あじさいの恋

海に浮かぶように見える舟屋

「弁当忘れても傘忘れるな」。若狭地方で言いならわされている格言を忘れたばかりに、痛い目を見た。

もう20年前ほどになろうか、丹後半島・伊根町の舟屋集落を訪れた時のことだ。半日ほど歩き回ってずぶ濡れになり、風邪を引きこんでしまったのである。

日本海に突き出た丹後半島先端の経ヶ岬の少し南、青島によって湾口を狭められた波静かな湾に、舟屋集落はある。山が海岸まで迫り、道路を隔てた海沿いに、2階建ての民家が軒を接している。

海から眺めると、あたかも家々が海の上に浮かんでいるかのように見える。小島が防波堤となって、日本海の荒波を防いでいるからこそ可能だったのだろう。

伊根《いね》
◉京都府伊根町

**伝統の舟屋が建ち並び
独自の文化が育まれる良港**

丹後半島東南端の天然の良港。干満差の少ない静かな入江をぐるりと取り囲むように約230軒の舟屋が建ち並び、独特な景観美を作っている。舟屋はすぐ漁に出られるように階下に船着き場を持つ建物で、全国でもここでしか見ることができない独自の建築様式だ。遊覧船のほか、舟屋により近づける海上タクシーなども運行されている。

●重要伝統的建造物群保存地区

各戸とも、間口が3間（約5・4ｍ）、奥行き6間ほどの舟屋は、1階は海が少し入りこんでいて、舟が引き入れてある。ま、舟のガレージといった按配だ。2階は作業場、もしくは子供部屋、民宿に転用している家もある。はて、

ここでしか見ることができない伊根の舟屋群。舟屋は生活の知恵から生まれた独自の文化様式だ。寅さんとかがり（マドンナのいしだあゆみ）は、このしっとりとした港町で互いの心を探るように確かめ合った。

住まいはどこにあるかといえば、道路を挟んだ山側に母屋が建てられているのだ。

昔はこの道路がなく、母屋と舟屋の間は各戸の作業庭として使われていたらしい。集落外へ出る道を造ろうにも、山と海に挟まれていた土地では用地が確保できないのである。そこで、各戸の庭をつないで道を通した、という次第。道が通る前は、舟で移動するしか手立てがなかった。

舟屋群で形成される独自の景観は湾内を周遊する遊覧船に乗って、海から舟屋集落を眺めるのがベスト。全景を立体的に見たいという向きは、背後の山に設けられた舟屋の里公園から眺め下ろすのがいいだろう。妻入りの舟屋と平入りの母屋が建ち並ぶ光景、ブリの養殖筏が湾内に浮かぶさまを、とっくりとご覧あれ。

この舟屋集落の風光が映し出されるのが第29作「寅次郎あじさいの恋」（1982年）である。寅さんが、かがり（マドンナのいしだあゆみ）と出会ったのは、京都の町だ。人間国宝の陶芸家・加納作次郎を助けたことから、彼の家にころがりこんだ。そこで奉公していたのが、かがりだった。しかし、結婚問題で加納に叱責され、故郷・伊根に帰郷していたのだ。

宮津に帰る船もすでに出た後で、かがりの家に泊まる寅さん。前々から寅さんに好意を寄せていたらしいかがりは、寝床に忍んでくる。だが、それには気付いていながら、寝たふりを決めこんだ。惚れっぽいくせに、肝心かなめの場面になると、腰が引けてしまう寅さんなのだ。

これじゃあ、恋が実ろうはずはない。やきもきするのは、さくらばかりではない。観客も同様なのだ。このシーンが大阪・天王寺の映画館で映し出された時のことだ。

アルコールの匂いをさせた観客らで館内はびっしり。と、館内の一角から「いてまえ、いてまえ」の掛け声があがった。

すかさず別の観客が「アホ、寅はそういうことせんのがええとこやないか」と反論。館内は、映画そっちのけで爆笑の渦に包まれた、という。

寅さん からひと言

日本三景に数えられる長さ3・6㎞の湾口砂州

伊根の南の宮津ってところには、泣く子も黙る日本三景のひとつ、天橋立《あまのはしだて》があるんだよ。難しいことはわかんねえけどよ、湾口砂州って言うのさ。長さ3.6㎞、切手や絵はがきで見たことあるでしょ。国の重要文化的景観ってのにも指定されているんだぜ。足を伸ばす価値はあるよ。

シリーズの中で連絡船は、観客の感情を盛り上げる触媒として重要な役割を負っている

連絡船

Carrier ship

連絡船は映画の中で切ない別れを演出する

脱兎のごとく走り出す乗客

「♪思いきれない　未練のテープ　切れてせつない　女の恋ごころ～」と始まる菅原都々子「連絡船の唄」を筆頭に、演歌の世界では連綿と連絡船が歌い継がれてきた。

「男はつらいよ」シリーズではどうか。第15作「寅次郎相合い傘」(1975年) を見てみよう。青函連絡船は、本州側が奥羽本線の終点・青森駅、北海道側が津軽海峡をへだてた函館本線の起点・函館駅、この2駅とを結んでいた鉄道連絡船である。

運航していたのは明治41 (1908) 年から昭和63 (1988) 年まで。同年3月13日、青函トンネルの開通に伴い、同日をもって通常運行に終止符を打った。明治末から昭和末までの長きにわたり運航していたことになる。

小生が初めて渡道したのは昭和47 (1972) 年。その折に青函連絡船に乗った。連絡船は、北海道への旅の序曲と思ったからである。青森駅からの乗り換え時間は、最短でも20分は確保されていた。駅のプラットホームから階段と跨線橋を通って桟橋まで歩く。列車を降りたとたん、おおかたの乗客が脱兎のごとく走り出した。

なぜそんなに急ぐのか。少しでも船のいい席を確保するためなのだった。そうと気付いた時は、すでにトイレ近くの席以外はふさがっていた。

松本清張が文名を確かなものにした『点と線』にも、青森駅から青函連絡船へ乗り継ぐ光景が書き留められていた。三原刑事が、容疑者のアリバイ崩しのため、札幌に向かう途中の場面だ。

後ろ髪を引かれる思いで船に乗る

第39作「寅次郎物語」(1987年) にも、連絡船に付き物の別れの場面がある。

テキヤ仲間の子供・秀吉とともに、家出した母親を探しての旅の終わり。首尾よく母親を探し当て、仲間への義理は果たした。寅さんは秀吉と母親を残して船で去ろうとするのだが、秀吉は「離れたくない」とぐずる。寅さんは情にもろいこと人一倍だが、ここは一番、心を鬼にして秀吉を叱りつける。

「秀、いいか、よーく聞くんだぞ。おじさんはな、お前のあのろくでなしの仲間なんだ。いい年をして、おっ母さんの世話もみねえ、子供の面倒もみねえ、そんなお粗末な男になりてえか、なりたくねえだろ。秀、だったらな、このおじさんのことは忘れて、あのおっ母ちゃんとふたりで幸福になるんだ」

後ろ髪引かれる思いで船に乗りこんだ寅さんを、秀吉は涙を拭き拭き桟橋づたいに追いかけるのだった。

青森港側では、青函連絡船メモリアルシップ八甲田丸として連絡船を保存・公開。青森駅からの列車引き込み線もそのままだ。連絡船は貴重な文化遺産なのである。

函館港に保存されている青函連絡船摩周丸。函館市青函連絡船記念摩周丸として、桟橋に係留され保存・公開。上空から見ると、引き込み線の配線がよく分かる。

第7章

寅さんと水景

寅さんは風に吹かれながら川筋を歩く
古い石橋で立ち止まり、欄干から川面を眺める
心の川は柴又を流れる江戸川だが、旅先でも土地土地の水景が
寅さんにやさしく語りかけてくれる

蓬莱橋
Houraibashi

寅さんは、物心ついたときから自分の「病気」に悩んでいた。それは草津の湯でも直らぬ恋の病である。

**シリーズの中で蓬莱橋ほど印象に残る橋があるだろうか——。
寅さんが長い長い蓬莱橋を颯爽と歩いてくる。
すると前に雲水の姿。帽子を軽く下げてやりすごそうとするが、
雲水に自分が一番気に病んでいることを見抜かれる。**

㉒噂の寅次郎

蓬莱橋で己を悟る？ 寅さん

橋を定義するなら、人々が移動する際の障害物である川や谷を克服するための手段、ということになるのだろうが、橋は実用性を超えたドラマチックな空間でもある。橋が備えるその特性を視覚化するには、映画にまさる表現手段はない。映画「哀愁」は、イギリスのテムズ河に架かるウオータールー橋上での悲恋物語、その翻案である「君の名は」は銀座の数寄屋橋が舞台だ。イーストウッドの「マディソン郡の橋」も記憶に新しい。

道と川が交錯する橋は、戦略上の要衝となる。その戦略拠点をめぐっての争奪戦を描いた「遠すぎた橋」、あるいはタイのクウェー川鉄橋を舞台とした「戦場にかける橋」を思い起こす方もいるだろう。

江戸期、品川・鈴ヶ森と千住・小塚原の両刑場に至る道筋には、泪橋が架けられ、処刑される者と家族が泣きの涙で別れを惜しんだのであった。遊郭の入口に位置する橋は、思案橋と名付けられる。遊客が行こうか戻ろうか思案することからの命名で、長崎市、茨

蓬莱橋 ほうらいばし
◉静岡県島田市

ギネスにも認定された世界一長い木橋

大井川の下流部に架橋された人道橋。橋脚部は鉄筋コンクリート製だが、渡し板と欄干はすべて木製で、1997 年に「世界一の長さを誇る木造歩道橋」としてギネスブックに登録された。幅は 2.7m で、茶畑へ至る農道として使われているほか、全長が 897.4m であることから「厄無しの長生き（長い木）の橋」としても注目を浴び、多くの観光客を集めている。

橋の鳥瞰映像が河床からの映像に切り替わり、雪駄の音を響かせながら寅さんが歩いてくる。肩で風を切るように歩くと、蓬莱橋が花道になったようだ。蓬莱橋は人道橋で、そのたもとに立つと、対岸の橋の終わりが遠近法の手本のように小さく見える。

対岸に延びる蓬莱橋。防御のため江戸時代には架橋が許されず、大井川は「越すに越されぬ」川だった。

城県潮来《いたこ》市などに架け渡されている。

さて、とらやの面々とひと悶着、家を飛び出した寅さんは、大井川に架かる蓬莱橋にやって来る。第22作「噂の寅次郎」(1978年)で、すこぶる印象的なシーンを割り振られた蓬莱橋は、897・4m、世界一長い木造橋だ。

「苦しみ抜いております」

東海道きっての難所に、丸太を組み上げただけの橋が架かったのは明治12(1879)年。通行料を取る銭取橋《ぜにとりばし》だった。頑丈一辺倒のコンクリート橋とは異なり、架けては流され、また架け直す〝流れ橋〟である。

その橋を寅さんが颯爽と歩いてくる。腐りかけた橋板を鳴らして反対側から渡ってきた雲水(大滝秀治《おおたきしゅうじ》)がすれちがいざま、

「もし、旅のお方」

「何か?」

長さ897・4m、さすがに長い蓬莱橋 映画の中では橋板が腐りかけていた

職安の紹介でとらやの店員となって働く早苗（マドンナの大原麗子）は、別居中の美人妻という設定である。

「まことに失礼とは存じますが、あなた、お顔に女難の相が出ております」「わかっております。物心ついてこのかた、それで苦しみ抜いております」

3日と同じことを考えてはいられない性分のくせして、「苦しみ抜いております」もないもんだ。おまけに、「物心ついてこのかた」なんぞと気取った言葉を口走るから、おかしいの何の。

シリーズに幾度も顔を出す役者が、作品ごとに違う役柄を演ずるのを見比べるのもいい。男優なら、おいちゃん役も務めた松村達雄《まつむらたつお》、笹野高史《ささのたかし》、米《よね》倉斉加年《くらまさかね》、すまけい、桜井《さくらい》センリ、犬塚弘《いぬづかひろし》、じん弘《ひろし》、津嘉山正種《つかやままさね》、女優陣では、テレビ版でおばちゃん役をこなした杉山《すぎやま》とく子、あき竹城《たけじょう》、ちょい役ながら仲居役が多い谷《たに》よしのらの演技を楽しみたい。蓬莱橋と同じくギネスブックに認定されている長寿シリーズならではの楽しみ方だろう。

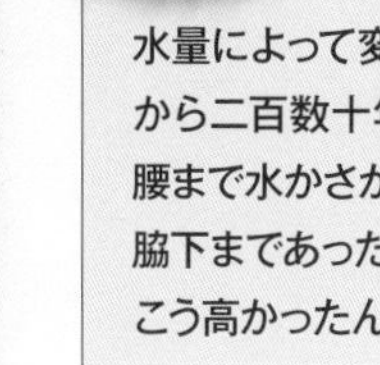

寅さんからひと言

川会所などが再現された大井川川越遺跡

蓬莱橋の上流には、江戸時代の渡し場が再現されているよ。大井川川越遺跡さ。面白いのは渡し賃。水量によって変わったんだとさ。今から二百数十年前の寛政年間の頃、腰まで水かさがあったら約1500円、脇下まであったら約2800円。けっこう高かったんだね。

シリーズで描かれるテキ屋はヤクザではないが、けっして堅気ではない。この曖昧性が寅さんの存在を際立たせている。

上の橋

Kaminohashi

寅さんは若いときの舎弟・登に再会する。
登は盛岡の上の橋のたもとで「地道な暮らし」をしていた。
再会を喜ぶふたりだったが、昔話のひとつもせずに
寅さんは心を鬼にして登を諭す。

㉝夜霧にむせぶ寅次郎

擬宝珠が印象的な上の橋

寅さんは、第33作「夜霧にむせぶ寅次郎」（1984年）で、しばらく顔をみせていなかった舎弟の登（秋野太作）と再会する。

すっかり堅気になった登は、盛岡の旧奥州街道が中津川と交錯する地点に架かる上の橋のほとり、紺屋町に今川焼きの店を出していた（看板には食堂とあるので大衆食堂か）。久しぶりに寅さんの四角い顔を拝んだ登は、真っ昼間から酒を酌み交わそうと度を過ぎた歓待をしようとする。

が、寅さんは「今、お前は堅気の商人《あきんど》だよ」と説教し、そそくさと立ち去る。いまだ、まっとうな職業に就いておらぬ自分などと付き合っていたのでは、登が再び堅気の道をはずしかねないと危ぶんだのだ。

今川焼きの店を辞した寅さんを、登の女房が上の橋まで見送りに出た。

「登のことを、よろしくお願いします」と頼んで、橋を渡り始める。

「道中ご無事に、親分さん」

「いや、親分だなんて、そんな立派なもんじゃあ。まァ、ご免なすって」

上の橋 かみのはし

◉岩手県盛岡市

400年前の擬宝珠が残る古都盛岡の名橋

盛岡藩の初代藩主・南部利直が、築城に合わせて市内を流れる中津川（北上川の支流）に架けた橋。欄干には青銅製の擬宝珠《ぎぼし》が取り付けられたが、それが連綿と今日まで受け継がれて、1935年に架け替えられた現在の橋でも見ることができる。1972年に改修された欄干には、県内産のヒバ材が使われ、往時の趣きを今に伝えている。

●日本百名橋

登が主人に収まっていた大衆食堂は今川焼きが名物のようで、この欄干のすぐそば（写真の左側）に「おいしい今川焼きの店　おみやげにどうぞ」という看板を立てていた。

一応、謙遜してみせる寅さんではあるが、言葉とは裏腹に肩で風を切って歩き去るのだ。

このあたりのやりとり、まったくもって股旅物の世界である。

上の橋を渡った寅さんは、異なる世界に住む登に二度と会うことはなかった。この場面にも、ふたつの地域を分かつ境界性という橋の属性を垣間見ることができよう。

銀幕に映し出された上の橋には、橋の両端の親柱にネギ坊主のような飾りが取り付けられていた。橋や神社、寺院の階段の柱などに取り付ける擬宝珠《ぎぼし》と呼ばれるものだ。親柱が木製である場合は、銅、青銅製のものが普通である。雨水などによる腐食を防ぐ意味合いもあった。

そもそもは、朝廷の建造物などに限られていたところから推して、よほど重要な橋にのみ取り付けられたに

中標津で行われた風子（マドンナの中原理恵）の結婚式には、柴又からさくら夫婦と満男も招待された。寅さんは山越えして会場を目指すが、ヒグマに追いかけられてほうほうの体で会場に着く。

相違ない。第2作「続 男はつらいよ」（1969年）において、寅さんが生みの親である菊（ミヤコ蝶々《ちょうちょう》）と渡った京都・三条大橋にも擬宝珠が付いていましたね。

南部氏20万石の居城である盛岡城は、中津川の右岸の丘にあり、同川は城の南で北上川に合流する。さらに合流点には西から雫石川も流入しているから、すこぶる橋が多い。

上の橋は現在、中津川東岸の上ノ橋町（地名表記）・紺屋町と、西岸の本町通一丁目とを結ぶ。中の橋、下の橋とならんで中津川三橋と称される。

上の橋という橋名の由来は、本街道たる奥州街道に架けられた重要な橋だからだろうか。それとも、中津川上流から順に、上、中、下と命名されたのだろうか。中の橋はテレビ岩手の建物から岩手銀行赤レンガ館方向へ、下の橋は盛岡城跡公園方面から下ノ橋町へ渡る橋だ。藩政時代、中の橋、下の橋は城に直結するため武士だけが渡れる橋で、一般庶民が渡れるのは上の橋だけだった。

『壬生義士伝』でも舞台に

現在のコンクリート橋は昭和10年の架橋で、長さ57m、幅12m、擬宝珠は18個を数える。初代の橋は、慶長《けいちょう》年間（1596〜1615年）の城下町建設時に架けられた。南部氏の旧領である三戸《さんのへ》城下の橋の擬宝珠を鋳造し直して盛岡に移した、という。

中津川はしばしば洪水に襲われ、上の橋も落橋、損壊を繰り返してきたが、歴代の藩主は擬宝珠の存続に力を尽くしてきた。

盛岡城下の名を耳にすると、反射的に思い出す時代小説がある。浅田次郎《あさだじろう》の『壬生義士伝《みぶぎしでん》』である。南部藩の軽輩藩士・吉村貫一郎が、妻子を食わせるために脱藩、京の新撰組に身を投じ、守銭奴とののしられながらも「義」を立て通して死んでいく、というストーリーである。

この小説でも、上ノ橋（作中の表記）に重要な出番を与えている。貫一郎は、身分こそはるかに上の大野次郎右衛門とは、幼い頃からの親友だった。作者は、貫一郎の脱藩に際し、次郎右衛門と別れる場面を上ノ橋に設定した。

藩校の助教だった貫一郎は、常々、藩士の子弟に次のように諭《さと》していた。

「南部の武士ならば、みごと石ば割って咲げ。盛岡の子だれば、北さ向いて咲げ。春に先駆け、世にも人にも先駆けて、あっぱれな花こば咲かせてみろ」

小生、これから盛岡地方裁判所の前にある石割桜（花崗岩の割れ目から芽吹いたサクラで天然記念物）を拝見しにゆくつもりだが、寅さんは付き合ってくれるだろうか。

「道中ご無事に、親分さん」と見送られ 上の橋の上を肩で風きって歩き去る

樹齢360年を超える天然記念物の石割桜

筆者も書いてた石割桜。これは近くに行ったらぜひ立ち寄ってほしいなぁ。盛岡駅から徒歩で20分、裁判所の前。樹齢は360年を超えるエドヒガンザクラだよ。伝説によると落雷で割れた大きな花崗岩の割れ目に種が入って、育っていったというんだ。盛岡市民の自慢の銘木さ。

寅さんからひと言

人畜無害とみられることから、若い女性に慕われる寅さん。第28作でもフーテンの愛子と知り合い、珍道中が始まる。

秋月目鏡橋

Akizuki-Meganebashi

静かな城下町の秋月で、寅さんは同業者の妻に惚れる。
病床にあった同業者は「妻を頼む」と寅さんに向後を託した。
野鳥川が静かに流れる苔むした町並みと
マドンナの憂いに惑わされ、寅さんの心は千々に乱れる。

㉘寅次郎紙風船

「あいつを女房にもらってくれ」

福岡県久留米市は筑後川のほとり、水天宮で売をしていた寅さんは、向かいでタコ焼きを売っていた、垢ぬけた女に声をかけられた。昔のテキ屋仲間・常三郎（小沢昭一《おざわしょういち》）の女房・光枝（マドンナの音無美紀子《おとなしみきこ》）だった。重い病に臥す亭主に代わって商売をしている、という。

翌日、寅さんは秋月（福岡県朝倉市）に常三郎を見舞う。すっかり気の弱くなっている常三郎は、「俺が死んだら、あいつを女房にもらってくれ」と、とんでもないことを言い出した。薄幸の女性にはからっきし弱いところを思いっきり露呈するのが第28作「寅次郎紙風船」（1981年）である。

帰途、崩れかけた塀と小流れに挟まれた道を、言葉少なにたどる寅さんと光枝。アーチ型の石橋に行き当たったところで、光枝は目に涙を浮かべながら「亭主はもう長くない」と打ち明けるのだった。

秋月の穏やかな町並み。秋月藩は福岡黒田家の黒田長政の3男が分知されて立藩。知行は5万石であった。

長崎眼鏡橋を手本に竣工

石橋は、野鳥《のとり》川に架け渡された目鏡橋である。秋月藩黒田家が治めた藩政時代には、城下の西の入り口にあたる秋月街道の福岡口に架かる橋だっ

まるで一幅の絵画を見るようなたたずまい。秋月目鏡橋は九州にたくさん築橋された石橋の中でも、一頭地を抜く美しさだ。福岡県の有形文化財に指定されている。

た。いってみれば、秋月藩の凱旋門ともいうべき橋である。

秋月黒田家は、福岡藩黒田家の支藩で、18世紀後半から幕府に長崎警備役を命ぜられ、長崎の先進的文化を導入していた。架橋技術もその一環であ

秋月目鏡橋《あきつきめがねばし》

◉福岡県朝倉市

200 余年の歴史を持つ希少な御影石の橋

筑前の小京都といわれる秋月の玄関口に架かるアーチ橋。野鳥川の氾濫による流出を防ぐため、文化 7（1810）年に長崎の職工を呼び寄せて建造された。日本では非常に珍しい御影石造りの石橋で、より堅牢な橋を切望した当時の人々の想いが如実に伝わってくる。昭和期には舗装されて自動車も通行したが、現在は石畳が復元されて歩行者専用になっている。

野鳥川近くの秋景色、江戸期の城下町の面影を残す小道を歩く光枝（マドンナの音無美紀子）と寅さん。同業者が亡くなる前に、その心は光枝に傾いていた。

り、長崎から石工職人を招き、長崎の眼鏡橋を範として完成させたのである。文化《ぶんか》7（1810）年のことだ。

当初は長崎橋と呼ばれていた。秋月花崗岩を使ったアーチ橋で、全長15・1m、幅員4・6m。水面からの高さは約4mだ。石を敷き並べた川床を、水が白いしぶきをあげながら流れ下るさまが美しい。

寅さんからひと言

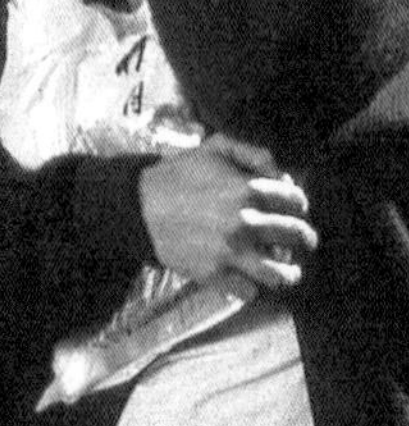

「筑前の小京都」と呼ばれる重伝建に指定の町並み

秋月はね、「筑前の小京都」と呼ばれる味のある城下町だよ。重要伝統的建造物群保存地区に指定されててね、武家屋敷だとか秋月城の長屋門なんかが残ってる。しっとりとしてて、石垣が似合う町だと思う。秋月城に続く杉の馬場通りのサクラ並木も名所になってるよ。

通潤橋

Tsuujunkyou

世界遺産、国宝、重要文化財、重要伝統的建造物群保存地区、
重要文化的景観、日本遺産、日本三景、日本三名湯、日本百名山、
日本の滝百選、日本の渚百選、日本100名城、小京都……。
全国津々浦々を歩く寅さんは、“日本通”なのである。

㉑寅次郎わが道をゆく

川を跨いで架けられた水道橋

橋というと、水の上を人や車が渡るものとばかり考えがちだが、水が渡る橋もある。

古代ローマ人は、アーチ式の石橋を造って水を渡したが、同じタイプの橋は本邦にも存在する。熊本県山都《やまと》町矢部の通潤橋だ。わが国最大の石造りアーチ式水道橋である。寅さんは、第21作「寅次郎わが道をゆく」（1978年）の冒頭で通潤橋を渡った。

造られたのは安政《あんせい》元（1854）年。全長78m、幅6m、水面からは20mの高さだ。白糸台地に水を引くために、轟川を跨いで水道橋を架け渡した。水道管をU字型の逆サイフォンによっ

第21作「寅次郎わが道をゆく」では踊り子の紅奈々子（マドンナの木の実ナナ）に惚れた。

通潤橋 つうじゅんきょう

◉熊本県山都町

土木技術の粋を集めた石造りのアーチ橋

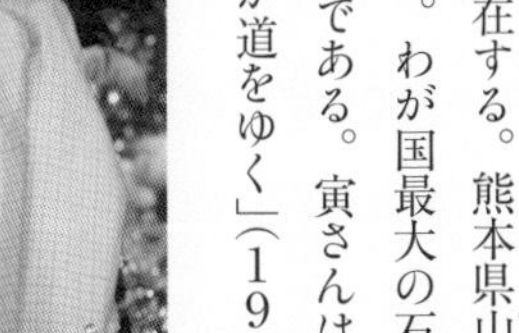

農地へ水を送るため、安政元（1854）年に造られた石造りの通水橋。サイフォンの原理により高所に水を送る構造で、当時の技術の高さが偲ばれる。通水管の堆積物を除くために橋の中央部から放水。その豪快な光景が知られているが、令和元（2019）年6月現在、熊本地震の影響で休止中である。

●国指定重要文化財
●国選定重要文化的景観

白糸台地を揺るがせるような豪快な放水 国の重要文化的景観に選定されている

て、いったん下がった水を、再度、押し上げるという難題を克服したのである。

しかし、水路管がU字型であるために、管の内部に土砂が堆積してしまう。土砂を除くにはどうすればよいのか。橋の中央部に横穴を造り、普段は栓をしておく。掃除の段になって、この栓をはずして水の勢いで土砂を放出する工夫にたどり着いた。

栓は、収穫を終えた秋にはずされ、水は弧を描いて轟川に落下していく。「秋水《しゅうすい》落とし」だ。現在は、土・日・祝日を中心に年100回ほど観光放水が行われる。「水は方円の器にしたがう」という。どんな形にも姿を変えられる「水の芸術」を堪能できる、必見のイベントだ。

大きな橋は、隣接する生活圏・文化圏との境界に架けられてきたが、人々は橋を、障害物を乗り越える手段とばかり捉えてきたわけではない。憧れ、友好などの心情をも託してきたのである。そう、「戦場にかける橋」という映画もありましたものねえ。

　それにしても、寅さんが渡ってきた橋の数はいかほどになろうか。宮崎県日南市油津の堀川橋では、蝶子（マドンナの風吹《ふぶき》ジュン）と語り合ったのをきっかけに髪結いの亭主におさまり（「寅次郎の青春」）、東京・亀戸天神の心字池に架かる橋では、千代（マドンナの八千草薫）の逆プロポーズにおたおたするばかりで、身を固めるチャンスを逸した（「寅次郎夢枕」）。渡世人・車寅次郎ほど、橋が似合う男はいない。

寅さんからひと言

貴重な生態系が守られた白糸台地の棚田

通潤橋などの灌漑用水が潤してきた白糸台地の棚田。信州は姨捨の田毎の月じゃないけどさ、ここの棚田も美しいよ。美しいだけじゃないんだ。貴重な水生昆虫をはじめとする動植物の生態系が江戸時代から保たれているんだな。タガメって見たことあるかい？

通潤橋の放水。3本の導水管から水しぶきが勢いよく放出される。熊本地震の復旧工事は令和2（2020）年に完了する予定。

江戸川

Edogawa River

江戸時代の初め、利根川は江戸湾に注いでいた。徳川家康の命令で付け替え工事が行われ、旧利根川が江戸川となった。

寅さんの物語は、江戸川から始まる。
タイトルバックは多くが江戸川河川敷で撮影され、
柴又が恋しくなった寅さんは、江戸川の土手を通ってとらやに向かう。
ここで繰り広げられる寸劇もシリーズの魅力である。

シリーズ各作

江戸川は寅さんの「心の川」

ところは岐阜、奥恵那峡。

第44作「寅次郎の告白」（1991年）の中で、寅さんは観客に語りかける。「私は川のほとりで生まれ、川で遊び、川を眺めながら育ったのでございます。祭りから祭りへのしがない旅の道すがら、きれいな川の流れに出会いますと、ふと足を止め、柄にもなく物哀しい気分になって川を眺めてしまうのは、そのせいかもしれません」

寅さんの故郷は江戸川のほとり、東京は葛飾柴又という設定だ。「男はつらいよ」に江戸川が登場したシーンは178回、時間にして149分27秒。

第2作「続 男はつらいよ」（1969年）では、恩師・散歩先生（東野英治郎《とうのえいじろう》）のためにウナギ釣りに奮闘し、第7作「奮闘篇」（1971年）では生涯ただ一度のプロポーズをし、またある時は土堤に寝そべって、どこへゆくとも知れぬ雲を見上げながら、妹のさくらに「ほら、見な、あんな雲になりてえのよ」などとつぶやく。第9作「柴又慕情」（1972年）である。

第6作「純情篇」（1971年）に話を移そうか。テレビで「ふるさとの川〜江戸川」という番組が放映され、山口県の駅前食堂でこれを観ていた彼は、帰心矢のごとき心境になるのだった。旅先の川岸に立つたびに思い浮かべる心の川、それが江戸川なのである。

あるいは第5作「望郷篇」（1970年）では、地道な暮らしをすべく頼み込んだ働き口をすべて断られ、ふて寝していた船が河口の浦安まで流された。第18作「寅次郎純情詩集」（1976年）では、綾（マドンナの京《きょう》マチ子）と土手を歩いてピクニックに行ったことも。

さらに外国の川のほとりにたたずめ

江戸川の土手を歩く寅さん一行。第18作「寅次郎純情詩集」（1976年）では源ちゃんに弁当やピクニック用品を持たせ、病院から一時帰宅していた綾（マドンナの京マチ子）を水元公園に連れて行った。

ば、彼の望郷の思いはいや増す。飛行機嫌いのはずの寅さんがウィーンへ旅立ったのは、第41作「寅次郎心の旅路」（1989年）。心身症のサラリーマン・坂口兵馬（柄本明《えもとあきら》）を助けたことから、彼と共に音楽の都の土を踏んだ寅さ

江戸川 えどがわ

◉東京・茨城県・千葉県・埼玉県

舟運にも利用された関東平野の一級河川

利根川から分流し、東京湾に注ぐ川。かつては渡良瀬川の下流部だったが、江戸幕府による大規模な治水工事（利根川東遷）によって利根川の水が銚子に流れるようになり、舟運にも盛んに利用された。シリーズに登場する金町浄水場付近では、矢切の渡しが現在も運航され、これを含む柴又一帯が重要文化的景観に選ばれている。

●国選定重要文化的景観

ん。たちどころに道に迷った彼に救いの手をさしのべたのが久美子（マドンナの竹下景子《たけしたけいこ》）だ。岐阜出身だが、ウィーンでツアーガイドを生業にしている。ふたりはドナウ川のゆったりした流れを前に、故郷をなつかしむ。

「どこの川の流れも同じだなァ。流れ流れて、どこかの海に注ぐんだろ」

「黒海という海にね」

「ああ、その海をずーっと行くと、おれの故郷の江戸川へつながるわけだ」

「あたしも川のほとりで育ったのよ」

「ほおっ、久美ちゃんの故郷はどこだい」

「岐阜。長良川のほとりよ」

「ああ、そりゃいいところだ」

「きっと、そのせいね。水を見ると気持ちが落ち着くのは」

　そして、寅さんが口ずさんだのが、田端義夫《たばたよしお》唄うところの「大利根月夜」と来ましたね。「美しく青きドナウ」な

カップルのデートや草野球など江戸川河川敷で繰り広げられる市民の憩いを、冒頭シーンで邪魔し続けた寅さん。映画の撮影を台無しにしたこともあった。観客にとっては「寅さんが帰ってきた！　今度はどんな物語が始まるのか」とわくわくする幕開きである。

寅さんの心をリセットし続ける「♪夕ぐれの雨が降る 矢切の渡し」

寅さん からひと言

何回乗ったのかな～。矢切の渡しってのは、俺にとっちゃ、一種の結界だよ。旅と故郷を分ける心の架け橋だな。川風を頬に感じて、揺れる水面を見ていると、疲れた心がリセットされる感じだな。渡し賃は、大人が200円、子供は100円さ。俺に会えるかもな。

んぞに秋波を送る寅さんではないのだ、断じて。よっ、待ってました、大統領！

足かけ29年にわたる大河映画であるから、江戸川の移り変わりを時を追ってみることができる。前半の作品では土堤は草ぼうぼう、土ぼこりが舞っていたが、後半に入ると堤防上の道はすっかり舗装され、サイクリングロードへと変貌。おばちゃんをして、「昔は、ヨモギがいくらでもとれてたのに」と嘆かせる変わりようである。

このシリーズ、一面では満男の成長物語でもある。その満男も江戸川のほとりで、ドジな伯父さんと同じ失態を演ずるところが楽しい。

現在も観光渡船として営業している矢切の渡し。千葉県松戸市の矢切と東京都葛飾区柴又を結んでいる。

筑後川

Chikugo River

青春時代のまっただ中にある満男に翻弄されるさくら。だが寅さんは、わが道を行くかのごとく、新しい女性に恋をし続ける。

寅さんの恋愛人生も、幾星霜を重ね、
そうそう若い女性ばかりを追いかけるわけにはいかない。
中年の色香漂う女性に熱を上げるが、
それはあろうことか、満男の恋人・泉の母親なのであった。

㊸寅次郎の休日／㉘寅次郎紙風船

水郷・日田の豊かな恵み

筑後川は、九州きっての大河だ。九州のシンボル・阿蘇の外輪山と、その北の久重連山に発し、柳川市で有明海に注ぐ。420年間に220回の洪水を起こした、とてつもない暴れ川である。異称を「一夜川」という。一晩のうちに流れが変わってしまうため、この名がある。

夜明ダムの下から流れは福岡県に入り、大支流の久珠《くす》川と合流する地点が日田《ひた》市だ。このあたりの筑後川は、三隈《みくま》川と呼ばれる。水郷として名が高い町である。川沿いに並ぶ隈町の温泉旅館街から下流を見やると、流れを二分するような、小高い緑の丘がある。亀山公園。これを「きざん」、水郷も「すいきょう」と読ませる。儒学者にして教育家の広瀬淡窓《ひろせたんそう》を生んだ地らしい。

水郷日田の景観をとっくりと拝見させてくれるのが第43作「寅次郎の休日」(1990年)。

満男の高校の後輩、泉（マドンナの後藤久美子《ごとうくみこ》）は両親の不仲に悩んでいる。家を出た父親（寺尾聰《てらおあきら》）が、愛人と日田に暮らしていると知り、母とや

筑後川　ちくごがわ

◉熊本県・大分県・福岡県・佐賀県

「筑紫次郎」の異名を持つ九州一の大河川

阿蘇の外輪山と九重連山に源を発し、有明海へと注ぐ九州第一の河川。全長は約143㎞、流域面積は2,860㎢で、「筑紫次郎」の異名を持つ。上流部は狭隘な渓谷を形成、筑紫平野をゆったりと流れ、下流部は三角州を成す水郷地帯となっている。古くより農業用水として利用されてきたほか、発電や工業用水にも活用され、人々の生活に潤いを与え続けている。

り直してほしいと頼むため日田へ。東京駅に見送りに行った満男は、彼女の乗った新幹線に飛び乗ってしまう。寅さんと、泉の母・礼子（マドンナの夏木《なつき》マリ）も後を追う。

日田の町は、幕府直轄領の天領として栄え、優美な文化が花開いた。豆田町をはじめとして、いたるところに古い家並み、蔵造りの商家が建ち並び、往時を偲ばせる。泉ちゃんの父が愛人（宮崎美子《みやざきよしこ》）と暮らしていたのは、豆田町の薬局という設定だった。

作品に登場する祭りは、日田祇園祭。旧家に残るひな人形の豪華さなどと共に、日田の裕福さを伝える祭りだ。町中を練り歩く山鉾《やまぼこ》を背景に、物語は佳境へ向かう。

この山鉾巡行は毎年7月下旬に行われる祇園祭のものだ。撮影は11月初旬だったが、形ばかりでは神事の名がすたるとして、地元の総意で実際に祭り

日田市を流れる三隈川（筑後川の地域名）。寅さんと礼子（マドンナの夏木マリ）は、満男と泉（マドンナの後藤久美子）をこの川の屋形船乗り場で見つけた。ここは川幅が広く銭淵とも呼ばれる。

満男と泉（マドンナの後藤久美子）を発見して、ほっとした表情の寅さんと礼子（マドンナの夏木マリ）。

が挙行された。撮影があった平成2（1990）年という年は、日田の住人にとって、祇園祭が夏秋2回あった、忘れられない年だという。

第28作「寅次郎紙風船」（1981年）も、筑後川沿いの町々が舞台となっている。ここでは、下流の久留米市の水天宮に話をしぼろう。ここの水天宮は、東京日本橋にある水天宮をはじめ、全国にある水天宮の総本社。古来、水の神として農業・漁業・船舶業者のみならず、子供の守護神、安産、子授けの神として人々の篤い信仰を集めてきた。水に縁の深い神社にふさわしく、かたわらを筑後川が流れている。

秋も深まった一日、水天宮の縁日で寅さんが店を広げている。かたわらで、かいがいしく手伝っているのは、家出娘のフーテンの愛子（岸本《きしもと》加世子《かよこ》）である。筑後川上流の宿で相部屋になって以来、まとわりついて離れないのだ。

すると寅さんの向かいでタコ焼きを売っていた垢ぬけた女が、声をかけてきた。女は光枝（マドンナの音無美紀子《おとなしみきこ》）といい、昔のテキヤ仲間・常三郎（小沢昭一《おざわしょういち》）の女房だった。病の床に臥している亭主に代わって商売している、という。ふたりの様子をうかがっていた愛子は、ピンときた。ただの人妻ではなかろう。

「サラリーマンの女房じゃあ、ああはいかないよな」などと小生意気なことを口にする、はねっかえり娘だ。

愛子との旅はさらにつづき、画面は朝倉市の三連水車に移る。穀倉地帯の筑後平野を潤しているのだが、寅さんと愛子の前の水車は、季節はずれで稼働していない。市内には、他にも三連や二連の水車がある。暴れ川として知られる筑後川ではあるが、反面、恵みの川なのでもあった。

寅さん からひと言

知名度抜群の天然水 日田温泉もおすすめだよ

日田って町は水がいいね。一時期、日田の天然水っていうのが流行ったろ。弱アルカリ性の軟水だから、口当たりがよくて味がまろやかなんだ。「いいちこ」で有名な三和酒類、サッポロビールなどの工場があるのも当然だよな〜。あとは日田温泉かな。

寅さんと蝶子は、もう数十年もいっしょに暮らしてきたかのような自然体で接する似合いのカップルだ。リリーに恋敵登場!?

堀川運河

Horikawa Canal

「髪結いの亭主」を地で行くように美容院で居候生活。
出会いは偶然だが、互いに情が移っていった。
どうやら寅さんは惚れられたらしい。
そしてまたもや寅さん、マドンナ、満男、泉の四つ巴ドラマが展開する。

㊺寅次郎の青春

寅さんが髪結いの亭主に

第45作「寅次郎の青春」（1992年）は、宮崎県日南市を舞台とする。

同市は城下町である飫肥《おび》と港町の油《あぶら》津《つ》に大別できる。住人の気質も大いに異なり、格式ばっている飫肥に対し、油津は来るものを拒まずといった風通しのよろしい町だ。寅さんがその油津で出会ったのが理容師の蝶子（マドンナの風吹《ふぶき》ジュン）。

彼が堀川運河に架かる石造眼鏡橋・堀川橋畔の喫茶店で軽食をとっていると、カウンターにいた蝶子が「どっかに、いい男はおらんじゃろか」とため息をついた。

それを聞きつけた寅さんが「俺じゃ、だめかな」。この短いやりとりで、互いに関心を持ったふたり、堀川橋の上で再び話したことをきっかけに、寅さんは蝶子の店の居候に。髪結いの亭主といった按配だ。

日南市内を流れる酒谷《さかたに》川、広渡《ひろと》川の上流地域は、古くから飫肥杉の産地として知られていた。飫肥杉は油気とねばり気の強い良材で、建築用材はもとより、造船材として内外から引く手あ

堀川運河 ほりかわうんが
◉宮崎県日南市

江戸時代に開削
往時の面影を残す産業運河

山中で伐りだした特産木材（良質の飫肥杉）の運搬効率を上げるため、1683年から2年4カ月の歳月を費やして開削された産業運河。全長は約1km。明治期の鉄道開通によってその役割を終え、荒廃が進んでいたが、近年になって観光資源として見直されるようになった。1903年架橋の堀川橋と護岸の石積みは、国の登録有形文化財に指定されている。

まただった。江戸期、飫肥藩の財政を大いに潤した。

上流から木材を運ぶために開削されたのが堀川運河である。日南市の広渡川下流から油津地区を南に横断して油津港に至る、延長900m、幅27m、の人工運河だ。

運河の完成によって、木材用の千石船の出入りが盛んとなり、油津港を基点に日《ひゅう》向《が》灘《なだ》を上下する大坂航路も確立したのである。

堀川橋で語らう寅さんと蝶子（マドンナの風吹ジュン）。背後を杉材を組んだ筏が流れていく。

運河と暮らしが溶け合う町

ふたりが橋上で語らっていた折、木材を組んだ何連もの筏が下の運河を下って行くさまが映し出されていたシーンは、脳裏に強く刻印されている（写真）。また、蝶子の弟の船乗り（永瀬《ながせ》正敏《まさとし》）が、川岸に刻んだ階段下からボートで出ていく場面も忘れ難い。運河と人々の暮らしがしっくり溶け合っているのが感じられ、好もしい。

堀川橋は、一名を乙姫橋という。運河に面する高台に鎮座する吾平津《あひらつ》神社の別名・乙姫神社にちなんでのものだろう。橋畔に、映画の記念碑が建立されており、「45作 男はつらいよ ロケ地」と記されている。

昭和5（1930）年、油津を訪れた俳人の種《たね》田《だ》山《さん》頭《とう》火《か》は、「海もとろとろと碧い、山も悪くない、冬もあまり寒くない、人もよろしい、世間師のよく集まるところだといふ」と書いた。文中の「世間師」とは、世情に通じて巧みに世渡りする人のことだ。まあ、細部に目をつぶれば、寅さんのような人物と踏んでよろしかろう。

放浪の俳人のお墨付きを得たのだ。いま一度、油津の堀川運河を眺めてみたい。切に、そう思う。

神武天皇最初の奥方が祀られる吾平津神社

堀川橋のたもとにある吾平津《あひらつ》神社は、吾平津《あひらつ》媛《ひめ》を祀った歴史ある神社だよ。吾平津媛というのは神武天皇の最初の奥方っていう人さ。神武東征のときには、ここに残って亭主の武運を祈ったと伝えられるんだ。神社の創建は和銅2（709）年で、境内には合掌する吾平津媛の銅像も建立されているよ。

寅さん からひと言

下流から見た堀川運河の堀川橋。右のスチール写真で、筏がモーターボートに曳かれて流れていくあたりである。

堀川運河は産業用運河であり
庶民の暮らしを支える生活運河でもある

滝
Waterfalls

ストレスに無縁な寅さんは、滝に近づくことは滅多にない

潜流瀑布の代表と言えば、映画にも登場した長野県軽井沢町の白糸の滝である。

マイナスイオンを浴びる飛沫浴

森と水と山の国である本邦は滝の宝庫で、その姿形は千差万別である。

崖から一気に落下してくるのが直爆で、華厳の滝が代表格。2段、3段と階層をつくるのが段爆で、袋田の滝などが当てはまる。溶岩層沿いに伏流した地下水が、断層や断崖にぶつかって、その中腹から湧き出るように落下するのが潜流瀑布。各地に散在する「白糸の滝」が該当する。川水が海岸線の断崖から直接、海に落ちるのが海岸滝である。他に、幾重にも枝分かれしながら落下する分岐爆、傾斜の付いた岩肌をなめるように落下する渓流爆などもある。

樹々が生い茂る断崖から落下して、水しぶきを飛散させる滝は、目に見えないマイナスイオンを含んでいる。それを浴びるのが飛沫浴だ。これを浴びると、心身ともに爽快となり、ぜんそく、ストレス、不眠症などに有効であることが実証されている。

飛沫浴にふさわしい滝として、滝壺近くまで行ける安倍の大滝（静岡市梅ヶ島）をすすめておこう。へたな藪医者にかかるより、まずは滝に会いにゆくべし。われらの先人は、滝に打たれて心身を浄め鍛える修験《しゅげん》の道を究めてきた。「心頭を滅却すれば　水また冷たからず」といった按配だ。

恋の病を除けば、病気らしい病気にはかかからず、ストレスとも無縁な寅さんだけに、滝に近づくことは滅多にない。

白糸の滝とオシンコシンの滝

例外は第25作「寅次郎ハイビスカスの花」（1980年）だ。長野県軽井沢町の白糸の滝に現れた。潜流瀑布の典型である。

落差はわずか3mあまりに過ぎないが、幅が70mにも達する。流量がおおむね一定しており、晴雨にかかわらず、幾条もの水が白糸のごとく落下する。黒ずんだ岩壁に、白いカーテンでもかけたような印象で、岩壁が湾曲していることが、景色に微妙な変化を与え、情感を高めている。

お次は、知床半島を舞台とした第38作「知床慕情」（1987年）。半島第一の大瀑布であるオシンコシンの滝は、タクシーでりん子が通りかかるだけだが、海岸滝に分類されるカムイ・ワッカの滝は、ウトロに住む船長の船に乗せてもらった寅さんが、りん子ともども、遠目ながら見物している。もっとも、彼は「カムチャッカ」などと的外れなことを口走っていたけれど。

海に落ちる滝というだけでも珍重に値するのに、滝壺が温泉になっているのだから、恐れ入った。

知床観光の拠点基地ウトロに向かうと右手の岩壁にオシンコシンの滝がある（撮影：岡村直樹）。

第8章 寅さんと島

寅さんは沖縄の瀬底島や鹿児島の加計呂麻島で
リリーと暮らす地道な暮らしを夢見ていた
太陽が遥かな地平線に沈み、ふたりの家が月夜に浮かび上がるとき
しじまの彼方からかすかに潮騒が聞こえてくる

終わりなき旅を続けるふたりの終着点はどこにあるのか? あと一歩、歩み寄れば、未来は開けると想うのだが……。

加計呂麻島

Kakeroma Island

青春街道をがむしゃらに突っ走る満男。
そのどうにも止まらない泉への思いは、紆余曲折をへて成就する。
それを見守る寅さんとリリーのふたりはどうなるのか。
それはお天道様だけが知っている。

㊽寅次郎 紅の花

知らぬ間に寅さんが〝同棲〟

「国の始まりが大和の国なら、島の始まりが淡路島……」と威勢のいいタンカを切っている寅さん、淡路島こそ行っていないけれど、北から南まで、たくさんの島に足跡を印している。本邦には6800余の島があり、そのうち400島ほどに人が暮らしている。人なつっこい彼のことだから、無人島は除いていい。

北の海に浮かぶ奥尻島、日本海の荒波寄せる佐渡島、陽光きらめく瀬戸内の小島、隠れキリシタンの住むエキゾチックな九州・五島列島……。どこの島にもその島ならではの営みがあり、伝えられ続ける文化がある。それが寅さんの心を打つのだろう。

長い、長い〝大河ドラマ〟に一応の区切りをつけた第48作「寅次郎 紅の花」（1995年）は、遅々として進展しない寅さんとリリー（マドンナの浅丘《あさおか》ルリ子）の仲にやきもきしていたファンを喜ばせた。ふたりが同棲していたのだ。ところは、鹿児島県の加計呂麻島である。

加計呂麻島と聞いて、ああ、奄美大

加計呂麻島 かけろまじま

◉鹿児島県瀬戸内町

複雑に入り組む海岸線
手つかずの自然が残る島

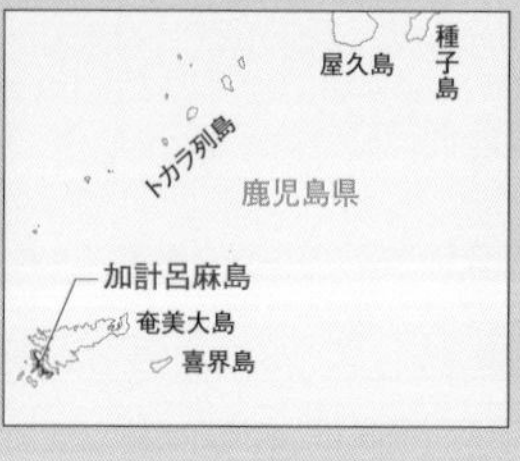

奄美大島の南、大島海峡の対岸に浮かぶ島で、面積は約77㎢。全体が山地で、しかも海岸線が複雑に入り組んでいるため平地がほとんどなく、水産業が主な産業となっている。手つかずの自然を求めて訪れる人も多く、シーカヤックをはじめとするマリンスポーツも盛ん。第2次世界大戦中に武蔵や大和などの連合艦隊が停泊したことでも知られ、戦跡も多く残される。

島の南にある島かとピンとくる御仁は少なかろう。本作のフィナーレ近く、二人を乗せたタクシーの運転手（犬塚弘）は、どこの国の話かといった表情だった。

柴又のくるまやの面々は、寅さんが神戸で震災ボランティアをしていることを知って、ほっとひと安堵。しかし、胸を撫でおろしたのも束の間、今度は満男が岡山県津山市でとんでもない〝事件〟を起こす。

満男が以前から思いを寄せていた泉ちゃん（マドンナの後藤《ごとう》久美子《くみこ》）の結婚式をぶち壊す挙に出たのだ。彼は自己嫌悪に陥り、発作的に旅へ。そして、奄美大島で出会った女性の世話になる。加計呂麻島の彼女の家に着くと、そこには寅さんが居候していた。あっ、思い出した、目の前の女性はリリーさんだった。

そこへ、婚約を解消した泉ちゃんが

加計呂麻島の東部にある島内最大の集落、諸鈍。ここにリリーの家がある。海風が心地よく通る居間では、ふたりがくつろぎながら焼酎を酌み交わしている。ここには平和な時間が流れていた。

奄美大島の高知山展望台から見た加計呂麻島。手前の町は加計呂麻島へのフェリーが出ている古仁屋の町並み。左の写真は加計呂麻島の安《あん》脚《きゃ》場《ば》戦跡公園から見た奄美大島。大島海峡を隔てて2島の距離はわずか2kmである。

自己嫌悪に苛まれる満男の心は島の豊かな自然と人情が癒やしてくれた

満男を追ってきて、ふたりの仲はハッピーエンドを予感させる。

では、肝心の寅さんとリリーの恋模様は……。

保存されているリリーの家

タクシーの運転手に成り代わって、島への行程を記しておこう。鹿児島から船で渡ること380㎞、奄美大島の名瀬港に降り立つ。さらに南下すること車で1時間、小島と入江の美しい古《こ》仁屋《にや》（瀬戸内町）に着く。そこから町営フェリーでまた20分。ようようたどり着くのが加計呂麻島である。

古仁屋から加計呂麻島へ渡るにはフェリーが一般的だが、リリーと満男が出会ったのは海上タクシー。小型ではあるが、速くて便利なのが取り柄だ。船名は「でいご丸」である。映画では、田中邦衛《たなかくにえ》が船長を演じ、ふさぎ切った表情の満男のことを、自殺でもするんじゃないかと心配する。

田中は、船の操縦などお手の物といった様子に映っていたけれど、実のところ、田中の下にかがんだ本職が操縦していたとのことだ。前がまるっきり見えないのに、よくそんな芸当ができたものだ。その本職が田中の方言も指導した、という。

リリーと満男が乗った車は、於斉《おさい》地区にある、巨大なガジュマルのかたわらを通る。ほんの一瞬しか映らないが、圧倒的な存在感で迫ってくる。樹高30mはあろうか。四方八方に枝を伸ばしている。おびただしい気根が垂れ下がり、大地を突き刺している。映画は捉えていなかったと思うが、ロープもつけられているとのこと。子供たちの格好の遊び場になっているのだろう。

リリーが買い求めた家は、島東部の諸鈍《しょどん》集落にある。30ある集落の中で、もっとも大きな集落だ。その家はそのまま保存され、町が管理している。建物は平屋建ての木造。普段は雨戸が閉め切られていて入ることはできない。

泉ちゃんの結婚式をめちゃくちゃにした満男は、自己嫌悪から生きる意欲を失っていた。寅さんに会って、気力を取り戻した彼は、家に戻る旅費を稼ぐため、サトウキビの収穫のアルバイトをしていた。

ロケは秋に行われたが、実際に収穫するのは糖度が増す冬になってから。島内には製糖工場があり、サトウキビのしぼり汁を手作業で煮詰めていく。

加計呂麻島の徳浜の渚で、満男は泉に自分の心を告白する。それを寅さんとリリーは温かく見守っていた。

第48作 男はつらいよ 寅次郎紅の花
ロケ記念地 徳浜 1995年11月
波打ち際で泉（後藤久美子）に
愛を告白する満男（吉岡秀隆）
その様子を見守る寅（渥美清）
とリリー（浅丘ルリ子）

徳浜の告白シーンを撮影した美しい渚には「男はつらいよ 寅次郎紅の花 ロケ記念地」碑が建立されている。告白の後、浜で転倒してずぶ濡れになってしまうふたり。高校以来の恋の成就を、加計呂麻島の透き通るような海と突き抜けるような空が祝福していた。

昔ながらの製法である。こうして、黒糖ができ上がる。この時期に見学がてら立ち寄ってはいかが。ひょっとすると、あつあつの黒糖を御馳走してくれるかもしれない。

島内でもっとも人口の多い諸鈍には、国の重要無形文化財「諸鈍シバヤ」が受け継がれている。平安時代の末、壇ノ浦の戦いに敗れた平家の落人が島に流れ着き、伝わったとされる村芝居だ。平資盛《すけもり》を祀る諸鈍大屯《おおちょん》神社で、旧暦9月9日に奉納される。

戦争の爪痕が残る島

リリーと言い争う寅さんの心は、樹齢300年を超えるデイゴ並木が和らげてくれていた。だからこそ、喧嘩別れもせずに一緒に暮らせたのかもしれない。

この木は毎年5～6月頃に、赤い花を咲かせる。その昔、奄美が琉球王国

自然に魅せられて人々は島を目指す
加計呂麻島には無人化した集落はない

に属していた頃、琉球からの役人を迎える目印として植えたのだとか。並木は海からの風や潮を防ぎ、日中は木陰を作り、人々の暮らしを守っている。

島の穏やかな入江には、マリンスポーツに最適なビーチが点在し、海水浴客やダイバーが訪れる。

島は過疎化が深刻ではあるが、出口が見えないわけではないようだ。本土出身のIターン組が、ゆったりしたスローライフに惹かれて、移住してくるケースが少なくないのだという。彼・彼女らは、ペンション経営、ダイビングガイドなど、観光客向けの仕事に就く。このため加計呂麻島にあっては、本土のように無人化した集落はない、と聞いた。

旧暦の穏やかなリズムで暮らしが営まれている島にも、緊迫した空気がみなぎった時期もあった。太平洋戦争の末期、島に特攻兵器・震洋《しんよう》の基地が設けられたのだ。震洋は、小型のモーターボートに爆弾を搭載して、敵艦に体当たりする特攻艇である。

その隊長として派遣されてきた島尾敏雄は後年、その極限体験を小説『出発は遂に訪れず』へと昇華した。呑之《のみの》浦《うら》にその文学碑が建立され、格納壕跡もある。

諸鈍徳浜沿いの公園内に、「男はつらいよ　寅次郎紅の花　ロケ記念地」碑が建立されている(写真)。山田監督は、スタッフと共に島を訪れ、毎年のように数日間の島暮らしを楽しんだ時期があった。

リリーの家にも必ず立ち寄り、「寅さん、お元気ですか。今年も来ました」と手を合わせたそうだ。

寅さん、あなたは今、どこにいるのでしょう。はるか西の島で暮らしているのかもしれませんが、そろそろファンの前に、なつかしい笑顔を見せちゃあ下さいませんか。

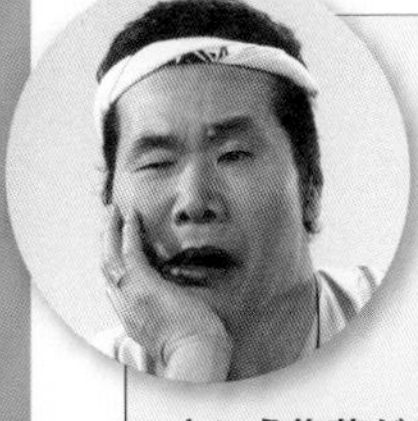

寅さんからひと言

武名ガジュマルは神宿るパワースポット

加計呂麻島はデイゴ並木が有名だけど、ガジュマルの大木にも癒やされるよ。島の北西部に武名《たけな》という集落があるんだけど、そこにある武名ガジュマル。これは島で一番大きなガジュマルさ。高さ20m、幹周12mで、神宿る木としてパワースポットになってるんだ。

恋心とも違う、慈しみや哀れみとも違う、もっと大きな超越した愛。寅さんは大物歌手の孤独にそっと手を差し伸べた。

佐渡島

Sado Island

北方領土と沖縄に次いで大きな佐渡島。
京から流罪となって流された人々が都の文化を伝え、
佐渡金山の発見によって天領となり、西廻り航路の海運基地として栄えた。
寅さんはこの島と出会った人々に何を感じたのだろうか。

㉛旅と女と寅次郎

民宿で大歌手と差しつ差されつ

第31作「旅と女と寅次郎」（1983年）は、演歌歌手の京はるみ（マドンナ役の都《みやこ》はるみ）と寅さんの物語である。超売れっ子のはるみは、歌手という稼業をつづけるか、女としての幸福をとるか悩んだ末に失踪、本州の出雲崎で寅さんと出会う。

佐渡に帰るという漁船に便乗したふたりは、佐渡島の南端、朱色の太鼓橋をくぐって矢島《やじま》・経島《きょうじま》に上陸する。民謡に「♪佐渡は四十九里《しじゅくり》　波の上～」と歌われる海を漁船で渡ったのだ。寅さんは船に酔って、足元が定まらない。それでも、何とか上陸地点から宿根木《しゅくねぎ》の集落にたどり着いた。

ふたりは、民宿の吾作に宿る。夕餉《ゆうげ》を共にし、酒を差しつ差されつしているうちに、気分がほぐれてきたはるみが身の上話をはじめる。よほど寅さんに気を許したのだろう、「矢切の渡し」を歌い出す。

「うまいなあ、歌が。銭取れるよ」と感嘆しきりの寅さん。ことここに至っても、彼女が超大物の演歌歌手だとは気がつかない。疲れたはるみが寝入っ

佐渡島 さどがしま
◉新潟県佐渡市

独自の歴史が息づく文化遺産の宝庫

新潟の沖合いの日本海上にある島。沖縄本島に次ぐ面積を持つ。中世には流刑地となり、近世には金山を中心に繁栄。北前船が寄港したこともあってさまざまな人が往来し、佐渡独自の文化が形成された。島内には無数の重要文化財や登録有形文化財が点在し、独自の伝統芸能も多く受け継がれている。

●国選定重要文化的景観
●重要伝統的建造物群保存地区

寅さんとはるみ（マドンナの都はるみ）が上陸した矢島・経島の観光たらい舟。ふたりが船でくぐった太鼓橋も見える（筆者撮影）。上の宣伝用スチール写真のたらい舟は“本物”である。

たあと、民宿を経営する老婆（北林谷栄）に教えられて、初めて気づくのだった。北林は、「日本一のおばあちゃん女優」と言われた。

翌日、寝る間もないハードスケジュールから解放されたはるみは、終始、上機嫌だ。トビシマカンゾウのオレンジ色の花が咲きこぼれる岩場で、はし

京はるみ（マドンナの都はるみ）と民宿で夕餉を共にする寅さん。互いの身の上話をするうちに、はるみは「矢切の渡し」を歌い出す。切々として心に響くシーンである。

はるみ（マドンナの都はるみ）が手折った黄色い花は、酒田市の沖合に浮かぶ飛島と佐渡島にのみ分布するトビシマカンゾウである。真っ青な海と空に、はるみの歌声が吸い込まれていく。

ゃぎまわる。ここでもまた、地元の民謡「佐渡おけさ」を披露する。岩場で休息中だった、たらい舟の女船頭達の合いの手で、のびやかな歌声をひびかせる。うっとりと聞き入る寅さんだが、映画を観ている観客も陶然となるシーンである。

小木は西廻り航路の寄港地

さて、ふたりにとっての至福の時間もここまで。はるみの行方を躍起になって探していた所属プロダクションの面々に居場所を探し当てられてしまった。小木の船着き場前の食堂で、別れを惜しむ寅さんとはるみであった。

この食堂は、当時のまま現存している。店を切り盛りする女性は、出演者のサインや地元紙の特集記事を指し示しながら、思い出を語ってくれた。

「山田監督が台本を見せてくれたんだけど、ト《と》書きに、ひなびた食堂とあったのよ。あの頃の店は、まだひなびてはいなかったのにねえ」と、冗談めかして話してくれた。

佐渡の表玄関は、島の中東部に位置する両津港で、空の玄関口佐渡空港も近くにある。一方、南の玄関口となっているのが小木《おぎ》の港である。

島の南端に位置し、日本海に面している小木は、古くから廻船業を核として生計を立ててきた。小木から西行すると、矢島・経島に至り、さらに西へ進むと宿根木の集落に達する。宿根木は、中世の頃には、すでに港町の機能を持ち、海事貿易による収入によって潤っていたらしい。

小木の港は江戸時代初期に開かれた。さらに、豪商・河村瑞賢による西廻り航路も開かれ、小木港が寄港地に指定された。これが決定打となる。佐渡はもとより諸国の船が小木に雲集し、日本海海運の黄金時代が到来したのである。

小木に主導権を奪われた形となった宿根木の人々は、中古船を買い求めて海に乗り出す。ほとんどの場合は、船主がみずから船頭となる直《じか》乗り方式であり、やがて運送と商いを行う買い積み船が隆盛をきわめた。宿根木廻船である。

遭難があった場合、損失をすべてひっかぶってしまうが、その分儲けも大きい。安永《あんえい》3（1774）年には、ベザイ型千石船・白山丸も新造された。

主たる積み荷は佐渡奉行所の御城米で、その米を大坂に運んだ。これによって、上方との交流が深まり、宿根木の家作や生活様式に上方文化が大きく投影され、今日に引き継がれている。

土地の歴史を家屋に刻む集落

宿根木が「千石船の里」といわれるについては、今ひとつの理由がある。千石船を造る技術者集団が宿根木に育ち、北陸以北では類をみないほどの造船活動を繰り広げたからだ。文政《ぶんせい》年間（1818〜30年）には、船大工の棟梁3人、弟子28人が暮らしていた。他に、船釘などを作る鍛冶屋、桶屋などの稼業もあった。

その宿根木。繁栄の元となった入り江は、現在もほぼ往時のままだ。人間が暮らす集落の海岸で、これほどコンクリートの少ないのは宿根木ぐらいではないだろうか。

集落は、およそ1ヘクタールの谷の

島の美しい風物と寅さんの思いやりに大物歌手の悩みは吹っ切れた

宿根木の三角家。周辺には同様の家が蝟集し、細い道や水路が交錯する（撮影：岡村直樹）。

中に200余棟の建物がひしめき合っている。谷には細い称光寺《しょうこうじ》川が流れ、何本もの細い小路に区画され、建物が密集する。台地の上から見渡すと、幅1mほどの小路を弁別できないほどである。迷宮に入りこんだかと錯覚してしまう。

狭い。とにかく狭い。屋内のやりとりが漏れてきそうな按配である。その限られた土地をいかに活用して住めばよろしいか。答えは、小路と小路が斜めに交差する三角形の土地に建てられた家にある。三角家《さんかくや》と呼ばれる。三角の部分は、船の舳先さながらに鋭角的である。JR東日本が吉永小百合《よしながさゆり》をモデルにし、三角家の前に佇ませたポスターで、一躍、宿根木の知名度が上昇した。

三角家は150年ほど前の建築。7年前から内部を公開しているので見学してみた。玄関を入ってすぐがオマエと呼ばれる居間だ。三角の部分には、仏壇を安置する。2階への階段は急で、狭い敷地に工夫を凝らして建てたことをうかがわせる。このあたりにも船大工の技法が投入されているのだろう。

三角形のペーパークラフトになっている入場券を胸ポケットにしまい、建物を出た。土地の歴史が建物にも凝縮されている感じ。監督が、ここを撮影地に選んだ理由が腑に落ちた。

宿根木に足を運ぶ前には、佐渡国小木民俗博物館に立ち寄ると、小木や宿根木の全体像を把握する助けになる。旧宿根木小学校の木造校舎を博物館に転用した施設で、千石船を実物大に復元し、南佐渡の漁労用具、船大工道具なども展示してある。

寅さんからひと言

歴史に彩られた佐渡島は土地土地に重みがあるんだな

佐渡島ってのは、なかなか歴史の重みを感じる土地だね。俺とはるみが上陸した矢島・経島ってのは、良質の矢竹の産地でね。ここの竹で作った矢で源頼政さんが、鵺《ぬえ》退治をしたんだってさ。経島の名は、佐渡に流された日蓮聖人の赦免状を携えた弟子が漂着し、一夜、お経を唱えたことから名前がついたんだよ。

老人に気遣いをみせる寅さん。中通島でも老婆を助け、料理を馳走になり泊めてもらったが、翌朝老婆は亡くなっていた。

中通島

Nakadouri Island

帝釈天の参道で育った寅さんは妙に信心深い。
しかし、帰依するものは仏教、神道、路傍の地蔵様となんでもありだ。
美しい女性がキリスト教徒であれば、教会の前で十字を切り、
敬虔な気持ちで頭を垂れる。

㉟寅次郎恋愛塾

隠れキリシタンの里、中通島

第35作「寅次郎恋愛塾」（1985年）は、岸壁に船が着く場面から始まる。修道女と共に、寅さんとポンシュウ（関敬六《せきけいろく》）が降り立ったのは、長崎県五島列島の中通島である。

港で倒れた老女を助けたふたりは、彼女の家に泊めてもらう。だが深夜、老女の容体が急変し、そのまま葬儀に立ち会うことに。教会で行われた葬儀には、東京で働いている孫娘の若菜（マドンナの樋口可南子《ひぐちかなこ》）が参列。例によって、彼女に一目惚れする寅さんだが、結末は記すまでもなかろう。

葬儀に使われたのは、島の中北部・奈摩郷地区にある青砂ヶ浦《あおさがうら》教会。赤いレンガとステンドグラスが印象的だ。島内には30ほどの教会があるけれど、この教会の荘厳さは比類がない。信者の醵金《きょきん》と労働奉仕によって落成した。明治43（1910）年のことで、日本人設計者の手になる初の本格的なレンガ造りの教会となった。

島は江戸時代から隠れキリシタンの里として知られ、今も人口の1割近くが敬虔《けいけん》なカトリック信者だという。そ

中通島 なかどおりじま
◉長崎県新上五島町

キリシタンが身を潜めた五島列島第2の島

五島列島で福江島に次ぐ大きな島。リアス式の複雑な海岸線を持ち、その延長は278㎞にも及ぶ。この地勢から弾圧を逃れたキリシタンが多く移り住んだ歴史があり、29の教会が点在。現在も信仰が息づいている。北魚目と崎浦の2地域は重要文化的景観に選定され、自然とともに作り上げた暮らしを今に伝える。

●国選定重要文化的景観
●日本遺産

明治末期に建てられた青砂ヶ浦教会の天主堂。国の重要文化財に指定されている（右）。酒田（平田満）は若菜に惚れた大学生で、寅さんが恋愛指南をすることに（左）。

若菜（マドンナの樋口可南子）の祖母が港で転んだ。寅さんとポンシュウは老婆を助けて、海沿いの道を家まで送る（宣伝用写真）。

んな先入観のせいだろうか、地図で眺める島は十字の形に見えるから不思議である。

ラストシーンでは再び寅さんが島に現れた。すると、喧嘩別れをしたはずのポンシュウが教会の掃除をしているではないか。聞くと、金に窮して銀の燭台を盗もうとしたところを神父に目撃されてしまい、温情を受けて居候をしているという情けない話であった。

五島列島は、長崎港から西へ１００㎞に位置し、大小１４０余の島々から成る。島々にはカトリック教会が目立つ。平成30（２０１８）年、「長崎の教会群とキリスト教関連遺産」として、世界遺産登録がなされた。

自然海岸や海蝕崖、火山景観など複雑で変化に富んだ地形である。海に囲まれているのであるから、生計の道は漁業ということになる。そうそう、同じ五島列島の福江島が舞台の第６作「純情篇」（１９７１年）で、寅さんは水イカを馳走になっていましたっけ。

教会の門扉の前で、十字を切ったりしていた寅さんだが、キリスト教に関心があるとは思えない。なにせ、ウィーンの町で通りかかった神父をつかまえて「御前様」とやっているのだ。

隠れキリシタンの里に暮らす敬虔な老婆
境涯は孤独であったが満たされていた

教会建築家・鉄川与助の代表作となった天主堂

青砂ヶ浦天主堂のステンドグラスは、美しかったなぁ。この教会、こぢんまりとしている中にも凛とした荘厳さがあるんだな。九州に教会をたくさん作った鉄川《てつかわ》与助《よすけ》という人の設計。暫定リストには載っていたが、惜しくも世界遺産からは外されている。なんで？　教えてほしい。

寅さん からひと言

民謡や童謡はシリーズで巧みに使われ、寅さんやマドンナの心象風景を代弁している

民謡
Folk Song

民謡の歌声に寅さんの地声が唱和する

青空に響く哀調帯びた「江差追分」

北海道は江差の町で寅さんが売に励んでいたのは第26作「寅次郎かもめ歌」(1980年)。カメラは洋上を飛び交うかもめの群れ、浜に押し寄せる荒波をとらえたシーンのあと、全国江差追分大会の模様に移る。

北海道の南西部、日本海に面する江差は、江戸時代からニシン漁、北前船の寄港地として栄えた町だ。この町を中心に歌われる江差追分は、ソーラン節とは異なり、ゆるやかな節回しと哀調を帯びた独特の良さを持ち、はなはだ難しい民謡として知られる。

この民謡は、今の長野県の軽井沢町、浅間山のふもとで中山道と北国道が分岐する追分宿が発祥地で、元は街道往来の馬子たちが歌っていた馬子唄。それが追分節の名で越後に伝わり、日本海側の海運が盛んになるにつれ、内地からニシン場への出稼ぎ人・ヤンシュウ、あるいは遊芸人などの移住が相次いだことで、江差にも伝播してきた。

江差追分は前唄、本唄、後唄の三部になっており、全部を唄うには6〜7分を要する。歌詞はバリエーションに富むが、前唄に「♪春はにしんのとれるとこ　蝦夷地海路にお神《かも》威《い》なくば　連れて行きたいどこまでも〜」とあり、後唄に「♪ならばこの身を鴎《かもめ》にかえて、あとを追いたい主の舟〜」と歌詞にあるように、若い男女の恋唄だ。

ニシン漁の最盛期が「江差の五月は江戸にもない」といわれた面影は、近江商人が建てた中村家、松前藩きっての豪商・関川家別荘などに偲べる。

越後の民謡といえば、まず思い出すのが「佐渡おけさ」。いや越後に限らず、わが国で最も有名なこの民謡を、寅さんとマドンナがデュエットするのが第31作「旅と女と寅次郎」(1983年)である。ヨッ、待ってました、ご両人。佐渡名物のたらい舟を前に、はるみが「佐渡は居よいか　住みよいか」と伸びやかな歌声を響かせれば、寅さんが声低く唱和する。いやはや、贅沢のきわみ。立ち会いたかったな、私も(詳しいことは第8章参照)。

「貝殻節」とおばあちゃんの「芸」

人の気をそらさない寅さんの一面を垣間見ることのできるのが第44作「寅次郎の告白」(1991年)である。鳥取県倉吉市で満男の恋人・泉ちゃんと再会した寅さんは、駄菓子屋のおばあちゃん(杉山とく子)のすすめるまま家に厄介に。

月見の最中、興《きょう》いたったおばあちゃんは、三味線を爪弾きながら「貝殻節」を披露する。鳥取県を代表する民謡だ。

「♪何の因果で貝殻漕ぎなろうた　カワイヤナー　カワイヤナー　色は黒なる　身はやせる〜」。すると、すかさず寅さんが「いいねえ。銭がかかってるなあ、おばあちゃんの芸は」「昔は、けっこう男を泣かしたんだろうねえ」などと持ち上げる。上手いな〜。でも相手の女性が妙齢となると、こうはいかないのが寅さんの弱みなんですなあ。

「貝殻節」は浜村温泉の宣伝歌として全国に知られるようになった(右)。昭和7年、ニシン漁を見守ってきた鴎島灯台の近くに建立された江差追分節記念碑(左)。

第9章

寅さんが愛した

昭和

63年間続いた昭和時代
日本の元号の中で最も長い
家庭に電話機すら普及していなかった時代から
パソコンが登場した時代まで、まさに激動の昭和であった

昭和時代の事物・事象は、令和を生き抜く鏡

寅さんは「昭和の心」を語り続ける

「男はつらいよ」シリーズの大半が昭和の時代に公開され、平成に入ってからは「寅次郎心の旅路」以降の８作を数える。ギネスブックに認定されている長寿シリーズであるから、昭和と平成の時代相の違いは、はっきりと看取できる。ことに、甥っ子の満男が主役の観を呈する平成の作品は新幹線がひんぱんに登場し、ローカル線専門の寅さんとは際立った対照を示している。銀幕に映し出された渡し船は廃止され、映画の中に流れる唄、物価の推移、車のデザイン、茶の間や台所の家電製品などにも時代の推移がくっきりと現れている。シリーズ第1作が公開されて半世紀を経て、元号も「平成」から「令和」へと改められたのを機に、「男はつらいよ」に色濃く反映されている「昭和」という時代をふりかえってみよう。

残したい昭和の生活遺産

商人宿

第1作「男はつらいよ」（1969年）に超一流ホテル「N」が出てくる。さくらの見合いの席が設けられたのである。相手はどこやらの御曹司だ。ホテルに向かうタクシーの中で、寅さんはホテルに対する敵意をむき出しにする。

「なァ、さくらよ。ホテルなんて英語にいちいち驚いてちゃいけねえよ。当節はな、ちょいとした連れ込み旅館だって、生意気にホテルだい。ホテルなんかに驚かされてたまるかい」

そういえば、寅さんの実母（ミヤコ蝶々《ちょうちょう》）が京都で経営している連れ込み旅館も、「グランドホテル」を名乗っていましたっけ。第7作「奮闘篇」（1971年）でその実母が、わが子に会うため30数年ぶりに上京、とった宿がホテル「T」。そこの洋式トイレでも、寅さんは大失態をやらかして、実母を嘆かせたのだった。

彼が和風旅館礼賛論をふつのは、第39作「寅次郎物語」（1987年）。寅さんは、父に死なれたテキ屋仲間の子供を連れて、子供の母親（五月《さつき》みどり）探しの旅に出る。その途次、誘拐犯と間違われて大阪・天王寺の交番に足止めを食らった。その日のうちに目的地へたどり着けなくなったことを盾に、巡査（イッセー尾形《おがた》）に宿を紹介しろと強要する場面がある。

「どっか安〜い旅館を探してくれよ。今夜泊るんだから」

「ビジネスでよろしおまんな」

「あぁ、そりゃ駄目だ、かんべんし

てくれ。俺ァ、ベッドというのは駄目なんだ。ね、それと小さな風呂、腰掛けウンチ、これ全部駄目なんだよ。狭くてもいいから畳を敷いた宿を頼むよ」

「日本旅館ですな」

「あっ、一つだけ贅沢言わしてもらうとね。女中さんがな、夜の10時頃になると、『うち、パートやさかい、これで帰る』、ああ、こういうところはやめてほしい。俺、寝る前にね、熱燗《あつかん》でキューッと一杯やりたいの。うん、おかずなんか、これもう塩辛でいい」

この後がさらにふるっている。「そんなふうな感じで、1泊千円ぐらいの旅館ないかね、お巡りさん」

「寅次郎物語」が公開されたのは昭和62（1987）年のことだ。いくら何でも、1泊千円ということはなかろう。時代錯誤ぶりには毎度笑わされるが、金銭感覚における浦島太郎ぶりはきわだっている。

駅前旅館派のフーテン男に肩入れするわけじゃあないが、概して温泉旅館というのはひとり客、ことに妙齢の女性のひとり客を嫌う。「自殺でもされたのでは寝覚めは悪いし、あと始末が面倒」と考えるためらしい。

第19作「寅次郎と殿様」（1977年）に格好の事例を見い出せる。愛媛県大洲市を舞台とした作。鞠子（マドンナの真野《まや》響子《きょうこ》）と泊り合わせた寅さんに向かって、旅館「伊洲屋」の女将が打ち明ける。

「男の人ならええけんど、女の、それも若い娘さんのひとりは、何か気になってなあ」。

同じ若い娘のひとり旅といっても、娘によってはガラリと雰囲気が変わってしまう。「寅次郎紙風船」において、はねっかえりの家出娘・愛子（岸本加世子《きしもとかよこ》）と相部屋になるシーンは、可笑しさにかけてはシリーズ中でも屈指といえよう。ところは、福岡県柳川市を流れる沖端川河口の旅館。ここは、有明海がほど近い。愛子は入ってくるなり、先客の寅さんに尖った言葉を投げつける。が、寅さんの稼業を知るに及んで態度が一変する。

「俺はね、東京は葛飾柴又の生まれで、車寅次郎。人呼んでフーテンの寅という男だ。よろしく頼むよ」

愛子はおずおずと尋ねる。

「どうしてフーテンって言うの」

イナセなお兄さんとしては、せいぜい気取ってみせたい場面だ。斜に構えた寅さん

「故郷を捨てた男だからよぉ」

「ということは、奥さんとか子供とも別れたっていうわけ？」

「そんな面倒なもんは最初からいやしねえよ」

家出娘は我が身の境遇に重ね合わせてか、一転して寅さんに興味を抱く。以後しばらくは、フーテン男につきまとって離れないのであった。人生の無常さに思いを致している寅さんに、「ムツゴローが眠ったような眼をして、柄じゃないわよ」なんて憎まれ口を叩いているけれど、岸本演ずる愛子の愛くるしさは天下一品だ。

渡し場

第1作「男はつらいよ」の冒頭、20年ぶりに柴又の土を踏むことになる寅さんは、京成柴又駅からの道筋をとらず、矢切の渡しを使って「とらや」に帰った。シリーズの発端で、故郷に帰る道筋として、矢切の渡しが使われたことを過少評価してはなるまい。

徳川幕藩体制下においては、川は領主の支配領域の境界であり、橋が架けられているケースはまれだった。

現在の江戸川は、東京都と千葉県の境界をなしている。上流から下流に向かって右岸が東京都葛飾区柴又であり、左岸が千葉県松戸市である。江戸川によって隔てられた、異なる地を結んでいる

現在も多くの観光客が訪れる矢切の渡し（上）。第16作「葛飾立志篇」（1975年）では、タイトルバックで細川たかしが乗船。

のが矢切の渡しなのだ。

20年ぶりに故郷に錦を飾ろうとする男は、ありきたりな道筋をとりたくなかった。あたかも凱旋将軍のような高揚した気分のまま、肉親とのドラマチックな再会を果たしたかった、私はそう想像する。

都内でただひとつ残された矢切の渡しが開設されたのは江戸時代初期。両岸に田畑を持つ人たちが、耕作のために江戸川を渡る目的で設けられた私的な渡船で、一般の人は徳川幕府が管理する小岩・市川の渡しを利用したのである。

明治と世が改まって以降は、制約はなくなった。伊藤左千夫は、小説『野菊の墓』の舞台として矢切の渡しを使い、主人公・政夫と民子の悲恋物語を編んだ。松戸市下矢切の西蓮寺に文学碑が建立されている。けれど、松戸は交通の便が悪く、多くの客が渡し船でそのまま柴又に戻ってくる、という。

以前は行商人の利用が目立った。戦後、誰もがすきっ腹を抱えていた頃、買い出しの大荷物を背負った人も乗った。牛や馬が〝お得意〟だった時代もある。先代の船頭・杉浦勉さんは、「牛は水を怖がって乗ろうとしないんですよ。飼い主が半纏《はんてん》で目隠しして、どうやらこうやら乗せました」と語っていた。30年ほど前のことである。

のどかな光景に大波が寄せてきたのは昭和44（1969）年。「男はつらいよ」シリーズが始まったのだ。人騒がせな寅さんが、たびたび利用する姿が映し出されていたのである。第1作が捉えた料金板には、大人20円、小人10円と記されていた。その後、大人100円、小人50円の時代を経て、2012年10月には100円が200円に、50円が100円に値上げされた。

渡し船にさらなる追い風が吹いた。作詞・石本《いしもと》美由起《みゆき》、作曲・船村《ふなむら》徹《とおる》の歌謡曲「矢切の渡し」が発売されたのだ。歌い手は、ちあきなおみ。昭和53（1978）年のことである。しかし、当時はあまり評判にならず、5年後に火がついた。

細川《ほそかわ》たかし、瀬川《せがわ》瑛子《えいこ》、春日《かすが》八郎《はちろう》らがこぞって、この歌を唄って人気が沸騰。「♪つれて逃げてよ ついて おいでよ〜」で始まる男女の逃避行がテーマだ。細川たかしが「旅と女と寅次郎」に出演、駆け落ち者を演じているのはご愛敬だろう。

寅さんほど渡し船が似合う男はいなかろうが、渡し船に乗る場面は存外、少ない。その点、第16作「葛飾立志篇」（1975年）は貴重である。ところは、山形県の母なる川・最上川。寅さんは、最上川が隔てる大江町深沢と朝日町中沢を結ぶ渡し船に乗った。大江町では深沢の渡し、朝日町側では中沢の渡しと呼んでいた。しかし、公開された2年後、大江大橋が架けられて、渡し船は廃止となった。

ここの渡し船は、矢切の渡しとは違って、船頭が両岸に張り渡した索を手繰って対岸に渡る方式だ。映像は、「鐘を鳴らして舟頭さんを呼んでください。むやみに鳴らさないでください」という渡し場の立て札を映す。

次いで、船上の寅さんの表情を捉えるのだが、彼の表情は物思いにふけっている気配。これから墓参に行くお雪さんとのいきさつを思い返してでもいるのだろうか。

宿場町

第22作「噂の寅次郎」（1978年）。静岡県の大井川鐵道・千頭《せんず》駅前でバスに乗り込んだ寅さん、たまたま乗客の中にいた博の父親（志村喬《しむらたかし》）とバッタリ。どういう経路をたどったのか、長野県の木曽福島町は紅葉館に宿った。

芸者を呼んで、ひとり盛り上がっている寅さんをよそに、博の父親は憮然とした表情。それでも、外でパーッと騒ごうと出かけようとする彼に財布を預ける。これで存分に楽しみなさい、というわけだ。

翌朝、寅さんは寺々での調査に付き合うが、前夜の乱痴気騒ぎがこたえて、タクシーの中で白河夜船である。その晩、父親は『今昔物語』を引き合いに出して、人生の虚しさを諄々《じゅんじゅん》と説く。無駄でしようなあ、『今昔物語』を『こんにゃく物語』などと言っている男相手では。

木曽福島は中山道の宿場町として、木曽谷でも一、二を争う繁華な町だった。かつて置かれていた関所は史跡公園となり番所が復元され、資料館となっている。関所の模型を目にすれば、この地に関所が置かれた理由が一目で分かるだろう。中山道は木曽川と山々に挟まれた隘路《あいろ》なのだ。島崎藤村が「木曽路はすべて山の中である」（『夜明け前』）と記したのが実感できる。「山蒼《あお》く暮れて夜霧に灯をともす木曽福島は谷底の町」。これは歌人・太田水穂の作である。

本陣跡は町役場になり、往時の旅籠《はたご》は近代的ホテルに装いを変えているが、上ノ段《かみのだん》は宿場のたたずまいを色濃く残す。石を置いた屋根、うだつを上げた町屋、なまこ壁の土蔵などが並ぶ。

中山道37番目の宿場として栄えた木曽福島宿。上ノ段は江戸時代の風情にひたることができる（写真）。最盛期には千人近い人口を擁した。

シリーズに一応の区切りをつけた第48作「寅次郎紅の花」（1995年）は、岡山県真庭市の勝山の町でロケした。鳥取県との県境となる蒜山《ひるぜん》高原の南に位置する町である。江戸時代は三浦藩2万5千石の城下町だったが、出雲街道の宿場町でもあった。出雲街道は五街道に準ずる街道として重要視された。勝山藩、津山藩などが参勤交代に、江戸中期以降は出雲大社への参詣者らが利用した。

武家地は高台にあり、旭川と並行する出雲街道筋の町が、この町の顔だろう。白壁の土蔵や連《れん》子《じ》窓の商家が軒を連ね、商家の入口に垂れる色とりどりのノレンが川風に揺れている。街道沿いも結構だが、川側からの景観も是非。小生、このたたずまいを見たいがため、三度も足を運んだ。

街道を北に進むと、県内有数の酒造家・御前酒《ごぜんしゅ》辻本店。軒を漆喰で塗り固めた衣装蔵は必見だ。寅さんとテキヤ仲間のポンシユウ（関敬六《せきけいろく》）が試飲酒にありついたのは、この酒蔵だ。普通なら一、二杯で済ますだろう試飲酒も、常識はずれの男にかかっちゃあ、たまらない。浴びるように飲み千鳥足で橋を渡っていくのだった。

朝市

秋も深まった頃、われらが主人公は佐賀県の呼子の町（現在は唐津市）に現れた。第14作「寅次郎子守唄」（1974年）である。

日本三大朝市に数えられる呼子の朝市通り。

ここは玄界灘からの季節風を受けるため農耕地には恵まれないが、加部島《かべしま》が玄界灘の波濤を防ぎ、深い入江にあって天然の良港を形づくっている。

古来から大陸と日本の文化を結ぶ接点として栄えてきた。豊臣秀吉が朝鮮出兵に際し、拠点となる名護屋城を呼子近くに築いたのも肯ける。

唐津で売したあと、呼子に足を伸ばした寅さん、港で赤ん坊を抱いた男（月亭八方《つきていはっぽう》）に出会った。路地の先に石段を刻んだだけの、名もない渡船場でのことだ。石段に「守れ、港内スロー」と書かれ、都はるみの歌が流れているのがうらぶれた雰囲気を醸し出している。

宿屋で事情を聞くと、港にあるヌード劇場の踊り子だった女房に逃げられ、赤ん坊に手を焼いている、という。同情して、酒を御馳走したというのに、男は置手紙を残して姿をくらましてしまった。

赤ん坊を寅さんに押し付けて。

寅さんは自分ではどうすることもできず、一路柴又へ。背中に赤ん坊をくくりつけて飛びこんできたから、とらやの一同は、驚くやら呆れるやらの大騒ぎである。

しかし、長旅の疲れからだろう、赤ん坊が熱を出してしまう。さくら夫婦は赤ん坊を抱いて、博が世話になった看護師・京子（マドンナの十朱幸代《とあけゆきよ》）がいる病院へ駆けつける。

なかなかの美形である。万が一、寅さんが京子と会ったりしたら一目ぼれは疑いなし。赤ん坊以上に世話を焼かす男のこと、戦々恐々となるさくら夫婦であった。

とらやで赤ん坊の面倒を見ていたところ、赤ん坊の父親が女連れで訪ねてきた。女（春川《はるかわ》ますみ）は女房の踊り子仲間だ、という。すっかり赤ん坊に情が移っている一同は、父親に赤ん坊を返すのは不安だったが、「もう、けっして捨てない」と確約させて父親の手に返したのである。

そして、ラストシーン。赤ん坊が無事に育っているかを心配した寅さん、再び呼子に姿を見せる。すると物語の発端となった渡船場で、赤ん坊をおぶった女と出くわし、今は男と一緒に暮している、というではないか。そうか、そうか、これで赤ん坊の先行きに不安はなくなった。寅さんは安堵し、映像は晴れやかな港内風景を捉えて、ジ・エンドとなる。

映像には出てこないけれど、石川県輪島市、岐阜県高山市と並ぶ日本三大朝市に数えられるのが呼子の朝市。朝市通りは、港の道から一本中に入ったところだ。

トロ箱に入った鮮度抜群の魚介類や、アジやイワシを砂糖醤油に漬けこんだ桜干し、自家製の味噌、季節の野菜などがあふれんばかり。天日干しにされたイカが、いたるところで潮風に揺れている。売り手の多くはおばちゃんたち。漁師さんの連れ合いだろう。

あちこちから「安うしとっけん、どげんね」と威勢のいい呼び声がかかり、値切りの交渉に入っている者の声がかまびすしい。

生産地は目と鼻の先だから、鮮度の落ちようがない。複雑な流通経路を経ない分、安価でもある。スーパーやコンビニでパック詰めにされた食材を買うのが馬鹿らしくなること請け合い。

ガイドブックを手に観光して回るのを否定する気はないけれど、朝市のおばちゃんたちと世間話に興じてみる方が、その町の生の声が聴けて大いに参考になる。一度、お試しあれ。

芝居小屋

九州北部の飯塚、田川、直方といった諸都市を貫流する遠賀《おんが》川流域、いわゆる筑豊炭田を舞台とするのが第37作「幸福の青い鳥」（1986年）である。

寅さんは、飯塚の地を踏み、過去に何度も芝居を見物した嘉穂《かほ》劇場の前を通りかかって、懐かしさのあまり足を止めた。

大衆演劇の殿堂といわれる芝居小屋だ。花道や、廻り舞台、役者が奈落から登場する迫《せ》りなどを備えている。江戸情緒漂う歌舞伎形式の芝居小屋である。前身の中座は大正10（1921）年の開場、引き継いだ嘉穂劇場が再開場したのは昭和6（1931）年。娯楽の少ない戦前から戦後の高度経済成長期にかけて、産炭地の娯楽を支えつづけてきた。

美空ひばり、藤山寛美らが舞台を踏み、舞台の上に作った特設リングで力道山がプロレス興行を行ったこともある。舞台や客席の柱は当時のまま、外観もほとんど変わっていない。50軒を超えた筑豊の芝居小屋の中で、ただひとつ健在な小屋だ。国の登録有形文化財、近代化産業遺産に登録されている。

梅沢《うめざわ》富美男《とみお》ショーの、おもいきって派手な看板を横目に小屋へ入る寅さん。いまだ開演前とあって、従業員（すまけい）が館内を掃除している最中である。

その彼に、嘉穂劇場でかつて観た〝高麗屋〟の「勧進帳」の印象を語りかける。

「ありゃ、いつだったかなあ」と聞く寅さんに、すかさず「昭和38年3月10日」と反応する。よっぽど好きなんだねえ、元は役者じゃなかったのか、とおだてまくる。気をよくした彼は、花道で「勧進帳」の見せ場を演じてみせるのだった。

映像には、美保（マドンナの志穂《しほ》美悦子《みえつこ》）が住む炭住《たんじゅう》、ボタ山などが映され、田川が発祥地とされる炭坑節も歌われる。

筑豊で〝黒いダイヤ〟の採掘が盛んになるのは幕末からで、石炭は近代産業を支えるに欠かせぬエネルギー源となった。昭和15（1940）年には2,000万トンという出炭高を記録する。

秋田県小坂町の康楽館。威風堂々とした芝居小屋で、外観は洋風だが、内装は桟敷や花道、切穴などが設けられる伝統的な小屋である。

これは全国産炭量の実に3分の1にあたる。けれど、石炭から石油、さらに原子力へというエネルギー革命は、日本の近代化の牽引車ともいうべき筑豊を歴史のかなたに置き去りにしてしまった。

歴史の趨勢に抗するかのように、今も健闘する嘉穂劇場は、筑豊の生き証人といってよろしかろう。

芝居小屋は、鉱山町に目立って多かった。秋田県鹿角郡小坂町の康楽館は、鉱山の福利厚生施設として、明治43（1910）年に落成した。日本最古の木造芝居小屋だ。和洋折衷の擬洋風建築であり、小坂鉱山事務所ともども国の重要文化財だ。

島根県の石見銀山に設けられていたのが大森座。大正4（1915）年、鉱山経営者が出資した芝居小屋である。昭和39（1964）年、老朽化のため取り壊されたが、平成27（2015）年にオペラハウスとして再スタートした。

残したい
昭和の
生活用品

ちゃぶ台

「恥ずかしきことの数々」に居たたまれず、「もう二度と帰っちゃこねえよ」と柴又におさらばしてはみたものの、異郷の空にあって、しきりに思い出すのは故郷である。さくらと博はうまくやっているか、おいちゃん、おばちゃんは元気か。

鼻水をすすりながら売している時、天井に雨の浸みが這っている安宿でぽつねんとしている時、やるせない思いと共に、寅さんの脳裏を駆けめぐるのはとらやのちゃぶ台を囲んでの談笑なのだ。

極めつき、第35作「寅次郎恋愛塾」（1985年）を観てみよう。若菜（マドンナの樋口可南子《ひぐちかなこ》）が、とらやに遊びに来て、ひと風呂浴びさせてもらい浴衣に着替えている。ちゃぶ台の周りには、とらやの面々に加えて朝日印刷の従業員も勢ぞろい。すでに野菜の天ぷらや冷やしトマトが並んでいるところへ、茹で上がったソーメンが笊《ざる》に入れて運ばれてきた。タコ社長もソーメンには「目がないんだ」と輪に入る。若菜は、長崎県五島列島の中通島の出身で、東京にひとり暮らしである。大勢で食卓を囲む経験はほとんどない。すっかりくつろいだ彼女は言う。

「狭苦しいとこに住んでるでしょ。こんなところに来ると、ホッとするわ。身体の中を風がフワーッと通りすぎていくような気持ち」

ちゃぶ台は、畳んでしまいさえすれば、その後に布団を敷いて寝ることができる。食事室と寝室が兼用できるという利点があるわけだ。戦前はもちろん、戦後も昭和30年代までは、食事室と寝室を別々にした家庭はごく限られていた。昭和30（1955）年、住宅公団が発足した際、住宅を設計する建築家たちがスローガンとしていた「食寝《しょくしん》分離」が実現した。6畳、4畳半、ダイニングキッチンという「2DK」をひねり出し、ダイニングキッチン（DK）にテーブルを作りつけにしたのである。テーブルに椅子という西洋風の

第13作「寅次郎恋やつれ」(1974年)。久しぶりにとらやを訪れた歌子（マドンナの吉永小百合）。寅さんを中心に思い出話に花が咲き、茶の間は笑いの渦につつまれた。

食事風景は〝ウサギ小屋〟の住人の憧れとなり、急速にテーブル化が進んだ。その結果、ちゃぶ台は無用の長物、時代遅れの象徴と化してしまった。

　ちゃぶ台の本質は、「皆でひとつの食卓を囲んで食事する」こと、椅子とは違って「同一平面の畳の上に座って食べる」ことにある。そこでは、平等な人間関係が成立していることが前提でなければならないだろう。

　ちゃぶ台が出現したのは明治と世が改まって以降。それまでは銘々膳だった。時代劇を思い浮かべていただこうか。武家の世界には厳然たる身分差があり、同じ食卓を囲むことなどあり得なかった。武士同士ばかりではなく、家庭にあっても同様で、家長と家族は同じ部屋に膳を並べて食事することさえないのだ。家長は畳敷きの部屋で食事をし、妻子は別間、使用人は板敷きの部屋で食事をとったのである。その間、口を開いてはならず、ただ黙って箸を動かすばかりだ。

　明治に入って、しゃちこばった世の中から解き放たれ、四民平等を体現したちゃぶ台も生まれた。日本の隅々にまでちゃぶ台が浸透したのは大正の末から昭和の初めにかけて。そのちゃぶ台がテーブルに駆逐されたのは昭和の末だ。そう、ちゃぶ台は「昭和」という時代と共にあったのである。

五百円札

　今春、1万円、5千円、1千円の3種類の紙幣が2024年度上半期に一新されると報じられた。新1万円札の肖像画が渋沢栄一、新5千円札が津田梅子、新1千円札が北里柴三郎だそうな。

　5百円札は、シリーズが始まって2年後の昭和46（1971）年に支払い停止となり、昭和57（1982）年に5百円硬貨が発行された。この後もシリーズはまだまだつづくのだけれど、寅さんが5百円硬貨を使っているシーンは思い浮かばない。万札を張りこんだこともないではないが、もっぱら世話になっていたのは5百円札の方だ。表面の肖像画は岩倉具視《いわくらともみ》である。

岩倉具視が描かれていた500円札。

　第11作「寅次郎忘れな草」（1973年）に、リリー（マドンナの浅丘《あさおか》ルリ子）とケンカ別れした寅さんが、上野駅の食堂でラーメンをすすりながら、さくらと別れる場面がある。

「博と仲良くやるんだぞ。あっ、チビによぉ、あめ玉のひとつでも」

そう言って、財布をあけると500円札が一枚きり。

　それと察したさくらは、兄の財布を奪うようにひったくり、自分の財布からお札を取り出し、一枚一枚しわを伸ばして兄の財布に入れる。他人の前で兄に恥をかかせてはならない。ほかの客に背を向けて、隠すようにして財布にお札を入れてやるのだ。「お金、もう少し持ってくれば良かったね」と涙ぐむさくらに、さすがの寅さんも不甲斐なさを恥じてうつむくばかりである。観ているこちらが切なくなる名場面である。

　同じ5百円札でも使われる場面によって明暗が分かれる。第19作「寅次郎と殿様」（1977年）のケースは次のようである。

　ところは愛媛県大洲市の城址。前夜のこと、旅館に泊り合わせた鞠子（マドンナの真野響子《まやきょうこ》）に土産を持たせてやり、懐中はすこぶる寂しい寅さん。城址の石垣で残り少ない金を数えていたところ、折悪しく吹いてきた風に5百円札がさらわれ、フワリと空に舞ってしまう。大あわてにあわてて、お札の行方を追っていくと、和服姿の老人が手にした札をしげしげと眺めている。

「おじいちゃんよ、ひょっとしたら、その金拾ったんじゃねえのか」

「天から降ってきたんじゃ」

「おれんだよ。おれ、上でな、銭勘定してたら風が吹いてきて、ふわっと飛ばされちゃったんだ。どうもありがとう」

こうした場合、礼をするのが決まりだ。ラムネを御馳走する。

「なかなか甘露じゃのう」

「甘露? おじいちゃん、おもしれえこと言うじゃねえか。昔の殿様みてえな口きくじゃねえか」

この時、寅さんは、この老人が大洲城主の血を引く殿様とはつゆ知らないのだが、すっかり殿様のお眼鏡にかなってしまうのだった。屋敷のやりくりは執事に任せたきりの、浮世離れした殿様のことである。貧乏人の頬げたを札束でピシャ、ピシャ叩くなんてことはご存知ない。寅さんと馬が合う道理だ。

番傘

昔からある日本の傘を和傘、あるいは唐傘と言い習わしてきた。竹などを細く割って組んだ骨の上に、和紙を貼って作られる。

和傘は主として雨を避ける用具で、和紙に油や柿の渋を塗り、雨が浸みないような加工がされている。ポピュラーな和傘としては、番傘と蛇の目傘がある。番傘は柄（傘を支える持ち手の部分）が太くて重たく、柄が細くて軽いのが蛇の目傘だ。後者は主に女性が使う傘である。開くと蛇の目のように見えるところから「蛇の目傘」と呼ぶ。

明治時代初期、西洋から伝わってきた傘は、布と金属でできたもので、洋傘といわれた。色もデザインも和傘とは比べものにならぬくらい多様で、扱いやすいことから和傘を駆逐してしまった感がある。今や絶滅危惧種に等しい番傘を実に巧みに使っているのは、第15作「寅次郎相合い傘」（1975年）だ。

メロン騒動でリリーと大喧嘩をやらかした寅さん、夜分になってとらやに帰宅、リリーが仕事に出かけたと知らされる。外は、路面にしぶきが上がるほどの雨脚である。リリーを迎えに行くようさくらに促され、しぶしぶを装って、番傘を手に柴又駅へ。

駅から出てきたリリーは、傘を持っておらず困惑の体だったが、赤電話のかたわらで傘をさしている寅さんに気付く。パッと表情を輝かせたリリーは、彼のもとに駆け寄り、腕を組む。

「迎えに来てくれたの」

「馬鹿野郎、散歩だよ」

「雨の中、傘さして散歩してんの?」

第8作「寅次郎恋歌」(1971年)。一座を励ましてくれた寅さんを相合い傘で宿屋まで送る大空小百合(岡本茉莉)。番傘は大きく、傘の直径に比して柄が短い。こういうシチュエーションが似合う。

「悪いかい」

「濡れるじゃない」

「濡れて悪いかよ」

「風邪引くじゃない」

「風邪引いて悪いかい」

「だって、寅さんが風邪引いて寝込んだら、わたし、つまんないもん」

「とらや」と墨書した番傘の下で腕を組んだご両人、帝釈天参道

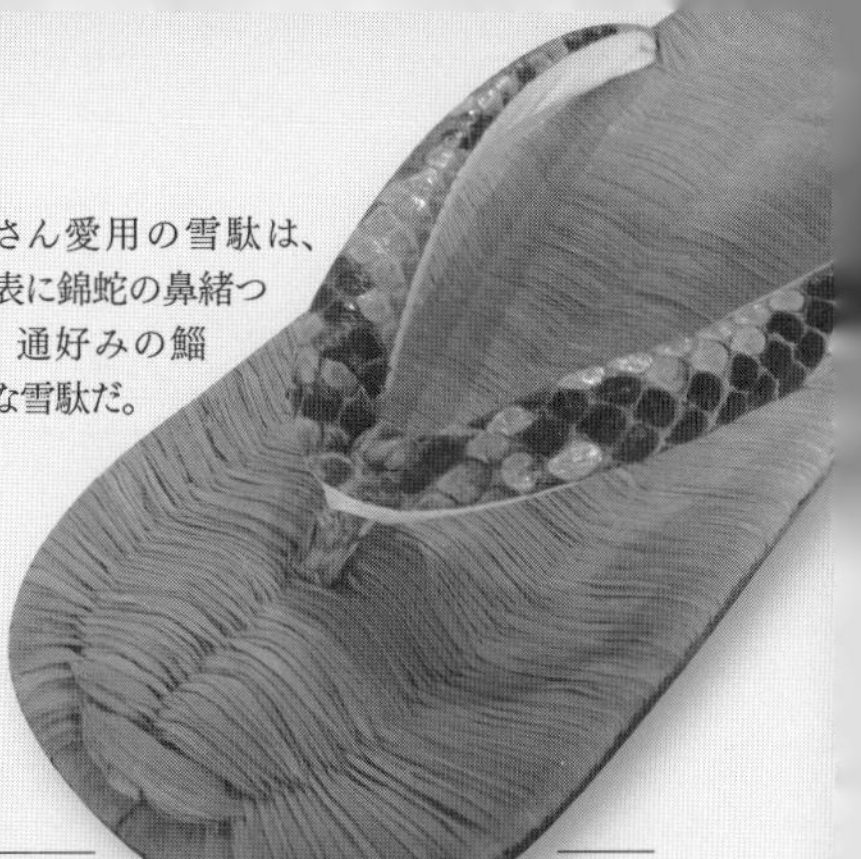

寅さん愛用の雪駄は、畳表に錦蛇の鼻緒つき。通好みの鯔背な雪駄だ。

を帰ってゆく。

カメラは、雨降りしきる参道に開いた番傘を、高みから捉えている。傘の下のふたりの表情は、観客の想像に任せたのであろう。番傘が雨をはじく音が聞こえてくるような心持ちになる。

いいですねえ、この場面。安手のビニール傘じゃ、この雰囲気は出ないだろうな、きっと。

番傘は商家や旅館などに備えられていた印象が強く、一般家庭では蛇の目傘が普通だったと思う。家族から「昭和の遺物」扱いされている当方などは、母親が蛇の目傘をさして、幼稚園まで迎えに来てくれた嬉しさをいまだに胸に畳んでいるのである。

「テキ屋殺すにゃ、刃物はいらぬ。雨の3日も降ればいいってね」とは寅さんのセリフ。このセリフが現実となってしまったのが、第8作「寅次郎恋歌」（1971年）の冒頭の場面である。

雨つづきで商売上がったりで、暇つぶしにと旅芝居の見物に出向いた。が、間の悪いことにこちらも休演中だった。座長の坂東鶴八郎（のちに中村菊之丞と改名／吉田義夫《よしだよしお》）は、「長雨のせいで客足が途絶えてしまい」と詫び、娘で一座の花形・大空小百合（岡本《おかもと》茉莉《まり》）に寅さんを宿まで送らせる。雨はいっこうに止む気配がない。小百合は、さりげなく番傘をさしかけた。

雨に勝てないことでは、テキ屋も旅芝居も同じだ。送ってくれた小百合に、みんなで一杯やってくれと5000円札をはずむのであった。のち、「幸福の青い鳥」で、5000円札ではなく1000円札のつもりだったと判明する。

雪駄

柴又の持て余し者が、もっとも日本人らしい日本人として宇宙飛行士に選ばれた。というのは、第36作「柴又より愛をこめて」（1985年）で見た夢の中のお話。日本人の典型とみなされた男が、洋靴を履いていたのでは、さまにならない。で、寅さんが常に着用している（第1作を除く）のは、日本古来の履物である雪駄という次第である。

雪駄は草履《ぞうり》の一種。竹皮草履の裏側に皮を貼って防水機能をもたせ、底のかかとの部分に尻鉄《かね》をつけたものを指す。べつだんテキヤ専門の履物というわけではなく、現在は、男性が着物で外出する際の履物に使われる。お祭りの神輿の担ぎ手も常用する。

かつては、歩くと尻鉄がちゃらちゃらと鳴るのが粋とされ、江戸の町奉行所同心は必ず着用に及び、「雪駄ちゃらちゃら」がトレードマークだった。

また、同様の理由から侠客が好んで履いた、ともいう。寅さん愛用の品は、畳表に錦蛇の鼻緒がついている。安く見積もっても3〜5万円はする代物だ。財布が軽い彼としては、精いっぱいの見得なのだ。粋にかかとを出して歩くのが寅さん流である。

第4作「新 男はつらいよ」（1970年／小林俊一《こばやししゅんいち》監督）は、競馬で大儲けした寅さんが、日頃迷惑をかけている恩返しにと、おいちゃん、おばちゃんをハワイ旅行に招待しようとする顛末を描く。

この珍事はたちまち柴又中に知れ渡り、御前様も餞別を携えてとらやへ。日の丸をあしらったジャケットにプリントシャツとめかしこんだ寅さんの足元を見ると、相も変らぬ雪駄履きだ。あきれる御前様に向かって、大見得を切る。

「雪駄ってものはね、日本古来の履物だ。あっしは、これを履いてパリだってロンドンだって、平気で行きますよ」

ハワイ旅行は、旅行会社の社長が代金を持ち逃げしてポシャってしまったものの、第41作「寅次郎心の旅路」（1989年）では、雪駄履きのままウィーンの街を闊歩したのであった。

心身症で会社勤めに嫌気がさした坂口兵馬（柄本明《えもとあきら》）に引きずられるようにして、ウィーンの土を踏んだ寅さん。ウィーン在住のツアーガイド・久美子（マドンナの竹下景子）、彼女の恩人である日本人マダム（淡路恵子《あわじけいこ》）と知り合い、久美子ともども、マダムの家で馳走になる。

よもやま話のうちにマダムは、今は亡き亭主殿は、酒の輸入商を看板にしてはいたが、実はスパイだったらしいと打ち明ける。

ここで、久美子がマダムの亭主殿の写真を手に取って眺める。写真が大写しになると、誰あろうオーソン・ウェルズだ。そこで映画「第三の男」のテーマ・ソングがポロロン。

「寅さん、何のご商売？」

「ええ、表向きは行商人ってことになってますけど、ほんとはスパイみたいなもんですよ、私も」

ほほう、雪駄履きのスパイがいるものなら、一度でいいから御意を得たいものだ、ぜひにも。

それにつけても、雪駄を愛用していながら、売する履物は下駄、運動靴、健康サンダル、長靴、ゴム草履、スポーツシューズ、スリッパなどばかり。雪駄を売しないのは、どうしたわけだろう。

公衆電話

映画のシリーズとしては空前絶後の長寿を誇る「男はつらいよ」は、世相の変遷をたどるには格好の素材である。昭和44（1969）年にスタートした「男はつらいよ」と、昨今との落差が大きいのは通信機器だろう。

アメリカで発明された電話が日本へ入ってきたのは明治時代。当時は、ベルを鳴らして電話交換手を呼び出し、相手の番号を伝えて、電話を取り次いでもらった。昭和時代に入ると、公衆電話の数が増え、一般家庭にも電話が普及し始める。

しかしながら、それは裕福な家庭の話であって、さくら・博夫婦の家に電話が引かれたのは、中古のマイホームを購入した第13作「寅次郎恋やつれ」（1974年）の中であった。

その頃はダイヤル式電話機だったので、ダイヤルを回して電話をかけた。現在の電話機は、電話番号を押すプッシュホン式だ。自由に持ち運びできる携帯電話が登場したのは、昭和62（1987）年のことである。

1990年代後半には、メールや

寅さんが利用したのはいつも、10円や100円硬貨を投入する赤電話・黄色電話であった。

カメラ機能などが追加され、どんどん携帯電話の小型化が進んだ。その後さらに進化を遂げ、スマートフォンが主流となっていることはご存知の通り。

稼業で扱う商品に限れば世相に敏感な寅さんだが、通信機器となると、からっきしだ。いつまでたっても、10円玉を入れて電話をかける赤い公衆電話（赤電話）のままだ（ときに黄色電話も）。

第42作「ぼくの伯父さん」（1989年）は、主役が寅さんから満男にバトンタッチされた感を深くする作品。その作のラストシーン近く、家出した満男が無事に帰り着いたかを確かめるために、寅さんがとらやに電話する場面がある。

この時、帰宅したばかりの満男、おいちゃん、おばちゃん、さくら・博の夫婦、タコ社長、源ちゃん、備後屋ら、柴又の住人はほぼ勢揃いしている。

そして、代わる代わる電話口に出る。満男にいたっては「伯父さんの老後は僕が面倒見るから」などと口走るのだ。電話口から遠い者も、早く帰って来いだの、元気かだのと大声をあげる。

寅さんの「賑やかそうだな」の声は届いたようだが、その後、電話はプツリ。「切れちゃったか。まあ、しょうがねえ」。せわしげに10円玉を放り込んでいたけれど、それが尽きてしまったのだ。

映画館の座席に背をもたせかけながらこのシーンを観た時、シリーズはこの作品で終わるのかと不安にかられたのを思い出す。本作は平成元(1989)年暮れの公開。「昭和」の時代は終わり、「お別れ公衆電話」なんぞという歌謡曲は、とうの昔に忘れ去られている。渥美清にも衰えがうかがえる。大河ドラマにピリオドを打つには区切りがいい、と勝手に思い込んでしまったのだった。

第30作「花も嵐も寅次郎」（1982年）は、寅さんが動物園でチンパンジーの飼育係を務める三郎（沢田研二《さわだけんじ》）、デパートガールの螢子（マドンナの田中裕子《たなかゆうこ》）の仲を取り持つことに奮闘する、というストーリー。

ふたりがめでたくゴールインすることを確かめた寅さんは、カバン片手に旅に出る。明けて正月、おせち料理を肴に、博やおいちゃんが一杯やっているところへ、電話が入る。ここには螢子も来合せていた。

寅さんは、別府温泉郷の鉄輪《かんなわ》温泉から電話している。とらやに電話する際は、茶店などの店先に据えられた赤電話が多い彼だが、今回は珍しく公衆電話ボックスである。

電話口に出た螢子に、三郎青年とうまくいっているかとたずねた寅さんは、つづけて「なんてたって、お互いに惚れ合ってることが一番だから」と励ます。

何も告げずに旅立ってしまった寅さんに、螢子は「あたし、会いたい」と涙声で話す。「どうした、泣いてんのか」とたずねたところで、受話器は無情にもプーッ、プーッ、プーッ。

地蔵信仰

お地蔵さんは、日本人の心の中に生きつづけている、ごく身近な仏さまである。

村はずれや街道の辻などに立ってござるお地蔵さんは、子供たちの良き守り役だ。安産、あるいは子育て、そして賽の河原での庇護といった具合に、子供たちに慈悲深い。人が死ねば、冥土へと赴く。その一里塚ともいえるのが賽の河原だ。

親に先立った幼子は、その不幸の罪障滅却のために、賽の河原において、小石を集めては塔を組み、ひとつ組んでは父のため、ふたつ組んでは母のため、と絶え間なく塔を組みつづける。疲れ果てた子はやがて、石を枕に寝入ってしまう。

そこへお地蔵さんが出現し、安らかな眠りにつかせてくれる……。

第26作「寅次郎かもめ歌」（1980年）は北海道・奥尻島が舞台だ。映像は、島の北端に位置する賽の河原を捉えていた。シリーズには、珍しい荒涼たる光景である。

寅さんは、第48作「寅次郎 紅の花」（1995年）で、阪神大震災の被災者支援のボランティア活動をする。舞台は神戸市長田区・旧菅原市場だ。震災後、市場はスーパー形式に建て替えられ、入り口に「寅さん記念碑」がある。建立に参加した500人以上の名を刻む。

JR新長田駅コンコースの壁には、木彫で高さ90㎝ほどの「寅地蔵」がはめこんである。ガラスケースの中には、「寅さんのような男が死んだら、お地蔵さんになるんじゃないかな、とその昔、渥美清さんと語ったことがある」と書かれた山田監督のメッセージが納められている。

本来、第49作となる予定であった次回作は、「花へんろ」をタイトルに、高知県各地でロケを行う計画だった。「花へんろ」をタイトルにしているのは、四国遍路を念頭に置いてのことだ。

遍路道のかたわらには、遍路墓を見かけることも少なくない。水盃を交わして故郷を出立した彼・彼女らは、旅に病み疲れて倒れた。苔むした墓は、故郷を遠く離れて行き倒れとなったお遍路たちの成仏を願って、遍路道沿いの住人が建てたものであろう。

ロケ地として有力視されていた高知県安芸市には、海沿いを通る国道55号線沿いに〝寅さん地蔵〟が建立されている。お遍路さんの安全を祈る地蔵で、背広を着せかけられた寅さんが、心静かに坐っている。

「男はつらいよ」は、映画史上空前の長寿シリーズであるが、「寅次郎　紅の花」をもって一応の完結をみた。「長い、長い一本の映画を何十年もかけて撮っているんだよ」と語っていた渥美清が亡くなったためである。

同時に、柴又界隈の持て余し者だった車寅次郎も、いずこへともなく姿を消した。今頃、はるか西の国で、道に迷った者たちに、いともやさしげな笑顔を投げかけているんじゃなかろうか。路傍のお地蔵様のように。

忘れない 昭和の 鉄道情景

蒸気機関車

昭和30年代、太平洋戦争の痛手から立ち直った国鉄（現・JR）は、経済成長の追い風を受けて、動力の近代化を急いでいた。それまで主役を張っていた蒸気機関車は、ディーゼルカー（気動車）に、さらには電車に置き換えられていった。

そして、昭和50（1975）年、蒸気機関車が牽引する定期旅客列車の最後がやってきた。12月14日、室蘭本線の室蘭～岩見沢間を運転されたC57形がそれだった。機関車には、「さようならSL」のヘッドマークが掲げられていた。

シリーズ第1作「男はつらいよ」が公開されたのは昭和44（1969）年。蒸気機関車が、まさに風前の灯となっていた時期である。こうした趨勢《すうせい》を察知したのか、われらが主人公は、蒸気機関車に身を預けて日本全国津々浦々を疾駆したのだ。心の中じゃ、「♪止めにくるかとあと振り返りゃ 誰も来ないで汽車が来る 男の人生ひとり旅～」とでも歌っていたんだろう、たぶん。

シリーズ前半の作品は、いずれ

小樽からタクシーで蒸気機関車を追跡。函館本線小沢駅で追いつき、機関士を説得しようとする寅さん。

も蒸気機関車の力強さ、けなげさを捉えていて目移りしてしまうが、まずは第5作「望郷篇」（1970年）を紹介しよう。D51形蒸気機関車が函館本線を疾走する姿をたっぷりと拝める。

小樽築港機関区の勇姿に始まり、同駅から小沢駅まで驀進する貨物列車を、寅さんがタクシーで追跡するシーンがあるのだ。この列車は国鉄の全面協力によって特別に仕立てられた、という。

小樽築港機関区では、C62形が転車台で回転する場面も映し出されており、思わず快哉を叫びたくなってしまう。

蒸気機関車から電車への移行期を捉えているのが、第8作「寅次郎恋歌」（1971年）と第32作「口笛を吹く寅次郎」（1983年）の2本だ。両作ともに、岡山県高梁市を舞台としている。

前者では、博の父親と寅さんが買物に行く場面にD51形が登場する。ファンの間で語り草になっている名シーンである。12年後の後者では、同じ場所を特急電車「やくも」が疾走してゆく。D51形は「デコイチ」の愛称で親しまれた、蒸気機関車の代名詞ともいえるタイプである。

第11作「寅次郎忘れな草」（1973年）は、リリー（マドンナの浅丘《あさおか》ルリ子）初登場の作。寅さんが彼女を初めて見かけるのが、網走行きの夜行急行「大雪《たいせつ》」だった。C58形が牽引していた。

民営鉄道も忘れてはなるまい。わが国で初めて蒸気機関車を動態保存した大井川鐵道だ。C11形のひく旧型客車が大井川に沿って走行するシーンは、手前の民家に干された柿の効果もあって、忘れがたい。この客車は手動式で、いかにも「蒸気機関車に乗っている」という気分になる。川フリークの小生には、大井川につかず離れず走行するのもありがたい。

集団就職列車

時あたかも高度経済成長が幕を開けようとしていた昭和31年、奥羽本線経由で上野駅に直通する急行「津軽」がお目見えした。青森県や秋田県出身の集団就職経験者は、望郷の思いに駆られると、反射的に「津軽」を思い出すらしい。そんな列車である。

「津軽」がデビューした当時、地方に在住していた人々は、より良い暮らしを求めて東京へ、東京へとなびいた。ことに、中学卒業生は「金の卵」ともてはやされ、昭和30年前後から始まった集団就職列車で東京へ送りこまれた。

花の都で功成り名遂げた者は、やがて故郷に錦を飾る。彼らは下り「津軽」の一等車に乗って故郷に帰った。ために「津軽」は〝出世列車〟と呼ばれたのだった。

その就職列車が描かれるのが第第7作「奮闘篇」（1971年）の冒頭シーンである。

ところは、只見線の越後広瀬駅だ。駅の待合室は、就職列車で上京しようとする子供たちと、見送る家族でふくれ上がっている。生まれてこのかた、親の庇護の下で育ってきたのだ。そんな少年、少女が、生まれて初めて上京する場面。胸は期待と不安で波立っていたろう。

子供たちを東京へ運ぶのはC11形がひく旅客列車だ。窓越しに別れを惜しむ親子。寅さんは、見るからに純朴そうな子供たちを励ますことに心を奪われていた。列車がホームを離れて初めて、自分もその列車に乗る予定だったことに気付くのであった。

15年ほど前になろうか。この駅から集団就職した方と待合室で落ち合い、思い出を聞かせていただいた。

待合室に掲げられた時刻表は空欄だらけである。それを指さしながら、「当時はもっと本数が多く、活気がありましたねえ」。夜、スナックに場所を移してつづきの話に耳を傾けていると、その方は、井沢八郎の「あゝ上野駅」を低く口ずさんだのだった。これは集団就職を歌った歌で、現在、上野駅の16、17番線（集団就職列車は、このホームに到着した）の発車メロディーに採用されている。昭和30年代は、鉄道をテーマにした歌謡曲がすこぶる多く、その多くが上り列車を歌っているのである。

昭和の駅

【柴又駅】（京成金町線）

京成金町《けいせいかなまち》線の柴又駅は、「男はつらいよ」の聖地だ。駅前には、寅さんとさくらの銅像がある。旅立ちを前に故郷を振り返る寅さんと、兄を見送るさくらが見つめあっているという構図である。

失意のうちに故郷をあとにする車寅次郎という男にとって、柴又駅こそが人生の舞台であった。その舞台を共に踏めるのはさくらひとりであって、おいちゃん、おばちゃんといえども役不足である。寅さんが16歳の折に家出をした際にも、幼かったさくらはこの駅まで見送りにきているのだ。

第6作「純情篇」（1971年）で、旅立つ兄と妹が別れるシーンは極めつけの名場面といっていい。

各作のマドンナたちは柴又駅で下車し、期待をふくらませてとらやに向かい、最後は寅さんとの別れを惜しみつつ、自らの生活に帰っていった。

電車が上りホームにすべりこんでくる。乗りこもうとする兄に、さくらがマフラーを巻いてやる。

「あのね、お兄ちゃん。辛いことがあったらいつでも帰っておいでね」

「そのことなんだけどよ、そんな考えだから、俺はいつまでも一人前に……、故郷ってやつはよ……」

「うん?」

すでにドアが閉まっているので、さくらはよく聞き取れない。

「故郷ってやつはよ……」

電車が走り出す。

「えっ、何、何って言ったの」

寅さんは大口をあけて何かを叫んでいる。電車はスピードをあげてホームを離れていく。さくらは、あふれる涙をぬぐいながら、いつまでも立ち尽くしているのだった。

他の作品においても、柴又駅は別離のシーンのオンパレードだ。例えば第32作「口笛を吹く寅次郎」（1983年）。備中高梁の寺の娘、朋子（マドンナの竹下景子《たけしたけいこ》）は寅さんに好意を寄せていた。朋子はバツ一なのだが、「今度結婚するなら寅さんじゃどうか」と父に言われている。寅さんもその場に居合わせ、何ともやるせなく、寺をあとにした。

後日、「とらや」を訪ねた彼女は、柴又駅で思いを伝えた。

「私……あの晩父さんの言うたことが、寅さんの負担になって、それでいなくなってしもうたんじゃないか思うて、お詫びしに来たの」

「俺がそんなこと本気にするわけねえじゃねえか、ハハ」

「そう、じゃあ、私の錯覚？」

「安心したか……ん」

そっと首を振った朋子、潤んだ目で寅さんを見つめていたが、やがて力なく目を伏せる。

あーあっ、またか。こんなことじゃあ、いつまでたっても嫁さんなんぞ、見つかるものか。

柴又駅は明治32（1899）年、帝釈人車鉄道（柴又～金町間）の駅として開業し、京成高砂駅まで延伸されたのは大正2（1913）年のことだ。昭和62（1987）年には駅舎の改修工事が行われ、現在の瓦葺き風の姿に。山田監督の意見を聞きながら設計された。

【下灘駅】（予讃線）

寅さんが駅のベンチで夢から覚めるのは第19作「寅次郎と殿様」（1977）。予讃本線（現・予讃線）下灘《しもなだ》駅でのことである。

幼少期、チャンバラごっこに明け暮れていた小生にとって、この作品に触れずに済ますことはできない。寅さんと絡むのが、誰あろう「鞍馬天狗」で一世を風靡した嵐寛《あらしかん》寿郎《じゅうろう》なのだもの。

夢の中の寅さんがまた、鞍馬天狗に化け、悪漢どもをなで斬りにしてくれたのだから、これ以上何を望もうか。

伊予灘沿いを走る予讃線の中でも、下灘駅の景観は別格である。海が真下にあり、頬をなぶる風に潮の匂いが混じっている。ホームから眺める夕日の美しさが喧伝され、外国人観光客が足を運ぶほどだ。ＪＲグループが合同で実施する「青春18きっぷ」キャンペーンでは、数回もポスターに起用されてもいる。

無人駅だけれど、駅ホームで開かれるという「夕焼けプラットホームコンサート」のポスターが、見てくれといわんばかりに自己主張している。

寅さんが昼寝にふけっていたベンチも健在だ。どこから湧いて出たのか、おっさんがベンチに横たわったと思うと、いきなり柔軟体操をおっぱじめた。

【蘭島駅】（函館本線）

寅さんは、仕事に疲れた中年男・兵頭（船越英二《ふなこしえいじ》）と青森県で会い、青函連絡船で北海道に渡る。そして、函館のラーメン屋台で、離婚したリリー（マドンナの浅丘《あさおか》ルリ

改築前の蘭島駅（右）。蘭島駅で一夜を明かした一行。こんなことが許された時代もあったのだ（左）。

子）と思いもかけぬ再会を果たす。いつもながら、浅丘ルリ子のいきいきとした演技が素晴らしい。

連れだって初夏の道内を旅する3人。例によって、行き当たりばったりの旅であるから、函館本線の蘭島《らんしま》駅舎で一夜を過ごす一幕も。朝方、目を覚ました寅さん、通学のため駅にやってきた女学生と挨拶を交わして、ラジオ体操で強張った体をほぐす。パンタロン姿のリリーは、洗った顔を手拭いで拭き、髪をくしけずる。そこへ、パジャマのまま起き出してきた兵頭が、せっせと歯を磨く。

この鉄道旅は幸福感にあふれていて、実に楽しそうだ。昭和40年代、北海道を席捲したカニ族を思い出させる。

3人が一夜を明かした蘭島駅は、改修されて木造ではなくなっている。駅は明治35（1902）年に開業。蘭島海水浴場は、道内最古にして屈指の海水浴場として知られ、夏には臨時快速「らんしま」が走ったほどである。海水浴場への途中にあったコンビニは、日本一の売り上げを記録したというけれど、かつての繁盛ぶりは過去の語り草となってしまった。

【茶内駅】（花咲線）

第33作「夜霧にむせぶ寅次郎」（1984年）は、寅さんが持ち前の気さくさを存分に発揮する作品だ。

根無し草、フーテンの風子（マドンナの中原《なかはら》理恵《りえ》）に、かつての自分を見出した寅さんは行動を共にする。女房に逃げられた男と釧路で知り合い、その女房探しに付き合って、JR花咲線の茶内駅にやってきた。

茶内駅の入り口ではルパン三世の絵看板がお出迎え。町をあげてアニメの世界を盛り上げている。

だが、彼女には、別の男との間に子供まで生まれていて、男はあきらめ、三人は茶内《ちゃない》駅に戻った。そして、彼を列車に乗せて送り出す。厄介なことに首をつっこんで、疲れ果てた寅さん。

「駅長さん、今度は根室行きは何時に出るんだい」

「すぐ、ありますよ」

「あ、そう。じゃあ、おいしいお茶いれてくんない。なんだか、くたびれちゃったよ」

今は無人駅となっている茶内駅は、霧多布《きりたっぷ》湿原を擁する浜中町に属しているが、この町はマンガやアニメで人気の「ルパン三世」の原作者であるモンキー・パンチの出身地でもあるが、惜しくも今春、81歳で亡くなった。

主人公は世界を股にかけての大泥棒だというのに、ドジで、下品なガニ股歩き、ちょいとばかりエッチな性格に描かれた。次元大介、石川五右ェ門、峰不二子、銭形警部などユニークなキャラクターが脇を固め、大いに世間を騒がせてくれた。

廃線が取り沙汰されている花咲線ではあるが、「ルパン三世」のラッピング車両を走らせ話題を集めた。町内中心部にはルパン三世通りなる仮想空間をしつらえ、浜中、茶内の両駅などに登場人物の絵看板を立てている。起死回生の策となるかどうか。

廃線

【宮原線】（熊本県など）

第21作「寅次郎 わが道をゆく」（1978年）は、寅さんが駅のベンチで夢から覚めるシーンで始まる。

彼は、自分が第3惑星の宇宙人になっている夢を見ている。そし

麻生釣駅のホームでうたた寝をする寅さん（左）。肥後小国駅跡にはレールや駅名標が残されている（右）。

て、寅さんを現実に引き戻したのは、男子高校生のラジカセから流れてくるピンクレディの「UFO」ときた。笑っちゃいますねえ。

ところは、九州の久大本線恵良～肥後小国を結んで走っていた宮原線・麻生釣《あそづる》駅。横長の画面に広がる石造りの長いホームが印象に残るシーンだった。「〇〇釣《づる》」「〇〇水流《づる》」は、九州に特有の地名。同線は昭和59（1984）年、廃止となった。

10年前、宮原線跡を訪れた。久大本線の豊後森駅からバスに乗って出発進行。女学生かと思うほどさえずっていた婆さんふたりが降りたとたん、運転手が振り向いた。

「お客さん、どちらまで?」

「とりあえず、麻生釣で降りようかな」

「とりあえずって?」

「いや、実は宮原線の写真でも撮ろうと思って」

「あそこは何もなかとですよ。宝泉寺には、客が駅に上がるトンネル通路が残っとりますばい」

見慣れぬ乗客が珍しいのか、ひどく親切である。旧駅跡にバスを停めて、写真を撮り終わるまで、待っていてくれた。

こんな調子じゃあバスが遅れ、待っている客に迷惑がかかるではないか。「なあに、この辺りは年寄りばかりたい。へたに定時運転した日にゃ、乗り遅れる客ばかりたい」

うふふ、旅はこうでなくっちゃ。黙りこくって、ひたすら到着時間を待っているばかりの高速バスでは、決して味わえぬ体験だった。

終点の肥後小国駅は、地場産品などを売るドーム型の建物に変わっていた。「小国ゆうステーション」と名付けられた道の駅だ。旧構内の片隅には、寸断されたレールが残っている。変色した落葉が降り積もった枕木の感触を確かめ、転轍器をなでさすって、腕木式信号機を見上げた。

すっかり寅さん気分になって、帰途についたことである。

【栗原電鉄】（宮城県）

第41作「寅次郎 心の旅路」（1989年）。寅さんと心身症に悩むサラリーマン・坂口兵馬（柄本明《えもとあきら》）を結びつけるきっかけとなったのは、鉄道だった。宮城県北部、JR東北本線の石越駅と細倉マインパーク前駅を結んで走っていた地方私鉄の栗原電鉄（くりはら田園鉄道に改称）である。

寅さんが検札に回ってきた車掌（笹野高史《ささのたかし》）と与太話をしていた

栗原電鉄の車両で自殺志願の勤め人を救助。これが縁となり、寅さんはウィーンに飛ぶ。

ところ、電車が急停止。何ごとならんと見れば、サラリーマンが自殺を図ったのだ。九死に一生を得た自殺願望の男は、気ままな旅暮らしの寅さんに接しているうちに、働きづめに働いてきたおのが人生に、ふっと疑問を抱く。そして、問いかける。

「あなたにとって、何でしょうか、生きがいというのは」

「そうさなぁ、旅先でふるいつきてぇような、いい女と巡り合うことさ」

とっておきの決め台詞を吐いたあと、行く先をたずねられてこう答える。

「吹く風に聞いてみるさ」

このひと言は、身も心も組織に捧げてきた男の生き方を根底から揺すぶった。以後、彼は金魚の糞のように寅さんにつきまとい、あげくの果て、ふたりしてウィーンへと旅立つ。

レールが撤去された枕崎線の線路を歩く寅さんとポンシュウ(関敬六)。ふたりには時間だけはたっぷりある。

元々は鉱山鉄道として開業し、たった一両の小さな電車が、広々とした田園風景の中をコトコトと走っていた。これぞローカル線といった風情の鉄道だったが、平成19(2007)年に廃線に。

2017年4月、旧若柳駅近くに「くりでんミュージアム」が開業。実物車両が展示され、運転体験できるシュミレーターで当時の車窓風景も楽しめる。

【南薩鉄道】(鹿児島県)

鹿児島県西部に広範なネットワークを誇っていた鹿児島交通は、沖縄の鉄道がすべて廃止になった戦後は、日本最南端の私鉄だった。地元では「南薩鉄道」の方が通りがいい。

しかし、モータリゼーションの波をもろにかぶり、台風の被害という悪条件も重なり、数次にわたって路線を縮小せざるを得なくなった。そして、昭和58(1983)年6月に襲った集中豪雨で線路が各地で寸断、翌年3月18日をもって全線が廃止された。

その年の暮れに公開された第34作「寅次郎真実一路」(1984年)は、廃線後間もない枕崎線の伊作《いざく》駅でロケが行われている。この作品のラストシーンは、寅さんの向日的な性格を語って余すところがない、名場面である。

寅さんは、テキヤ仲間のポンシュウ(関敬六《せきけいろく》)と、酒を酌み交わしながら列車を待っている。ところが、いくら待っても列車は到着する気配がない。しびれを切らしたポンシュウがホームに出てみると、線路が撤去されているではないか。残るは枕木ばかり。列車が来ないはずだ、同線はすでに廃線となっていたのだ。ふたりは失敗を笑い飛ばして、枕木の上を歩き出すのだった。おかしいじゃないか、ただ漫然と待っているなんて。そう言いたい者には、言わせておけばよろしいのである。

旧加世田駅にある南薩鉄道記念館で往時を偲んでもらいたい。

第10章

全作・全ロケ地 寅さんのガイド

最新作を加えて全50作、90時間近く

「男はつらいよ」シリーズは、ギネスに登録された壮大な大河映画だ

100%楽しむには本書のようなガイドブックが不可欠

さあ、寅さんワールドを楽しもう

抗議の電話が殺到した伝説のテレビ版

足かけ27年、48作（特別篇を入れると29年、49作）という長寿シリーズとなった映画「男はつらいよ」は、映画化される以前、テレビドラマとして放映されていた。渥美清主演で、昭和43（1968）年から同44（1969）年にかけて26回オンエアされたシリーズである。

当時、渥美清はすでにコメディアンとしての地歩を固めつつあり、NHKテレビの人気番組「夢であいましょう」にレギュラー出演。フジテレビの連続ドラマ「大番」やTBSの「泣いてたまるか」などで主役を張っていた。

フジテレビのディレクター・小林俊一は、渥美清の主演で新たに連続ドラマをつくるべく、松竹で質の高い喜劇映画を送り出していた山田洋次監督に目をつけた。小林俊一が、山田監督に台本の依頼に行くと、渥美清に会いたいという話になった。で、渥美清を伴い、山田監督が執筆に使っていた赤坂の旅館を訪れると、渥美から鮮烈な印象を受けたという。

「二、三日続けて私のいた宿に来てもらっていろいろ聞きました。（中略）テキ屋についてはその口上にいたるまで全部聞かせてくれました。（中略）彼の話を聞いていると、自分の眼の前にふつふつとイメージがわいてきて、それがぐんぐんふくらんで、いつの間にか自分がその話を実際に見たような気持ちになってしまった」（『映画をつくる』より）

渥美清も、前々から山田監督の才能に目をつけていたらしく、「テレビ版の脚本は山田洋次に」と主張していたという。

テレビ版「男はつらいよ」は、こうして世に出た。物語は、家出したまま音信不通だった寅次郎が、突如として柴又に帰ってくる。団子屋の「とらや」では妹・さくら（長山藍子）と叔父夫婦（森川信、杉山とく子）が店を守っている。半年ばかり店に居つく寅さんだが、とんだトラブルメーカー。その間、さくらと博（井川比佐志）の結婚、葛飾商業の恩師（東野英治郎）との交流、恩師の娘・冬子（佐藤オリエ）への思慕……。

やがて、冬子に結婚相手が現れ、寅は失恋する。かくして寅は一獲千金を夢見て奄美大島に渡り、ハブに噛まれて亡くなった。

銀幕の寅さんの一挙手一投足に笑い、涙する

すると、最終話が放送終了したとたん、抗議の電話が殺到。「なぜ寅を殺した」「てめえの局の競馬は二度と見ねえ！」。

このテレビ版はマスターテープが第1回と最終回しか残っておらず、今や伝説となっている。

〝国民的映画〟となった「男はつらいよ」

意を強くした山田監督は、映画化の企画を松竹に持ち込んだ。企画会議はもめにもめたが、山田監督が粘り勝った。映画版の第1作「男はつらいよ」の公開は昭和44（1969）年。むろん、主演は渥美清だ。世はまさに高度経済成長のまっただなか。少しでも人より多くの給料を稼ぎ、経済的に豊かな暮らしを――という思考がまかり通っていた。反面、組織の管理化は社会の隅々にまで浸透し、人々はその重圧に窒息しかかっていたのである。

そんな中、「もろもろの卑しい欲望――物欲・名誉欲から知識欲にいたるまで、みんなどこかに忘れ去って、トランクを片手にぶらさげ、澄み切ってカーンと音のしそうな頭でのんびり旅を」（『映画館がはねて』より）する男・車寅次郎が現れたのである。浮世離れした男を銀幕に見いだした人々は、管理社会の息苦しさから解放され、心なぐさめられたのであった。

思わぬ好評に、山田監督すら予想しなかったシリーズ化が実現する。第1作で54万人強だった観客動員数は尻上がりに増え、第10作「寅次郎夢枕」（1972年）に至って200万人を超えた。第12作「私の寅さん」（1973年）は242万人に迫る記録を打ちたてた。観客は銀幕に映し出される寅さんの一挙手一投足に、笑い、涙した。それまであまり注目されなかった舞台の葛飾柴又は、人気観光スポットになり、シリーズは「国民的映画」と称されるほどに成長したのだった。

そんなシリーズも、平成8（1996）年8月に渥美清が没したことで、幕を閉じた。以来、日本文化論を専攻する外国人研究者のなかには、いまだに「男はつらいよ」を研究素材とする者がいるほどだ。登場人物に限らず観客の反応の仕方もまた研究対象となるらしいのである。さらに、若い人が新しいファンになるケースも増えていて、寅さん人気は衰えない。寅さんはわれわれ観客の心の中で旅を続け、

メッセージを送り続けているのである。

ところで実は、テレビ版「男はつらいよ」にも前身があった。前述したTBS系列の「泣いてたまるか」である。これは昭和41（1966）年4月17日から同44（1968）年3月31日まで、計80話が放映された人気ドラマで、渥美清、青島幸男、中村嘉津雄の3人が主演を務めた。

もっともこの作品は、渥美清を主演に想定して計画されたシリーズだったので、80話のうち渥美清の主演作が54話制作されている。放映がはじまってから、渥美清の負担を考えて青島、中村の2人が入った格好である。監督が毎回変わり、主人公の職業設定も変わるドラマであったが、「寅さん」に通じる〝渥美節〟が光る好シリーズで人気を博した。山田洋次監督も脚本で何作か参加し、このドラマに渥美清との出会いがあったとされる。

昭和51（1976）年には、渥美清が主演したスペシャル版「泣いてたまるか 男は心だよ」が1話制作され、さらに後年、西田敏行主演でリメイクもされている。「男はつらいよ」の原点は「泣いてたまるか」にあったのだ（次ページに放映一覧）。

「男はつらいよ」シリーズクレジット

メインスタッフ

原作：山田洋次
監督：山田洋次（第1・2作、5〜50作）
　　　森崎 東（第3作）、小林俊一（第4作）
脚本：山田洋次（第1〜50作）
共同脚本：森崎 東（第1作）
　　　小林俊一（第2・3作）
　　　宮崎 晃（第2〜6、11作）
　　　朝間義隆（第7〜49作）
　　　レナード・シュレーダー（第24作）
　　　栗山富夫（第24作）
　　　朝原雄三（第50作）
撮影：高羽哲夫（第1〜49作）
　　　長沼六男（第49作）
　　　近森眞史（第50作）
音楽：山本直純（第1〜50作）
　　　山本純ノ介（第47〜50作）

メインキャスト

車 寅次郎：渥美 清
諏訪さくら：倍賞千恵子
諏訪 博：前田 吟
諏訪満男：中村はやと（第2〜26作）
　　　吉岡秀隆（第27〜50作）
おいちゃん（車 竜造）：森川 信（第1〜8作）
　　　松村達雄（第9〜13作）
　　　下條正巳（第14〜49作）
おばちゃん（車 つね）：三崎千恵子
タコ社長（桂梅太郎）：太宰久雄
御前様：笠 智衆
源公：佐藤蛾次郎

製作・著作：松竹株式会社

テレビドラマ「泣いてたまるか」渥美清主演作品放映一覧

放送日	タイトル	脚本	監督	主な出演者
1966.4.17	ラッパの善さん	野村芳太郎	中川晴之助	左幸子、小山明子、イーデス・ハンソン
4.24	やじろべえ夫婦	桜井康裕、山根優一郎	山際永三	四方晴美、曽我町子、森川信、伊志井寛
5.8	ビフテキ子守唄	鈴木尚之、掛札昌裕	佐伯孚治	京塚昌子、黒柳徹子、藤村有弘、清川虹子
5.22	オールセーフ	光畑碩郎、高岡尚平	高橋繁男	津島恵子、佐藤英夫、進藤英太郎、高橋とよ
6.5	二人になりたい	橋田壽賀子	下村堯二	広瀬みさ、左卜全、原泉、佐藤友美
6.19	浪花節だよ人生は	山根優一郎	高橋繁男	春川ますみ、松村達雄、小松方正、早川保
7.3	あすは死ぬぞ	関沢新一	渡邊祐介	弘田三枝子、北あけみ、花沢徳衛、西村昇
7.17	嗚呼、誕生	早坂暁	真船禎	殿山泰司、渡辺文雄、笠置シヅ子、鈴木やすし
8.7	おお独身くん！	笠原良三	松林宗恵	中村玉緒、山茶花究、河野秋武、桜むつ子
8.14	さらば飛行服	家城巳代治	家城巳代治	夏圭子、加藤嘉、潮万太郎、浜村純、加藤剛
8.28	先輩後輩	大川久男・渡邊祐介	渡邊祐介	太宰久雄、緑魔子、石橋蓮司、天知茂
9.11	子はかすがい	山田洋次	飯島敏宏	市原悦子、栗原小巻、矢野宣、東野英治郎
9.25	さよなら敬礼！	井出雅人	瀬川昌司	左時枝、小山田宗徳、西村晃、賀原夏子
10.9	帰れ！わが胸に	光畑碩郎	佐藤純彌	高峰三枝子、太宰久雄、松村達雄、入川保則
10.23	僕も「逃亡者」	大石隆一	山際永三	田中邦衛、原ひさ子、森川信、睦五郎
11.6	豚とマラソン	清水邦夫	家城巳代治	梓英子、舟橋元、渡辺篤、ミッキー安川
11.20	あゝ高砂や	大石隆一	神谷吉彦	左幸子、夏圭子、六本木真、天草四郎
12.4	その一言がいえない	橋本忍	中川晴之助	佐藤オリエ、東野英治郎、永井智雄
12.18	お家がほしいの	橋田壽賀子	高橋繁男	長谷川裕見子、名古屋章、山茶花究、梅津栄
1967.1.8	ある結婚	光畑碩郎	今井正	久我美子、小沢昭一、山東昭子、長山藍子
1.22	恋をつまびく	大原清秀	佐伯孚治	入江若葉、宮本信子、佐野浅夫、北林谷栄
2.5	リモコン亭主	関沢新一	福田純	久我美子、藤岡琢也、関千恵子、須賀不二男
2.19	ウルトラおやじとひとりっ子	山根優一郎	高橋繁男	佐々木愛、殿山泰司、藤村有弘、松村達雄
3.5	まんが人生	光畑碩郎	枝川弘	岸久美子、犬塚弘、中村是好、戸浦六宏
3.19	ああ純情くん	家城巳代治	神谷吉彦	赤沢亜沙子、木村俊恵、平幹二郎、川口敦子
4.2	僕もガードマン	山中恒、佐藤純彌	佐藤純彌	京塚昌子、見明凡太郎、関敬六、井上清子
4.9	先生早とちりをする	光畑碩郎	飯島敏宏	吉行和子、西田敏行、津坂匡章、沢田雅美
4.16	先生ラブレターを書く	橋田壽賀子	家城巳代治	岩本多代、河原崎建三、名古屋章、桑山正一
4.23	先生ニッポンへかえる	光畑碩郎	高橋繁男	河内桃子、小夜福子、松村達雄、コマ岩松
5.7	先生しごかれる	高岡尚平	高橋繁男	夏圭子、渡辺篤史、大塚道子、森川信
5.21	先生初恋の人に逢う	高岡尚平	下村堯二	小山明子、河内桃子、北村和夫、桜むつ子
6.4	先生仲人をする	光畑碩郎	平松弘至	佐藤オリエ、河内桃子、東山千栄子、藤田弓子
6.18	先生故郷へ帰る	橋田壽賀子	神谷吉彦	宮本信子、浦辺粂子、人見きよし、佐々木功
7.2	先生週刊誌にのる	深作欣二、北野夏生	深作欣二	河内桃子、中原早苗、小松方正、高松英郎
7.16	先生推理する	光畑碩郎	枝川弘	藤原釜足、森川信、沢田雅美、桜むつ子
7.23	先生海で溺れる	山内泰雄、佐藤純彌	佐藤純彌	安井昌二、三上真一郎、浜村純、菅井きん
8.13	先生台北に飛ぶ	橋田壽賀子	神谷吉彦	梓英子、原泉、李鳳、呉老吉、関敬六
8.20	先生勇気を出す	家城巳代治、入江昭夫	小山幹夫	杉浦直樹、三島雅夫、河内桃子、名古屋章
9.3	先生追い出される	山根優一郎	神谷吉彦	小松方正、宮本信子、中村是好、桑山正一
9.17	先生、泣いてたまるか	高岡尚平	下村堯二	串田和美、下元勉、河内桃子、広瀬昌助
10.1	兄と妹	家城巳代治	今井正	原田芳雄、蟹江敬三、中野誠也、岩崎加根子
10.15	ぼくのお父ちゃん	光畑碩郎	高橋繁男	春川ますみ、吉村実子、山本文郎、太宰久雄
10.29	ある日曜日	木下恵介	大槻義一	市原悦子、新克利、木村俊恵、野中マリ
11.12	日本で一番もてない男	橋田壽賀子	高橋繁男	佐藤オリエ、松村達雄、野村昭子、花沢徳衛
11.26	ああ無名戦士！	早坂暁	高橋繁男	桜井啓子、津坂匡章、田中邦衛、加藤武
12.10	ああ軍歌	山田太一	今井正	小山明子、大塚国夫、西村晃、山形勲
12.24	雪の降る街に	灘千造	井上博	左幸子、夏圭子、中谷一郎、井川比佐志
1968.1.7	吹けよ春風	鈴木尚之、掛札昌裕	高橋繁男	中原早苗、寺田史、山茶花究、、中村賀津雄
1.21	まごころさん	野村芳太郎、森﨑東	中川晴之助	浜木綿子、ジェリー藤尾、坊屋三郎
2.4	禁じられた遊び	清水邦夫	高橋繁男	長谷川裕見子、十朱久雄、大坂志郎
2.18	意地が涙を	山根優一郎	小山幹夫	坪内ミキ子、内田良平、花沢徳衛、関敬六
3.3	おゝ怪獣日本一	稲垣俊	佐伯孚治	河内桃子、田中美恵子、小笠原章二郎
3.17	東京流れ者	内田栄一	高橋繁男	久里千春、小松方正、松村達雄、名古屋章
3.31	男はつらい	山田洋次、稲垣俊	飯島敏宏	小坂一也、前田吟、太宰久雄、川口恵子

※渥美清主演作品のみを掲載。このほか青島幸男作品が14話、中村嘉津雄作品が12話ある。

柴又を離れた男が20年ぶりに帰ってきた
家族とは何か? 故郷とは何か?
去来する複雑な思いを胸に江戸川の土手を歩く
寅さんの長い長い旅はここから始まった

1

男はつらいよ

あらすじ 東京は柴又の団子屋に人騒がせな男が帰ってきた。20年前、父親に血の出るほどぶん殴られて家出していた車寅次郎だ。旅暮らしのテキ屋が稼業のフーテン男。すでに両親ともに亡く、店はおいちゃん、おばちゃんが切り盛りしている。腹違いの妹・さくらも娘ざかりだ。

家でもっともらしい挨拶を披露したものの、たちまち馬脚をあらわす寅さん。さくらの見合い話をぶちこわしてしまったのだ。だが、さくらはめでたく結婚する運びに。「とらや」の隣にある印刷工場で働く諏訪博がさくらに恋焦がれているのを知った寅さんが、仲を取り持ったのだった。しかし、おのれの、御前様の娘（光本幸子）への恋は手痛い失敗に終わった。

見どころ とらやへは、京成電鉄柴又駅から帰るのが素直な道順。が、故郷に錦を飾ろうとする寅さんは、劇的効果をねらったのか、矢切の渡しの道順を選んだ。

封切り日	1969（昭和44）年8月27日
上映時間	91分
マドンナ	光本幸子
ゲスト	志村喬、津坂匡章（現・秋野太作）
主なロケ地	奈良県奈良市、京都府天橋立

2 続 男はつらいよ

あらすじ 旅に出ようとした寅さんは、学生時代の恩師・散歩先生（東野英治郎）とその娘・夏子（マドンナの佐藤オリエ）と再会。散歩の家で酒盛り中、胃けいれんを起こして入院。しかし、病院を脱走し、はからずも無銭飲食のカドで警察沙汰を起こす。恥じた彼は、旅に出る。

京都で観光中の散歩先生親娘と出会い、先生の勧めで実母・菊（ミヤコ蝶々）に会いに行く。生き別れた母との再会に胸躍らせた寅さんだが、ラブホテルを経営している菊から「金の無心か」と悪態をつかれ、大ゲンカとなる。

柴又に舞い戻った寅さんを待っていたのは、病に倒れた散歩先生だった。病床の散歩のために、江戸川でウナギを釣るなど奮闘努力する寅さんだったが……。

見どころ 東野英治郎と佐藤オリエは、テレビ版「男はつらいよ」のメインキャスト。のち、定番となる冒頭の夢のシーンがこの作品で初めて登場する。

封切り日	1969（昭和44）年11月15日
上映時間	93分
マドンナ	佐藤オリエ
ゲスト	東野英治郎、ミヤコ蝶々、山崎努
主なロケ地	京都府京都市

3 フーテンの寅

あらすじ 柴又に戻った寅さんに、見合い話が舞い込む。相手は料亭の仲居（春川ますみ）。ところが会ってみると相手は寅さんの知り合いで、別居中の夫の子を宿していたから大騒動となり、寅さんは旅に出る。

しばらくして、おいちゃん夫婦が三重県の湯の山温泉に骨休めに行くと、番頭として顔を出したのが寅さんだったので、びっくり仰天。聞けば、旅館の女将・志津（マドンナの新珠三千代）に惚れて番頭になったという。志津のためとばかり、獅子奮迅のはたらきを示す寅さん。

さらに志津の弟（河原崎建三）と芸者の染奴（香山美子）が恋仲と知って仲立ちする。だが、志津には意中の人がいて、寅さんの恋はあえない結末に。傷心の寅さんは「亭主持つなら堅気をお持ち…」と歌いつつ去る。

見どころ 本作は、喜劇映画に定評ある森﨑東が監督。寅さんのいでたちが他の作品とまるで違う。本作でぶった寅さんのインテリ論が、東大の入試問題になった。

封切り日	1970（昭和45）年1月15日
上映時間	89分
マドンナ	新珠三千代
ゲスト	香山美子、河原崎建三、花沢徳衛
主なロケ地	三重県湯の山温泉

男はつらいよ 4

新 男はつらいよ

あらすじ 名古屋競馬で大穴を当ててタクシーで凱旋した寅さん。気が大きくなって、おいちゃん夫婦をハワイに連れて行くことにした。だが、旅行会社の社長に金を持ち逃げされてしまう。近所の手前、外聞が悪いと、いったんは羽田に行ったものの、旅立ったふりをして「とらや」の店内に潜む。間が悪いことに、そこへ泥棒（財津一郎）が侵入。弱みを握られた寅さんは追い銭を渡して退散願うつもりも、結局は町中の知るところとなる。

居たたまれなくって旅に出た寅さんがとらやに戻ってみると、2階には幼稚園の春子先生（マドンナの栗原小巻）が下宿していたから、さあ大変。たちまち春子に熱を上げた寅さんは、春子が勤める幼稚園に通いつめ、園児とお遊戯に興じる。が、彼の恋はまたも成就しないのであった。

見どころ すっかり園児気分になった寅さんが「春が来た」を歌いつつとらやに帰ってくる際の、おいちゃんの反応が爆笑もの。テレビ版の演出家・小林俊一が監督した作品。

封切り日	1970（昭和45）年2月27日
上映時間	92分
マドンナ	栗原小巻
ゲスト	横内正、三島雅夫、財津一郎
主なロケ地	愛知県名古屋市、羽田空港

男はつらいよ 5

望郷篇

あらすじ かつて世話になった北海道の政吉親分（木田三千雄）が危篤と聞かされた寅さんは、登とともに渡道する。親分は苦しい息の下で、ほったらかしていた息子（松山省二＝現・政路）に会いたいと懇願する。寅さんはこのことを息子に伝えようと、小樽の機関区に行くものの、すげなく拒否されてしまった。浮き草稼業のむなしさを痛感した寅さんは、柴又に戻って堅気の道を志す。

だが、就職口をことごとく断られ、ヤケになって江戸川の川船でフテ寝する。ところが、その船が流され河口の浦安へ。浦安の豆腐屋に住み込んだ彼は、そこのひとり娘・節子（マドンナの長山藍子）に一目ぼれ。ひょっとしたらとの淡い期待にそそのかされて、油まみれになって働く。しかし、ここでも彼は愛の女神に見放された。

見どころ 小樽～小沢間の蒸気機関車の走行シーンは、重厚感たっぷり。とらや一家に囲まれて、どんな仕事がふさわしいかを話し合う場面は無類のおかしさ。

封切り日	1970（昭和45）年8月26日
上映時間	88分
マドンナ	長山藍子
ゲスト	井川比佐志、松山省二、杉山とく子
主なロケ地	北海道札幌市・小樽市、千葉県浦安町（現・浦安市）

男はつらいよ 6

純情篇

あらすじ 長崎の港で赤ん坊連れの女・絹代（宮本信子）にさくらの面影を見た寅さんは、一夜の宿賃を貸した。彼女は疲れた様子だったが、心に一途なものを感じさせる芯の強そうな女性だった。五島列島に帰郷する彼女に同行した寅さん。絹代とその父（森繁久彌）の話を聞いているうちに、里心がついて柴又に帰る。

しかし、とらやでは、おばちゃんの遠縁にあたる夕子（マドンナの若尾文子）が、夫と別居して間借りしていた。自分の部屋が貸されていることに大むくれとなった寅さんだが、相手が和服美人の夕子と知って、態度が豹変。旅に出ると息巻いていたのをコロリと忘れ、夕子にまとわりつく。

しかし、小説家である夕子の夫が迎えに来て、寅さんの恋は不発に終わった。

見どころ 渥美清が尊敬していた森繁とからむシーンは、忘れがたい名場面。寅さんにとって夫ある女性との道ならぬ恋はタブー。禁断の恋に苦悩する寅さんが哀れである。

封切り日	1971（昭和46）年1月15日
上映時間	89分
マドンナ	若尾文子
ゲスト	森繁久彌、宮本信子
主なロケ地	長崎県福江島

男はつらいよ 7

奮闘篇

あらすじ 生みの親の菊（ミヤコ蝶々）が、寅さんに会いにタクシーで柴又にやってきた。あいにく寅さんは旅の空。母親は「帝国ホテルに宿泊していると寅に伝えてくれ」と伝言を残して去る。数時間遅れで寅さんはとらやに帰るが、母親とは会いたくないと意地を張る。さくらの説得で会ったものの、結婚話で親子ゲンカとなり、寅さんは再び旅へ。

寅さんは、沼津市のラーメン屋で少女と知り合う。青森県から出てきた花子（マドンナの榊原るみ）だった。同情した彼は、迷子札代わりにとらやの住所を書いて渡す。

柴又に戻った寅さんは、とらやにいる花子にびっくり。そのうち、花子はすっかり寅さんになついてしまう。だがある日、花子の身元引受人の福士先生（田中邦衛）が訪ねて来て、彼女を青森へと連れ帰ってしまう。

見どころ 青森の寅さんから手紙が届く。不吉な文面に不安になったさくらが迎えに行く。五能線驫木駅に降りるさくら。日本海の風景とひなびた駅舎がいい。

封切り日	1971（昭和46）年4月28日
上映時間	92分
マドンナ	榊原るみ
ゲスト	田中邦衛、柳家小さん、ミヤコ蝶々
主なロケ地	静岡県沼津市、青森県鰺ヶ沢町

寅次郎恋歌

あらすじ 博の母が危篤との報に、さくらと博は取るものも取りあえず岡山県高梁市の実家へ。だが、母は帰らぬ人となった。その葬式の日、ひょっこり寅さんがあらわれる。そして、トンチンカンなことばかり仕出かす。

皆が帰ったあと、気落ちしている博の父・飈一郎（志村喬）を心から慰める寅さん。学者として研究一筋に歩んできた父親は、「庭先に咲いたリンドウの花」を引き合いに無軌道で無遠慮な寅さんの生き方を諭す。

それは「家族団欒の内にこそ幸福がある」というもので、深く心を動かされた寅さんは、柴又に帰って博の父親の言葉を受け売りする。その舌の根も乾かぬうちに、喫茶店の女経営者・貴子（マドンナの池内淳子）にのぼせ上がってしまう。貴子の子供からも慕われ、一家団欒を夢みるが、しょせんは風来坊。彼女から「一緒に旅ができたら」と告白され、寅さんは身を引くのだった。

封切り日	1971（昭和46）年12月29日
上映時間	114分（49作中最長）
マドンナ	池内淳子
ゲスト	志村喬、吉田義夫
主なロケ地	岡山県高梁市

見どころ テレビ版からおいちゃんを演じてきた森川信の最後の作品。3人が扮したおいちゃん役のなかで、もっとも寅さんの縁続きらしい性格を演じきった。

貴子（マドンナの池内淳子）は、飾るところのない寅さんに好意を抱く。だが、寅さんはさくらに「俺みたいなバカでもよ。潮時ぐらいは考えてるさ」と言い残して自ら身を引いた。

柴又慕情

あらすじ しばらくぶりに柴又に帰ると、「貸間あり」の札が架かっていた。自室が貸し出されようとしているのである。怒った寅さんは部屋を探そうと、不動産屋へ。その主人（佐山俊二）に案内されたのが、あろうことかとらやであった。

憤慨した寅さんは、柴又を去り金沢へ。そこでOL3人組と道連れとなり、東尋坊観光などをしながら北陸路を旅する。3人のうちでは、寂しげな歌子（マドンナの吉永小百合）に心引かれる寅さんだった。ある日、歌子が柴又を訪ねて来る。歌子は父とふたり暮らしで、婚期を迎えた娘を手放すことができない小説家の父（宮口精二）との仲がギクシャクしているという。恋人がいるのだが、あとに残る父が心配で結婚に踏み切れない。歌子は寅さんに相談相手になってほしかったのである。

恋人がいると知った寅さんは、歌子の前から姿を消すのだった。

封切り日	1972（昭和47）年8月5日
上映時間	107分
マドンナ	吉永小百合
ゲスト	宮口精二、佐山俊二
主なロケ地	石川県金沢市、福井県東尋坊

見どころ 当時、人気絶頂の吉永小百合をマドンナに迎えての作品。本作からおいちゃん役として松村達雄が登場。この年から盆、暮れの年2作公開が定着した。

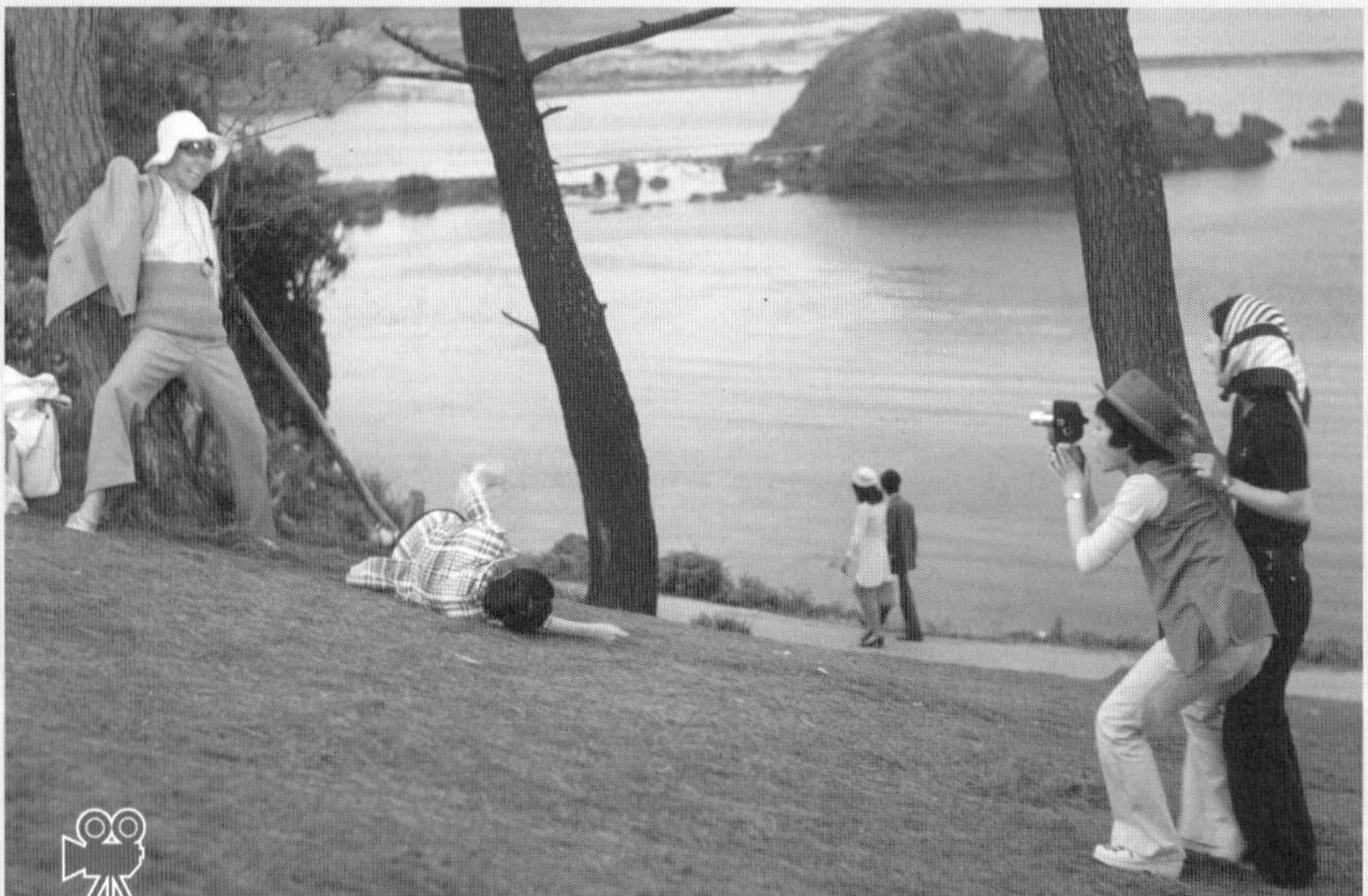

意気投合した3人は、寅さんのジョークやアクションに笑い転げながら旅をする。3人のいい思い出となった。

男はつらいよ 10

寅次郎夢枕

あらすじ とらやの2階にインテリが引っ越してきた。東大の岡倉助教授(米倉斉加年)である。インテリが大嫌いの寅さんだが、御前様の頼みとあってはむげにもできない。そこへ、近くに美容院を店開きした千代（マドンナの八千草薫）が顔を見せた。寅さんの幼なじみだが、離婚したと聞いて、にわかに張り切り、美容院に押しかけては千代の面倒をみる。

また寅さんの病気かと戦々恐々のとらや一家だが、さらなる厄介の種が。岡倉が千代に一目ぼれしてしまったのだ。それと察した寅さんは、ふたりの仲を取り持つことに。亀戸天神に誘って話を切り出すと、千代は寅さんからのプロポーズと勘違いして喜ぶ。意外な反応に及び腰になった寅さんは、オロオロするばかりであった。

見どころ 名だたる大スターが、ちょい役で出演するのもこのシリーズの魅力。今回は田中絹代が出演。さくらがアパート内で洋裁の内職を始める。

封切り日	1972 (昭和47) 年12月29日
上映時間	98分
マドンナ	八千草薫
ゲスト	田中絹代、米倉斉加年
主なロケ地	山梨県北杜市、東京都亀戸天神

男はつらいよ 11

寅次郎忘れな草

あらすじ 満男のためにピアノが欲しいというさくらの言葉を聞いて、寅さんが奮発したのはおもちゃのそれ。これが発端でひと騒動、とらやを出る。

寅さんは、網走に向かう夜汽車のなかで、ひっそりと涙をぬぐう派手な女性を見かける。翌日、網走の橋で、ふたりは初めて言葉を交わす。彼女の名はリリー（マドンナの浅丘ルリ子)。レコードを出したこともあるが、売れないドサ回りの歌手をしているという。自分と同じ浮き草稼業ではないか。

たちまち、ふたりは意気投合し、帰港する漁船を見ながら、互いの身の上を嘆き合う。ここで一念発起した寅さんは、定職に就くべく牧場での労働を志願したが、3日ともたずにダウン。さくらに引き取られて柴又へ。そこへリリーが……。

見どころ マドンナとしては最多の4回※も登場することになる浅丘ルリ子の初回出演作。網走の港で、2人が語り合う場面は情感たっぷり。観客動員数2位。※「特別篇」を入れると5回。

封切り日	1973(昭和48)年8月4日
上映時間	99分
マドンナ	浅丘ルリ子
ゲスト	織本順吉、毒蝮三太夫
主なロケ地	北海道網走市

男はつらいよ 12

私の寅さん

あらすじ ふらりと柴又に帰ってきた寅さんだが、どうも家族の様子がおかしい。何かを隠している。実は一家そろって、九州へ旅行する矢先だったのだ。いったんはムクれた寅さんだが、さくらに諭されて、タコ社長と留守番する破目に。

数日後、寅さんは小学校時代の旧友・柳（前田武彦）に会う。しばらくぶりに会った柳は、放送作家として活躍していた。その柳に連れられて、寅さんは彼の妹で画家のりつ子（マドンナの岸惠子）の家に遊びにゆく。しかし、彼女のキャンバスにいたずらをしたのが露顕し、りつ子と大ゲンカをしてしまう。

翌朝、りつ子が「とらや」にわびを言いに現れる。これをきっかけに、ふたりは急接近、寅さんは貧乏画家のパトロン気取りに。そこへキザな画商（津川雅彦）があらわれて……。

見どころ 気ままな旅で家族に心配をかけ通しの寅さんが、本作では逆の立場に。九州旅行中の家族の安否を気遣い、毎日電話を寄こすことを強要。観客動員数最多作品。

封切り日	1973（昭和48）年12月26日
上映時間	107分
マドンナ	岸惠子
ゲスト	前田武彦、津川雅彦
主なロケ地	阿蘇山、大分県別府市

男はつらいよ 13

寅次郎恋やつれ

あらすじ 寅さんが結婚宣言？　意味深な発言にとらや一同に緊張が走る。聞けば、相手は温泉津温泉で知り合ったちょっと訳ありの女性らしい。絹代（高田敏江）という焼き物をする人妻で、夫が蒸発中だという。寅さんはかいがいしく世話をするが、柴又で結婚宣言をしたあと、さくらを温泉津に同道すると、蒸発していた夫が戻ってきていて、話はご破算となる。

傷心の寅さんはトランク片手に旅へ。津和野という町で歌子（吉永小百合）に再会する。陶芸家の青年と結婚したのもつかの間、夫は病死していた。

半月後、再出発すべくとらやにあらわれた歌子は、父（宮口精二）と和解、新たな道を求めて伊豆大島へ。寅さんはやさしく励ますのだった。

見どころ 歌子と父親が和解するシーンは涙、涙、涙の名場面。父親役の宮口は、黒澤明監督の作品の常連。凄みのある風貌だが、小説家の役も似合う。

封切り日	1974（昭和49）年8月10日
上映時間	104分
マドンナ	吉永小百合
ゲスト	宮口精二、高田敏江
主なロケ地	島根県温泉津町（現・大田市）、津和野町

男はつらいよ 14

寅次郎子守唄

あらすじ 博が工場でケガをした。湿りがちな雰囲気の中、寅さんが帰ってきた。博のケガは軽くすんだが、寅さんの無神経な発言から大喧嘩となり、早々に柴又を去る。

秋も深まった頃、寅さんは九州にいた。呼子港で出会った男（月亭八方）から赤ん坊を預けられる。困った彼は柴又へ。帰ったはいいが、赤ん坊が疲れから高熱を発してしまい病院へ担ぎ込む。

そこには美しい看護師・京子（マドンナの十朱幸代）がいて、ぞっこんとなる寅さん。京子に誘われてコーラスグループの練習に参加した彼は、リーダーの弥太郎（上條恒彦）を知る。寅さんと弥太郎は酒を酌み交わして意気投合、弥太郎は京子への思慕を打ち明ける。相愛のふたりの応援に回った寅さんは、また旅の空へ。

見どころ 本作から3代目おいちゃんとして下條正巳が登場。初代の森川信に比べると、はるかに働き者だ。恋の指南役としての寅さんの役回りに注目。

封切り日	1974（昭和49）年12月28日
上映時間	104分
マドンナ	十朱幸代
ゲスト	上條恒彦、春川ますみ
主なロケ地	佐賀県唐津市・呼子町（現・唐津市）

男はつらいよ 15

寅次郎相合い傘

あらすじ 第11作ですし屋の女将におさまったリリー（マドンナの浅丘ルリ子）だが、その後、離婚し再び歌手に戻っていた。一方の寅さんは、青森で仕事に疲れた中年男・兵頭（船越英二）と知り合い、函館に渡る。3人は函館の屋台でバッタリ出会い、愉快に道内を旅して回る。

兵頭の目的のひとつは小樽にいる初恋の人に会うことにあった。兵頭は目的の女性に会えたが、男女の有り様を巡って、寅さんとリリーが大ゲンカ、3人の旅は終わってしまう。

職場に復帰した兵頭は、メロンを手土産にとらやを訪ね、兵頭が帰った後にリリーもあらわれる。リリーを囲んで楽しげだった雰囲気は、メロンをめぐって険悪に。さくらは兄とリリーの結婚を望む。リリーにもその気はあるのだが、ふたりの恋の行方は?

見どころ シリーズ中、屈指の傑作と推す人が多い。メロン騒動の寅さんの態度には賛否両論あるが、私にはこの場面は笑えない。寅さんの狭量ぶりが気になる。

封切り日	1975（昭和50）年8月2日
上映時間	91分
マドンナ	浅丘ルリ子
ゲスト	船越英二、岩崎加根子
主なロケ地	青森県青森市、北海道函館市・小樽市

男はつらいよ 16

葛飾立志篇

あらすじ とらやを訪ねた女子高生・順子（桜田淳子）は、寅さんが実父ではと言って、一家をドギマギさせる。そこへ寅さんが帰ってきて、どうにか誤解は解ける。

が、さらなる難題が。大学助手で考古学を専攻する礼子（マドンナの樫山文枝）が、寅さんの部屋を間借りしていた。なにせ瞬間湯沸かし器のような男だ。たちまち礼子に熱を上げ、学問を志す。が、伊達メガネをかけて、またまた町中の物笑いの種になる。

猛勉強のさなか、礼子の恩師・田所教授（小林桂樹）が訪ねて来る。寅さんは田所の学者バカ、世間知らずなところが気に入ったか、話が弾む。ところが、田所もまた礼子に思いを寄せており、愛の告白をする。ここで少し勘違いした寅さんは身をひくが、結局、田所も振られてしまう。

見どころ 寅さんは、順子の母の墓参りをする。人騒がせな男だが、人情には厚い。テキヤ仲間の墓参も欠かさない。葬式を仕切りたがるのが困りものだが。

封切り日	1975（昭和50）年12月27日
上映時間	99分
マドンナ	樫山文枝
ゲスト	小林桂樹、桜田淳子
主なロケ地	山形県寒河江市

男はつらいよ 17

寅次郎夕焼け小焼け

あらすじ 寅さんが酒場で知り合い、家に引っぱりこんだ薄汚い爺さんは、何と日本画壇の大家・青観（宇野重吉）だった。青観がお礼のつもりで描いた絵が高く売れて、寅さんは色めき立つ。

後日、寅さんは青観と龍野（現・たつの）市で再会し、市長主催の歓迎パーティーに同席。席上、芸者のぼたん（マドンナの太地喜和子）となにやらいい雰囲気となり、龍野でのんびりとした時間を過ごす。

やがて彼女がとらやを訪ねてきた。東京の詐欺師（佐野浅夫）にだまし取られた200万円を取り返したいというのだ。タコ社長が乗り出すものの、歯が立たない。青観にも相談したが、これぱかりは筋が違う。一筋縄ではいかぬ悪党に、はらわたが煮えくり返る寅さんだが、どうしてやることもできない。

見どころ 佐野演じる詐欺師は、善人ばかりのこのシリーズではただひとりの悪党。太地の切れのいい演技もあって、シリーズでも屈指の出来ばえ。

封切り日	1976（昭和51）年7月24日
上映時間	109分
マドンナ	太地喜和子
ゲスト	宇野重吉、佐野浅夫
主なロケ地	兵庫県龍野市

寅次郎純情詩集

あらすじ ひいきの旅回り一座・坂東鶴八郎（吉田義夫）一座に別所温泉で出くわした寅さん、旅館に一座を招いて大盤振る舞いをする。500円札一枚が常態の男だ。結局、無銭飲食のカドでブタ箱入り。さくらに迎えに来てもらって解放される。もっともブタ箱入りといっても、おまわりさんを手なづけて、ブタ箱を宿屋代わりに使っていただけ。さすが寅さんである。

さくらもこれには愛想をつかしてしまう。猛反省する寅さんだが、柴又に帰ったとたん、昔なじみの綾（マドンナの京マチ子）に出会い、反省を忘れて一気にのぼせあがる。名家の令嬢である綾は、不治の病で余命いくばくもない。娘の雅子（檀ふみ）はその宣告を受けているが、当人は知らない。

この事態を放っておける寅さんではない。懸命にふたりを励ます。しかし、人の運命には定まった軌道が……。

封切り日	1976（昭和 51）年12月25日
上映時間	103分
マドンナ	京マチ子
ゲスト	檀ふみ、吉田義夫
主なロケ地	長野県別所温泉

見どころ 吉田義夫といえば、かつての東映時代劇きっての悪役だ。シリーズ冒頭の夢のシーンでも、何度となく寅さんに殺されるが、座長役は無類の好人物。

信州の鎌倉と称される塩田平の前山寺。名刹の参道でアンパンを食べながら物思いにふける寅さん。

男はつらいよ 19

寅次郎と殿様

あらすじ 寅さんが伊予（愛媛県）の大洲で出会った爺様は、世が世であれば殿様と仰がれる16代当主・藤堂久宗だった。世間に疎い殿様は、ラムネをごちそうしてくれた寅さんを歓待するが、はしっこい執事（三木のり平）は邪魔者扱いする。その態度に堪忍袋の緒を切った殿様は、あわや執事を無礼討ちに……。「刃傷松の廊下」を思わせるシーンだ。

殿様は、今は亡き息子の嫁・鞠子（マドンナの真野響子）に会いたいので、寅さんに探してと頼む。安請け合いしたものの、さて困った。名前だけを手掛かりに、広い東京でどう探したものか。

あれこれあって、上京してきた殿様は鞠子と再会を果たす。殿様はすこぶるご満悦だが、寅さんは恋の病にとりつかれて……。

見どころ 冒頭の夢のシーンは、寅さんによる鞍馬天狗が主役。鞍馬天狗といえば、嵐寛寿郎の十八番。彼を殿様、のり平を執事に配した時点で、本作は半ば成功だった。

封切り日	1977（昭和 52）年8月6日
上映時間	99分
マドンナ	真野響子
ゲスト	嵐寛寿郎、三木のり平
主なロケ地	愛媛県大洲市

男はつらいよ 20

寅次郎頑張れ！

あらすじ とらやに帰ってきた寅さんは、見知らぬ青年・良介（中村雅俊）に押し売りに間違えられる。しかも、彼が自分の部屋に下宿していると知ってカンカン。

だが、電気工事の仕事（なので、あだ名がワット君）をしている良介は純朴な青年だった。近くにある食堂の娘・幸子（大竹しのぶ）に恋しているのだが、プロポーズに失敗したと思いこみ、自殺未遂を起こす。あげく、平戸に帰った。心配した寅さんは平戸にやって来るが、土産物屋を切り盛りしている姉の藤子（マドンナの藤村志保）にのぼせあがり、店に居ついてしまう。

一方、故郷から戻った幸子は、良介が好きだった、とさくらに打ち明ける。良介は喜び勇んで、姉とともに柴又へ。だが、それが寅さんには不幸の端緒だった……。

見どころ 良介が試みたガス自殺は、末期の一服試みようとして大爆発を誘発。とらやの2階が、ゴーンと吹き飛んでしまった。店始まって以来の大事件である。

封切り日	1977（昭和52）年12月24日
上映時間	95分
マドンナ	藤村志保
ゲスト	中村雅俊、大竹しのぶ
主なロケ地	長崎県平戸市

男はつらいよ 21

寅次郎わが道をゆく

あらすじ 熊本県の田の原温泉を訪れていた寅さんは、失恋男の留吉（武田鉄矢）から先生と敬われ、いい気になって旅館に長逗留。手元不如意はいつものことで、財布が底をつき、さくらが迎えに来る。お決まりの流れである。

柴又に帰った寅さんは、殊勝にも店を手伝うのだが、それもほんの一時のことで浅草国際劇場に通いつめる。さくらの同級生で、今はSKDのスター、紅奈々子（マドンナの木の実ナナ）がお目当てなのだ。上京してきた留吉も、SKDの踊り子に夢中になり、とんかつ屋に就職する。

奈々子は、照明係の隆（竜雷太）と結婚するか、踊り一筋に生きるべきか悩んでいたが、愛を取ることを決断、最後の舞台に。客席には、奈々子を見守る寅さんの姿が。

見どころ とらやの面々の、幼い頃の夢が明かされる。おいちゃんは馬賊、おばちゃんは呉服店のおかみさん、寅さんはテキ屋に憧れた。大願を成就したのは寅さんだけ。

封切り日	1978（昭和53）年8月5日
上映時間	107分
マドンナ	木の実ナナ
ゲスト	武田鉄矢、竜雷太
主なロケ地	熊本県田の原温泉

男はつらいよ 22

噂の寅次郎

あらすじ 大井川で雲水（大滝秀治）に「女難の相あり」と告げられる寅さん。さっそく、ダムの上で出会った失恋女（泉ピン子）を慰める破目に。さらに、木曽で博の父・飈一郎（志村喬）とも再会。人生のはかなさを説かれて柴又へ。しかし、とらやでは間の悪いことに、腰痛のおいちゃんを助けるために美人の早苗（マドンナの大原麗子）を雇った矢先だった。

さあ、女難の本番だ。早苗のそばに居たい寅さんは、仮病を使ったばかりに救急車を呼ぶ騒ぎに発展してしまう。相も変わらぬドタバタだ。早苗が離婚間近と知った寅さんは、前後の見境もつかぬほどのぼせる。

そこへ早苗の従兄弟の添田（室田日出男）があらわれる。実直な彼が恋のライバルとは思わぬ寅さんだったが……。

見どころ 旅暮らしの寅さんは、おびただしい数の橋を渡るが、本作では静岡県島田市の大井川に架かる蓬莱橋を渡る。世界最長の木造橋で、流れ橋型だ。

封切り日	1978（昭和 53）年12月27日
上映時間	104分
マドンナ	大原麗子
ゲスト	志村喬、室田日出男、泉ピン子
主なロケ地	長野県木曽、静岡県大井川

男はつらいよ 23

翔んでる寅次郎

あらすじ 寅さんは北海道の旅の途次、ひとり旅の娘・ひとみ(マドンナの桃井かおり)が旅館のドラ息子（湯原昌幸）の毒牙にかかろうとしているところを救う。投宿先はそのドラ息子の宿へ（当然大幅値引きで投宿)。

ひとみは、ぼんぼん育ちの邦男（布施明）と婚約しているのだが、今ひとつ気が進まない。寅さんのことを思い出した彼女は、結婚式当日、式場から花嫁姿のまま脱走。「とらや」に駆けこんだから、町内は上を下への大騒動。母親（木暮実千代）が迎えに来るが応じない。

邦男は、自動車修理工場で働き始める。家を出、会社も辞め、ひとみの住む町で暮らそうと決断したのだ。邦男の決断に心動かされたひとみは、あらためて結婚を決意。寅さんに仲人を頼むのだった。

見どころ 伊達の薄着の寅さんは寒さが苦手。で、冬は南国、夏は北国のパターンで旅する。旅先で多いのは九州だが、北海道も印象的なシーンに事欠かない。

封切り日	1979（昭和54）年8月4日
上映時間	106分
マドンナ	桃井かおり
ゲスト	布施明、木暮実千代
主なロケ地	北海道支笏湖

男はつらいよ 24

寅次郎春の夢

あらすじ 帝釈天境内で見慣れぬ外国人に話しかけられた御前様、英語はからきしとあって、とらやに駆け込む。たまたま満男の英語塾の先生(林寛子）とその母親・圭子（マドンナの香川京子）が居合わせた。

そのおかげで外国人は米国から薬のセールスにやってきたマイケル（ハーブ・エデルマン）と判明。なかなか商売がうまくゆかず、同情した一家は彼を下宿させる。

マイケルは気のいい外国人で、一家の気心が知れた頃、寅さんが帰ってきた。大のアメリカ嫌いの寅さんは大むくれ。そんななか、仕事から帰ってきたマイケルがさくらに「ただいま」のキスしたことから、ふたりは大立ち回りを演じることに。

またぞろ未亡人の圭子に熱をあげる寅さんだが、彼女にはすでに意中の男性がいた。

見どころ 主役級としては珍しい外国人の登場で、日米の比較文化論が展開される。愛しているなら、はっきりと意思表示する米国流。寅さんとは正反対だ。

封切り日	1979（昭和54）年12月28日
上映時間	103分
マドンナ	香川京子
ゲスト	ハーブ・エデルマン、林寛子
主なロケ地	和歌山県、京都市、米国アリゾナ州

男はつらいよ 25

寅次郎ハイビスカスの花

あらすじ 柴又に帰ってきた寅さんに、リリーから速達が届く。そこには「沖縄で歌っていて急病で入院。死ぬ前にひと目、逢いたい」とつづってあった。驚いたとらや一同は、飛行機嫌いの寅さんを総がかりで説き伏せ、沖縄へ送り出した。

フライトでふらふらとなり、取るものも取りあえず駆けつけた寅さんに、リリーの大きな瞳に涙があふれた。献身的な看護で、病状は好転、退院の運びに。

ふたりは療養のため、漁師町に部屋を借りた。それでも寅さんは遠慮して、その家の息子・高志（江藤潤）の部屋で寝起きする。リリーが元気になるにつれ、無邪気に遊び回る寅さん。夫婦に似た感情を抱き始めたリリーには、女心を解さぬ寅さんがもどかしくてならない……。

見どころ リリー登場の3作目。病床のリリーのために嫌いな飛行機に乗って沖縄へ駆けつける。本作のラストは1、2を争う名場面。いやあ、生きてて良かった。

封切り日	1980（昭和55）年8月2日
上映時間	103分
マドンナ	浅丘ルリ子
ゲスト	江藤潤
主なロケ地	沖縄県内、長野県軽井沢町

男はつらいよ 26

寅次郎かもめ歌

あらすじ 北海道江差町で売をしていた寅さんは、仲間から同業の常が病死したと聞かされる。墓参りを思い立った彼は、常が暮らしていた奥尻島へ渡り、イカ工場で働く常の娘・すみれ（伊藤蘭）と出会った。彼女の案内で墓に詣で、己の稼業の頼りなさを痛感する。

別れ際、すみれは東京で働きながら勉強したいと言う。困っている者を放っておけない寅さんは、誘拐犯に間違えられながらも、すみれを柴又に連れてゆく。

タコ社長の口利きで仕事を見つけ、夜間高校の入試もクリアしたすみれ。その尻馬に乗って、寅さんも夜間高校の授業にまぎれこむ。そんなある日、すみれの恋人・貞夫（村田雄浩）が上京してくる。すでに引き際が来ていたのだった。

見どころ 夜間高校教師として松村達雄が出演、存在感ある演技。後年の山田作品「学校」を連想させる。さくら夫婦が2階建ての家（築3年）を購入する。

封切り日	1980（昭和55）年12月27日
上映時間	97分
マドンナ	伊藤蘭
ゲスト	村田雄浩、松村達雄
主なロケ地	北海道江差町・奥尻島

男はつらいよ 27

浪花の恋の寅次郎

あらすじ　瀬戸内のとある島の墓地で、ふみ（マドンナの松坂慶子）と出会う寅さん。その場はそれきりだったが、ある神社で売をしている彼の前を、3人の芸者が通りかかった。なかのひとりが、ふみだった。草津の湯でも治らない病気が再発する寅さんである。一緒にお寺参りをしたり、心浮き立つ日々が過ぎてゆく。

ある日、生き別れの弟がいるとふみから聞かされる。寅さんの勧めで、弟の行方を探し当てたが、当人はすでに他界していた。その晩、寅さんの宿に酔ったふみがあらわれ、寅さんのひざにすがって泣きながら寝入ってしまった。

やがて柴又に戻った寅さんのもとに、ふみがやってくる。結婚して対馬で暮らすと知らせに来たのだった。

見どころ　この時期の松坂は輝くばかりの美貌だ。寅さんならずともクラクラとくるのは必定。酔った彼女に身体をあずけられて逃げる寅さん、もったいないねえ。

封切り日	1981（昭和56）年8月8日
上映時間	104分
マドンナ	松坂慶子
ゲスト	芦屋雁之助、大村崑
主なロケ地	大阪府、奈良県生駒山、長崎県対馬

男はつらいよ 28

寅次郎紙風船

あらすじ　柴又小の同窓会でやりたい放題をしてのけた寅さん、柴又に居づらくなって九州へ。筑後川のほとりで、家出娘の愛子（岸本加世子）と知り合う。ケタはずれのはねっかえり娘だ。寅さんがフーテンと知って、どこへ行くにもまつわりついて離れない。

ある縁日で、寅さんの向かいでタコ焼きを売っている女が。テキ屋仲間のカラスの常（小沢昭一）の女房だった。名は光枝（マドンナの音無美紀子）。聞けば、常は重い病に臥しているという。

翌日、見舞いに行ったところ、常から「俺が死んだら、あいつを女房に」と頼まれ、思わずうなずく。その後、光枝は上京して本郷の旅館で働く。訪ねると、亭主は死んだという。常との約束はどうする?　律儀な寅さんは真剣に考え始める。

見どころ　本作のような、はねっかえり娘を演じさせたら岸本はピカ一。寅さんと同宿してのやりとりのおかしさは無類。気がふさいだ時は、この場面をどうぞ。

封切り日	1981（昭和56）年12月29日
上映時間	100分
マドンナ	音無美紀子
ゲスト	小沢昭一、岸本加世子、地井武男
主なロケ地	大分県夜明温泉、福岡県甘木市（現・朝倉市）

寅次郎あじさいの恋

あらすじ 京都は鴨川べりで、寅さんは下駄の鼻緒が切れた老人を見付け、すげかえてやる。喜んだ老人は、先斗町の茶屋に寅さんを誘った。

泥酔した寅さんが目覚めると、たいそうな豪邸である。そこで、老人が人間国宝の陶芸家・加納作次郎（13代目片岡仁左衛門）と初めて気付く。が、そこは寅さん流儀で見栄も衒いもない。加納もそんなフーテン男に心を許す。寅さんは加納の家で、お手伝いのかがり（マドンナのいしだあゆみ）を知る。彼女は未亡人で、娘を故郷の丹後・伊根に残して働いていた。

しかし、居づらいことが起こって故郷の丹後半島に帰る。旅に出た寅さんは丹後へ行き、かがりを訪ねる。その夜、寝室にかがりが忍んでくるが、彼は寝たふりを通す。柴又に戻った寅さんに会いに、かがりが上京、鎌倉でデートするのだが……。

封切り日	1982（昭和57）年8月7日
上映時間	109分
マドンナ	いしだあゆみ
ゲスト	片岡仁左衛門、柄本明
主なロケ地	京都府京都市・伊根町、神奈川県鎌倉市

見どころ シリーズも中盤にさしかかって、寅さんの恋愛は受け身が目立ってくる。そろそろ伴侶をと願うファンは、絶好の機会を逃す寅さんが歯がゆいだろう。

著名な陶芸家・加納作次郎と知り合いになった寅さん。先斗町で一緒に遊び、その家にやっかいになる。

花も嵐も寅次郎

あらすじ 大分県の湯平温泉の宿で、寅さんはチンパンジー飼育係の三郎（沢田研二）と出会う。三郎は、昔この宿で仲居をしていた母の供養をしようと遺骨を持ち込んでいた。ここは寅さんの出番だ。たまたま同宿していたデパートガールの螢子（マドンナの田中裕子）らも一緒に焼香し、翌日はみんなで三郎が乗ってきた車でドライブとしゃれ込む。

ここで螢子にひと目惚れした内気な三郎は、唐突に「ぼ、僕と付きおうてくれませんか」と精一杯の告白するが、返事はなかった。三郎の車でとらやに帰り着いた寅さんは、恋の指南役を買って出る。

親切なことに、螢子にも三郎の気持ちを代弁してやる。その甲斐あって、ふたりはめでたく結ばれる。寅さんはさくらに「二枚目はいいよな」と言い残して去る。少しは螢子に惚れていたのである。

封切り日	1982（昭和57）年12月28日
上映時間	105分
マドンナ	田中裕子
ゲスト	沢田研二、内田朝雄、児島美ゆき
主なロケ地	大分県湯平温泉、千葉県谷津遊園など

見どころ 寅さんが三郎に口説きのテクニックを伝授する場面は絶品。沢田と田中が、共演後に結婚したのは周知の通り。シリーズ中、観客動員数3位の作品。

楽しいドライブの別れ際、三郎は螢子に「ぼ、僕と付きおうてくれませんか」と唐突に告げる。

男はつらいよ 31
旅と女と寅次郎

あらすじ 柴又に帰った寅さん、一家が反対するのも無視して、満男の運動会に参加すると言い出す。張り切ってパン食い競争の練習までするが、それでも皆が渋るのでまたまた大ゲンカ、トランク片手に旅へ。佐渡島へ漁船で渡ろうとしていた寅さんに、同乗させてという女がいた。大物歌手の京はるみ（マドンナの都はるみ）だった。仕事に追いまくられて嫌気がさし、逃避行中なのだ。

金づるに姿をくらまされた所属事務所の社長（藤岡琢也）が躍起になって行方を探すが、はるみは寅さんと気まま旅。が、至福のひときは長くは続かなかった。

柴又に戻った寅さんのもとへ、はるみが訪ねてきたから町中が大騒ぎ。ミニリサイタルの大サービスだ。復帰したはるみを祝福しつつ、寅さんはあてどない旅へ。

見どころ 股旅ものから童謡までなんでもござれの寅さん、本作では大物歌手とデュエットする。細川たかしが出演、「矢切の渡し」を歌うのもご愛敬。

封切り日	1983（昭和58）年8月6日
上映時間	100分
マドンナ	都はるみ
ゲスト	藤岡琢也、細川たかし、北林谷栄
主なロケ地	新潟県佐渡島

男はつらいよ 32
口笛を吹く寅次郎

あらすじ 「煩悩が背広着て歩いているような男」が仏門に帰依しようと志す。そのギャップが面白い作品。きっかけは、岡山県高梁市での博の父の3回忌法要。博、さくら、満男が法要に参列すると、読経しているのが寅さんなので仰天。

今度は何をやらかすのかと、さくらは蒼白になる。寅さんは住職（松村達雄）に気に入られて居つき、檀家の評判も上々なのだが、お目当ては住職のバツイチ娘・朋子（マドンナの竹下景子）。寺の跡取り・一道（中井貴一）と酒屋の娘・ひろみ（杉田かおる）の恋もからんで物語は進む。

一道はカメラマン志望で、寺を継ぐ気はない。寅さんの修行次第によっては、養子に入って朋子と夫婦の道も。朋子もまんざらではないのだったが……。

見どころ 高梁が舞台となるのは、第8作「寅次郎恋歌」（1971年）以来12年ぶり。飛行機とは無縁のとらや一同とあって移動は鉄道。登場する鉄道の変遷も楽しい。

封切り日	1983（昭和58）年12月28日
上映時間	104分
マドンナ	竹下景子
ゲスト	中井貴一、杉田かおる、松村達雄
主なロケ地	岡山県高梁市

夜霧にむせぶ寅次郎

あらすじ 釧路で理容師・風子（中原理恵）と知り合った寅さん。根無し草の彼女にかつての自分を見て取り、風子、冴えない中年男（佐藤B作）の3人で旅を重ねる。

中年男の女房探しに付き合ったあと、寅さんと風子は根室へ。ここで、サーカスのオートバイ乗りのトニー（渡瀬恒彦）から声をかけられた風子。寅さんは地道な暮らしを説くが、風子は耳をかさない。

柴又に帰ってみると、トニーが連絡してきた。風子とトニーは同棲しているのだが、病床の風子が寅さんに会いたがっていると、伝える。寅さんは風子をとらやに連れ帰り、トニーに風子と別れるよう約束させる。だが、風子は寅さんが止めるのも聞かずにトニーに会うため飛び出してしまう。

やがて風子から便りがきた。真面目な男と結婚することになったのだという。結婚式にはさくら一家が参加、寅さんもやってきた。

封切り日	1984（昭和59）年8月4日
上映時間	101分
マドンナ	中原理恵
ゲスト	渡瀬恒彦、佐藤Ｂ作、美保純
主なロケ地	北海道釧路市・根室市・中標津町など

見どころ タコ社長の娘・あけみ（美保純）が、花嫁姿で初登場。輿入れ（結婚）する彼女を冷やかす野次馬にあかんべえをするなど、以降のじゃじゃ馬ぶりを発揮。

ズケズケとものを言うあけみの周りにはいつも笑いが絶えない。だが、タコ社長の悩みの種でもある。

男はつらいよ 34

寅次郎真実一路

あらすじ 無銭飲食覚悟の寅さんが上野の焼き鳥屋で隣り合わせたのは、鹿児島出身の証券マン・富永（米倉斉加年）。お礼にと今度は寅さんが誘ったまではよかったが、酩酊した彼は翌朝、富永の妻・ふじ子（マドンナの大原麗子）に「ここはどこでしょう?」とやる。美貌にドギマギした寅さんは、あわてて辞去した。

ある日、富永が失踪。悲嘆にくれるふじ子を励まし、彼女と捜索の旅に出る寅さんだ。富永の姿を求めて、指宿、枕崎、知覧と郷里の鹿児島県内を歩き回る。日を重ねるにしたがって、ふじ子への思慕を募らせる。人妻に懸想することだけは自らに禁じてきた寅さんは、苦しむ。

やがて、富永は妻子のもとへ戻って、寅さんは苦悩から解放されるのだった。

見どころ 画面は幼い富永がなじんだ薩摩路の美しい風景を映し出す。失われた日本の原風景を本作に見たファンは多いはず。ラストシーンの駅は鹿児島交通伊作駅である。

封切り日	1984（昭和59）年12月28日
上映時間	106分
マドンナ	大原麗子
ゲスト	米倉斉加年、辰巳柳太郎、津島恵子
主なロケ地	茨城県牛久沼、鹿児島県

男はつらいよ 35

寅次郎恋愛塾

あらすじ 寅さんはテキ屋仲間のポンシュウ（関敬六）と長崎・中通島にやって来た。2人は老婆を助けたことから、歓待されたが、老婆は翌朝急死。寅さんは孫娘の若菜（マドンナの樋口可南子）に一目惚れしてしまう。

数日後、柴又に若菜から礼状が届く。気もそぞろの寅さん、宛名を頼りに若菜のアパートを訪れる。失業中の彼女のために、寅さんは奮闘努力。司法試験めざして猛勉強中の民夫（平田満）も知る。だが、彼は勉強が手につかない。若菜に夢中なのだ。それと察した寅さんは、恋愛指南。

だが、寝不足と緊張がたたってデートは不出来。失意の民夫は、郷里の秋田へ帰ってしまう。自殺でもしないかと心配する寅さんは、若菜、民夫の恩師（松村達雄）とともに秋田へ。民夫を探し当て、めでたしとなる。

見どころ シリーズに女たらしの青年は出てこない。そろって純情だ。民夫も同様である。ぶざまな彼らの恋愛模様を見つめる山田洋次監督の視線は温かい。

封切り日	1985（昭和60）年8月3日
上映時間	107分
マドンナ	樋口可南子
ゲスト	平田満、松村達雄
主なロケ地	長崎県中通島、秋田県鹿角市

男はつらいよ 36

柴又より愛をこめて

あらすじ 夫婦仲がしっくりいかないあけみ（美保純）が家出。タコ社長はワイドショーに出演して、涙ながらに帰宅を呼びかける。ここで寅さんのテキ屋人脈が役立って、あけみは下田にいることが判明、寅さんが迎えに行く。

が、帰宅どころか、ふたりは海を渡って式根島へ旅立ってしまう。船中で島の小学校の卒業生たちと知り合い、島で彼らを出迎えた真知子先生（マドンナの栗原小巻）にひと目ぼれの寅さん。あけみを放ったらかしにして同窓会に参加。あけみもあけみで旅館の若旦那に惚れられる。

島から帰った寅さんは、ふぬけ同様のありさまである。東京で真知子に再会するも、彼女は亡くなった親友の夫・文人（川谷拓三）の求婚を受け入れ、寅さんの恋は空振り。

見どころ 木下惠介監督「二十四の瞳」へのオマージュ作品。「釣りバカ日誌」の八郎でおなじみの、アパッチけん（現・中本賢）も登場。あけみによるシリーズ唯一のヌードシーンも。

封切り日	1985（昭和60）年12月28日
上映時間	104分
マドンナ	栗原小巻
ゲスト	川谷拓三、田中隆三、アパッチけん
主なロケ地	静岡県下田市、東京都式根島

男はつらいよ 37

幸福の青い鳥

あらすじ かつて筑豊炭鉱の拠点としてにぎわった飯塚は閑散としていた。ここには、寅さんがひいきにしていた旅役者・坂東鶴八郎が住んでいるはず。ところが、彼はすでに他界していることがわかり、看板女優だった鶴八郎の娘・美保（マドンナの志穂美悦子）と再会する。

やがて美保は、寅さんを頼って上京するが、あいにく旅稼ぎで留守。ひょんなことから看板職人の健吾（長渕剛）と知り合う。画家になる夢を捨てきれない健吾は、展覧会に応募するも落選。一方、美保は柴又のラーメン屋で働きながら、健吾を励ますが、ヤケになった健吾は美保を抱こうとする。拒否した美保だが、健吾のことは憎からず思っている。

やがて婚約が調うと、寅さんは柴又をあとにするのだった。

見どころ 芝居小屋の清掃員で出演するすまけいは、シリーズ後半でいぶし銀の演技を披露。笹野高史、イッセー尾形らとともに貴重なバイプレーヤー。

封切り日	1986（昭和61）年12月20日
上映時間	102分
マドンナ	志穂美悦子
ゲスト	長渕剛、すまけい
主なロケ地	山口県萩市、福岡県飯塚市

知床慕情

あらすじ　跡取りが帰ってきたというのに、おいちゃんの入院で店は休業中。寅さんが手伝おうとするが、まったく役に立たない。あげくの果てにケンカをして店を飛び出した。

知床にやってきた寅さんは、獣医の順吉（三船敏郎）の車に同乗したことから、彼の家に厄介になる。偏屈で頑固な独り者だが、寅さんとはなぜか馬が合う。

スナックのママ・悦子（淡路恵子）が順吉の面倒をみている。そこへ順吉の反対を押し切って出て行った娘・りん子（マドンナの竹下景子）が離婚して戻る。スナックの常連客が、りん子を囲んでのバーベキューパーティを開く。席上、悦子が店をたたんで故郷へ帰ると宣言。この時、順吉は勇を鼓して悦子への愛を、どなるように告白する。感動した一同、「知床旅情」を合唱。合唱の間、りん子は寅さんの手をしっかりと握っていた。りん子への寅さんの恋は?

封切り日	1987（昭和62）年8月15日
上映時間	107分
マドンナ	竹下景子
ゲスト	三船敏郎、淡路恵子
主なロケ地	北海道札幌市・知床半島

見どころ　テキヤの世界では、口上付きで売ることを啖呵売という。本作では、札幌で印刷の飾り物のゴッホ「ひまわり」を売。流れるような名調子をどうぞ。

ラストシーン。岐阜の長良川祭りで花火の売をしているポンシュウ（関敬六）を寅さんがからかう。

寅次郎物語

あらすじ とらやに秀吉という少年（伊藤祐一郎）がやってきた。寅さんの商売仲間の“般若の政”とふで（五月みどり）との子だ。しかし、政はとんでもない極道。愛想をつかしたふでは、秀吉を置いて家出した。政が死を前に、寅さんを頼れと言い残したので秀吉が尋ねて来たのだった。

事情を聞いた寅さんは義侠心を発揮、秀吉を連れてふでを探す旅に。大阪、和歌山……と旅がつづく。奈良県吉野にたどり着いた晩、秀吉は旅疲れから高熱を発した。子育て経験がない寅さんは、どうしていいかわからなかったが、隣室の隆子（マドンナの秋吉久美子）に助けられ看病する。夫婦と勘違いされるが、ともに意に介さない。つかのま寅さんは3人の家族を幻想する。

回復した秀吉を見届け、隆子は去る。秀吉はふでと再会。役目は終えたと、寅さんは秀吉と別れる。

封切り日	1987（昭和62）年12月26日
上映時間	101分
マドンナ	秋吉久美子
ゲスト	五月みどり、松村達雄
主なロケ地	和歌山県和歌山市、奈良県吉野町、三重県伊勢・志摩

見どころ ラスト近く、寅さんと秀吉の別離シーンは映画「シェーン」に似ている。離れたくないと泣く秀吉をこんこんと諭す寅さん。落ちこぼれの悲哀が胸に迫る。

秀吉は寅さんのおかげで母親と再会。母親は船長（写真のすまけい）と結婚、秀吉は船長の子となる。

男はつらいよ 40

寅次郎サラダ記念日

あらすじ 信州・小諸駅前で、寅さんはひとり暮らしの老婆と知り合い、山の麓の集落にある家に泊まった。翌朝、老婆を入院させるため女医・真知子（マドンナの三田佳子）が迎えに来た。渋っていた老婆も、寅さんの説得で入院する。これが縁で、彼は真知子の家に招かれた。家には、彼女の姪で早大に通う由紀（三田寛子）もいた。聞くと真知子は未亡人。由紀は文学専攻で短歌が趣味。寅さんは真知子に恋する。

柴又に戻った寅さんは、由紀を訪ねて早大生の茂（尾美としのり）を知る。数日後、真知子から電話がきて寅さんは有頂天。「くるまや」の面々は、真知子を温かく迎える。が、小諸の老婆が死去。落胆した真知子は病院を辞めると言い出すが、院長の説得で思いとどまる。

見どころ 「とらや」は本作から「くるまや」に屋号変更。里山の古民家を舞台に社会問題になっていた独居老人を描くが、問題提示の仕方がさりげない。

封切り日	1988（昭和63）年12月24日
上映時間	99分
マドンナ	三田佳子
ゲスト	三田寛子、尾美としのり、鈴木光枝
主なロケ地	長野県小諸市・松本市、長崎県島原市

男はつらいよ 41

寅次郎心の旅路

あらすじ 寅さんは宮城県の栗原田園鉄道の列車に乗っていたが急停車。心身症のサラリーマン・兵馬（柄本明）の飛び込みだったが、間一髪のところで助かる。風のように自由な寅さんに接して元気になった兵馬は、一緒にウィーンへ行こうと言い出す。

飛行機が苦手な寅さんだが、兵馬に根負けしてウィーンへ。「音楽の都」も寅さんには猫に小判。てんで興味がわかず、兵馬と別行動していて迷子になったが、現地の観光ガイド・久美子（マドンナの竹下景子）、彼女の恩人のマダム（淡路恵子）に助けられる。

寅は久美子とドナウ川のほとりを散策、望郷の念にかられて「大利根月夜」を歌う。久美子も日本に帰る決心をするが、恋人が空港で強く引き止め、彼女は帰国を断念。寅さんは、失意のどん底に。

見どころ 竹下はマドンナとして3度目の出演。久美子、マダムの前で稼業はスパイみたいなものと自己紹介する寅さん。腹巻に雪駄履きとは「変な、スパイ」。

封切り日	1989（平成元）年8月5日
上映時間	109分
マドンナ	竹下景子
ゲスト	柄本明、淡路恵子
主なロケ地	オーストリア・ウィーン

ぼくの伯父さん

あらすじ 諏訪家のひとり息子・満男は、高校は卒業したが、代々木の予備校に通う浪人生。高校時代の後輩・泉（マドンナの後藤久美子）のことが忘れられず、勉強がはかどらない。相談に乗った寅さんは満男に酒を飲ませて、ふたりともグテングテンとなってしまう。この問題で博と大喧嘩した寅さんは柴又を出る。

満男もまた、恋と進学の悩みをかかえて博と大喧嘩。バイクで旅に出る。泉も水商売をしている母親の礼子に反発し、叔母・寿子（マドンナの檀ふみ）を頼って佐賀の高校に通っていた。

恋心を募らせた満男は、思いつめてバイクで佐賀に向かう。訪ねた佐賀で偶然、伯父さんと同宿。寿子の家でもてなされた寅さんは、鼻の下を伸ばしかけるが、夫（尾藤イサオ）ある身ではどうしようもない。泉との再会をセッティングした寅さんは、佐賀を去る。

封切り日	1989（平成元）年12月27日
上映時間	108分
マドンナ	檀ふみ、後藤久美子
ゲスト	尾藤イサオ
主なロケ地	茨城県袋田駅、佐賀県

見どころ 本作以降、満男の出番が多くなる。1年2作から1作の公開となる。風来坊の寅さんに付き合っていると、方言を楽しめる。本作では佐賀弁を堪能できる。

泉の叔母さんの家の隠居に誘われ、吉野ヶ里遺跡の見物に付き合わされた寅さん。満男と泉に偶然出会う。

寅次郎の休日

あらすじ 大学に合格した満男のもとに、泉（後藤久美子）が上京してきた。別居中の父・一男（寺尾聰）に、もう一度やり直してと頼みに来たのだ。しかし、会社を訪ねると、すでに大分県日田市に転居したあとだった。どうやら女性と暮らしているらしい。

あきらめきれない泉は日田へいくことに。見送るつもりの満男は、発車間際、思わず新幹線に飛び乗ってしまう。一方、泉を連れ戻しに来た母親の礼子（マドンナの夏木マリ）は、満男と泉と行き違いとなり、なぜか居合わせた寅さんとともに寝台特急で九州へ向かう。礼子の色っぽさに参ってしまったのだ。

さて、舞台は日田。父を探し当てた泉だが、幸福そうな様子に帰ってほしいとは言えない。ここであとを追って来た寅さんと礼子と再会。4人は家族のような一夜を過ごす。だが、翌朝、礼子と泉は置き手紙をして名古屋へ帰ってしまう。がっかりした寅さんと満男は柴又に帰る。

封切り日	1990（平成2）年12月22日
上映時間	105分
マドンナ	夏木マリ、後藤久美子
ゲスト	寺尾聰、宮崎美子
主なロケ地	大分県日田市、愛知県名古屋市

見どころ 夏木は、歴代マドンナのなかでも、とびっきり色っぽい。その彼女とふたり、一夜を寝台特急で過ごす寅さん。おあとは見てのお楽しみ。

ディズニーランドが見える葛西海浜公園。それぞれに悩みを抱え、将来を夢見る。無言の時間が続く。

男はつらいよ 44

寅次郎の告白

あらすじ 満男が思いを寄せる泉（後藤久美子）が、就職のために上京して来た。同じ頃、寅さんも帰って来た。ひさかたぶりの再会だ。翌日、満男は、大手楽器店の就職試験に行く泉に付き添う。が、家庭の事情が災いして不首尾。気落ちした泉は名古屋に帰る。さらに、母・礼子の再婚問題に悩んだ泉は、家出してしまう。

一方、寅さんは鳥取県倉吉にいたが、ここで泉とバッタリ。泉からのハガキで所在を知った満男も鳥取砂丘へ。3人は無事に砂丘で合流する。

寅は昔なじみの聖子（マドンナの吉田日出子）が営む料理屋へふたりを案内する。寅さんを振って結婚した聖子だが、今は未亡人。皆が寝静まった深夜、ふたりは酒を酌み交わし、いいムードになったのだが……。

見どころ 恋の道の後輩である満男が、寅さんの恋愛観を分析。男には、きれいな花はそっとしておきたい派、奪ってしまう派の2通りあり、寅さんは前者だと。

封切り日	1991（平成3）年12月21日
上映時間	103分
マドンナ	吉田日出子、後藤久美子
ゲスト	夏木マリ
主なロケ地	岐阜県恵那峡、鳥取県

男はつらいよ 45

寅次郎の青春

あらすじ 寅さんは、宮崎県の港町・油津で理容店の店主・蝶子（マドンナの風吹ジュン）と知り合い、居候を決め込む。さながら髪結いの亭主だ。

一方、東京のレコード店に就職した泉は、ひんぱんに諏訪家と往来していた。泉は友人の結婚式出席のため宮崎に行き、寅さんとバッタリ。そこへ蝶子がやって来て、あわてた寅さんは足をくじく。寅さんの怪我を口実に満男も宮崎へ行く。

蝶子には竜介（永瀬正敏）という弟がいた。満男は、泉と竜介が親密そうなので心中穏やかでない。が、彼には婚約者がいると知って、とたんに機嫌を直す。

満男と泉が帰る日、寅さんも一緒にと言い出して、蝶子は不機嫌になる。彼を憎からず思っていたのだ。なのに、気付かない寅さん。

見どころ 寅さんと蝶子が出会うのが、堀川運河に架かる石橋のたもと。寅さんは旅先に九州を選ぶ傾向が強く、たくさんの石橋を渡る。九州は石橋の宝庫だ。

封切り日	1992（平成4）年12月26日
上映時間	101分
マドンナ	風吹ジュン、後藤久美子
ゲスト	永瀬正敏、夏木マリ
主なロケ地	宮崎県日南市油津

寅次郎の縁談

あらすじ 大学4年の満男、就活に励むが、どうもはかばかしくない。彼はいら立ち、両親の干渉から逃げるように、高松行きのブルートレインに乗ってしまう。

数日後、寅さんが帰って来た。満男の家出を聞き、探すことを安請け合い。満男からの小包を手掛かりに瀬戸内海の琴島へ渡る。しかし、満男は帰ることを拒んだ。島での暮らしに満ち足りた思いがしており、看護師の亜矢（マドンナの城山美佳子）に淡い恋心を抱いているからだ。

その晩、満男が世話になっている家に厄介に。そこで当主の善右衛門（島田正吾）と娘・葉子（マドンナの松坂慶子）を知る。

葉子は神戸で料理屋を経営していたが、病を得て島で療養中だという。どこか陰のある美しい葉子に舞い上がる寅さん。ミイラ取りがミイラになってしまったのだ。葉子も寅さんのやさしさにほだされるが……。

封切り日	1993（平成5）年12月25日
上映時間	103分
マドンナ	松坂慶子、城山美佳子
ゲスト	島田正吾、光本幸子
主なロケ地	香川県志々島・高見島・琴平など

見どころ 寅さんの自戒の言葉。「満男、おじさんの顔をよーく見るんだぞ。分かるな。これが一生就職しなかった男のなれの果てだ。お前もこうなりたいか」

四国八十八箇所霊場の札所参道。柴又に電話したあと、感慨を胸にお遍路さんを見送る寅さん。

男はつらいよ 47

拝啓車寅次郎様

あらすじ 浅草の靴メーカーに就職した満男に、長浜市の先輩・川井（山田雅人）から「祭りに来い」との手紙が来る。出向いた満男は、川井の妹で男まさりの菜穂（マドンナの牧瀬里穂）ともめるが、町を案内してもらう。

片や寅さんは、琵琶湖で撮影旅行中の人妻・典子（マドンナのかたせ梨乃）と出会う。そればかりか、ケガを負った彼女を骨接ぎに担ぎ込み、同宿するのである。そこで、冷たい夫婦関係を聞かされ同情するが、結局は夫が迎えに来て、寅さんの恋ははかなく終わる。満男の菜穂への思いも同じだった。

柴又に帰った寅さんと満男は互いの恋を語り合う。そして、満男は江ノ電の鎌倉高校前駅で寅さんを見送るのだった。

見どころ 祭礼や縁日が稼ぎ場の寅さんと旅していれば、おのずと祭りの通に。本作では、日本三大山車祭りの一つ、長浜曳山まつりを存分に楽しめる。

封切り日	1994（平成6）年12月23日
上映時間	100分
マドンナ	かたせ梨乃、牧瀬里穂
ゲスト	小林幸子
主なロケ地	滋賀県長浜市、神奈川県鎌倉市

男はつらいよ 48

寅次郎紅の花

あらすじ 音沙汰のない寅さんが心配なるくるまや一同、見ていたテレビに寅さんが映ってびっくり。大震災後の神戸で、ボランティアをしていたのだ。一方、泉（後藤久美子）から結婚の知らせを受けた満男はヤケになり、岡山県津山市に出向いて結婚式をぶち壊してしまう。その足で奄美大島まで旅した満男は、親切な女性と出会う。

それは、何とリリー（マドンナの浅丘ルリ子）ではないか。奇遇を喜んだのもつかの間、リリーは加計呂麻島で寅さんと同棲中で仰天。寅さんとリリーは柴又におそろいで顔を出し、さくらを喜ばせるが、またもや大ゲンカ。リリーは帰ると言い出すが、寅さんは俺が送る、と一緒に出て行く。果たして、ふたりは添い遂げられるのか。

見どころ シリーズの区切りとなる作品。リリーは第25作以来となる4度目の登場となる。寅さんとリリー、満男と泉、ふたつの恋の行方はいかに……？

封切り日	1995（平成7）年12月23日
上映時間	107分
マドンナ	浅丘ルリ子、後藤久美子
ゲスト	夏木マリ
主なロケ地	岡山県津山市、鹿児島県、加計呂麻島

男はつらいよ 49

寅次郎ハイビスカスの花 特別篇

男はつらいよ 特別篇
寅次郎ハイビスカスの花

あらすじ 渥美清逝去の約1年後の公開。満男が出張先の国府津駅ホームで寅さんの幻影を見かけるシーンや過去の回想シーンを新たに追加した特別篇。他の部分は第25作「寅次郎ハイビスカスの花」と同じだが、音声をデジタル化し、映像をコンピュータで補正したリマスター版である。

寅さんにリリーから速達が届く。沖縄で歌っていて急病で入院、「死ぬ前にひと目、逢いたい」とつづってあった。「とらや」一同は、飛行機嫌いの寅さんを総がかりで説き伏せ、沖縄へ送り出した。リリーの退院後、ふたりは療養のため、漁師町に部屋を借りた。寅さんは、その家の息子・高志（江藤潤）の部屋で寝起きする。リリーは夫婦に似た感情を抱き始めるが……。

見どころ 満男が寅さんの幻影を見るシーン。伯父さんを慕う満男の気持ちや、寅さんが満男を愛する気持ちが切々と伝わってくる。まるで白日夢のようである。

封切り日	1997（平成9）年11月22日
上映時間	106分
マドンナ	浅丘ルリ子
ゲスト	江藤潤
主なロケ地	沖縄県内、長野県軽井沢町

男はつらいよ 50

お帰り 寅さん

ただいま。
このひと言のために、旅に出る。
男はつらいよ 50
お帰り 寅さん
12.27

あらすじ くるまやの店舗は新しいカフェに生まれ変わっている。一家は諏訪満男の妻の七回忌法要のあと、カフェの裏手にある昔からの住居で、思い出話に花を咲かせた。今、満男は会社勤めの間に書いた小説が認められ小説家となっている。

ある日、満男は新作のサイン会で、初恋の人である泉に偶然再会する。泉はヨーロッパで仕事をしているはず。びっくりした満男は「君に会わせたい人がいる」と小さなJAZZ喫茶に連れて行った。すると経営者はなんと寅さんの恋人だったリリー。20年以上も前に奄美大島で別れて以来の再会である。話すうちに満男と泉は、リリーから寅さんとの思いがけない過去の出来事を聞かされた……。

封切り日	2019（令和元）年12月27日
上映時間	115分
出　演	渥美清／倍賞千恵子、吉岡秀隆、後藤久美子、前田吟、池脇千鶴、夏木マリ、浅丘ルリ子、美保純、佐藤蛾次郎、桜田ひよりほか

完全版 DATA FILE 寅さんが歩いた日本 341

寅さんは縁日や伝統祭で売をしながら、全国の津々浦々を旅してきた。名所・旧跡だけではなく、ローカルな文化が息づく場所も好んで訪れている。ここでは旧版『寅さんの「日本」を歩く』のデータファイルを東京中心に見直し、読者からのご指摘も踏まえて「完全版」としてデータ化してみた。寅さんは何を考えながら田舎道を歩いたのか、どんな想いを胸に秘めて連絡船に乗ったのか……。ロケ地を通観すると、忘れられつつある「日本」が浮かび上がってくる。

北　海　道

ロケ地	所在地	作	出来事
朝里海水浴場	北海道小樽市	5	朝里海水浴場で寅さんが登（秋野太作）と再会する
網走駅	北海道網走市	11	JR釧網線。早朝の網走駅。蒸気機関車が操車場で白煙を上げている。リリー（マドンナの浅丘ルリ子）と寅さんが駅から駅前ロータリーへと出て行く
網走市内各所	北海道網走市	11	網走神社参道入り口で寅さんがレコードを売。網走橋で寅さんがリリーに声をかけられる。キャバレーでリリーが「港が見える丘」を唄う。市内の酪農家で働く寅さんだが、三日坊主で終わる
硫黄山売店	北海道弟子屈町	38	売店から出てきた寅さんがテレビ中継に出演。さくら、竜造、つねがびっくり
稲穂岬	北海道奥尻町	26	海難犠牲者などを供養する奥尻島北端の賽の河原へ。寅さんは常の娘・すみれ（マドンナの伊藤蘭）の案内で墓参り
ウトロ温泉	北海道斜里町	38	オロンコ岩、ウトロ温泉の温泉街など各所。スナックはまなすに寅さんがやってくる
江差	北海道江差町	26	第18回江差追分全国大会で、ポンシュウ（関敬六）らと売をする寅さん。テキ屋仲間のシッピンの常が死んだことを知る
大通公園	北海道札幌市	38	寅さんがゴッホの「ひまわり」など、複製絵画を啖呵売
大通公園	北海道札幌市	15	大通公園で寅さんとリリー（マドンナの浅丘ルリ子）、謙次郎（船越英二）の3人が万年筆の「泣き売」をしている
大湯沼	北海道登別市	23	登別温泉の大湯沼で、寅さんがひとみ（マドンナの桃井かおり）と出会う
奥尻港	北海道奥尻町	26	シッピンの常の墓参りに奥尻島へ。常の娘・すみれ（マドンナの伊藤蘭）を訪ねる
オシンコシンの滝	北海道斜里町	38	日本の滝百選。実家へ帰るりん子（マドンナの竹下景子）を乗せて、タクシーが往く
小樽市内各所	北海道小樽市	15	寅さんとリリー（マドンナの浅丘ルリ子）、謙次郎（船越英二）の3人。小樽運河や外人坂、小樽港などを歩く。小樽は謙次郎の憧れの町で、初恋の人を訪ねる

※ロケ地は「北海道」「東北」「関東」などと7エリアに分け、おおむね都道府県の括り内で配列しています。
※本項のDATAは、松竹株式会社の公式ホームページ「男はつらいよ」の「ロケーション〈旅〉」データなどをベースに、編集部で全50作を見直し、大幅に加筆しました。
※ファンが運営する「男はつらいよ 覚書ノート」「男はつらいよ 飛耳長目録」などのHPも参考にしています。
※ロケ地は可能な限り場所が特定できるように固有名詞で立項していますが、一定のエリアで寅さんたちが多出する場合は、「○○市内各所」「○○市内」などと地方自治体名を立項しています。
※「出来事」欄の役者名は、寅さんの家族やレギュラーメンバーは省略しています。
※紙幅の関係で郡名は略しました。公開当時の旧市町村名は、合併後の新市町村名で表記しています。

小樽築港機関区	北海道小樽市	5	死の病で入院中の政吉親分（木田三千雄）の息子（松山省二）に会いに小樽築港機関区へ。会えるが、機関士の息子はD51-27に乗務して出発してしまう
京極駅	北海道京極町	31	国鉄胆振線。羊蹄山をバックに胆振線（1986年に廃線）が走る京極駅から寅さんが出てくる
銀山駅	北海道仁木町	5	JR函館本線。函館本線の小樽〜小沢間を驀進するD51-27を、寅さんと登（秋野太作）の乗ったタクシーが追いかける。タクシーで先回りした寅さんたちだが、貨物列車は駅を通過してしまう
小沢駅	北海道共和町	5	JR函館本線。寅さんと登（秋野太作）を乗せて蒸気機関車を追いかけるタクシー。死の病で入院中の政吉親分（木田三千雄）の息子（松山省二／蒸気機関車に乗務している）に追いつく。駅前の旅館に泊まる寅さんと登
虎杖浜神社	北海道白老町	23	太平洋に面した虎杖浜にある虎杖浜神社。寅さんがネクタイを啖呵売
根釧原野	北海道釧路市他	11	冒頭シーン。雄大な根釧原野を旅する寅さん。バックにリムスキー・コルサコフ作曲の交響組曲「シエラザード」が流れる
札幌市内各所	北海道札幌市	5	大通公園、札幌市電、テレビ塔など。漢薬堂ビルにある病院。寅さんと登（秋野太作）が義理のある政吉親分（木田三千雄）を見舞う
汐見橋	北海道浜中町	33	霧多布へ行く途中、フーテンの風子（マドンナの中原理恵）、女房に逃げられた栄作（佐藤B作）とともに寅さんがタクシーに乗って通る
塩谷海岸	北海道小樽市	15	寅さんとリリー（マドンナの浅丘ルリ子）、謙次郎（船越英二）の3人が波打ち際で子供のように戯れる
支笏湖	北海道千歳市	23	支笏湖湖畔。寅さんが老舗旅館の若旦那（湯原昌幸）の魔の手からひとみ（マドンナの桃井かおり）を助ける。若旦那はラストシーンでも再び登場
知床自然センター	北海道斜里町	38	世界自然遺産。寅さん、船長（すまけい）やりん子（マドンナの竹下景子）らとバーベキュー
知床斜里駅	北海道斜里町	38	JR釧網本線。りん子（マドンナの竹下景子）が降り立つ
知床岬	北海道斜里町	38	世界自然遺産。寅さんとりん子（マドンナの竹下景子）が知床半島を観光船でクルージング。フレペの滝、カムイワッカの滝などを望む
釧網線	北海道網走市他	11	網走駅に向かう石北本線の夜汽車車内。少し離れたボックス席で涙ぐむ歌手のリリー（マドンナの浅丘ルリ子）。心配するような目線で、見つめる寅さん
茶内駅	北海道浜中町	33	JR根室本線。寅さんと美容師をしているフーテンの風子（マドンナの中原理恵）、逃げられた女房を探しに来た栄作（佐藤B作）が駅に降り立つ
中標津町保落地区	北海道中標津町	38	寅さん、獣医師の順吉（三船敏郎）と出会う
幣舞橋	北海道釧路市	33	寅さんが美容師をしているフーテンの風子（マドンナの中原理恵）と出会う
根室市内各所	北海道根室市	33	市役所のそばの公園や花咲港など。寅さんとフーテンの風子（マドンナの中原理恵）が親交を深める。オートバイショーのトニー（渡瀬恒彦）も登場
函館市内各所	北海道函館市	15	寅さんがラーメン屋台でリリー（マドンナの浅丘ルリ子）と再会。ひょんなことから寅さんに同道していた謙次郎（船越英二）を含め3人は意気投合。寅さんとリリー、謙次郎は旅館に同宿する
日ノ浜海岸	北海道函館市	15	日ノ浜海岸で海を眺める寅さん。函館のキャバレーの女性たちと再会する
別寒辺牛湿原	北海道厚岸町	33	ラムサール条約登録湿地。寅さんが根室駅から釧路に向かう。JR根室本線の車窓から美しい湿地が見える
丸駒温泉旅館	北海道千歳市	23	支笏湖のほとりにある丸駒温泉旅館に寅さんとひとみ（マドンナの桃井かおり）が宿泊

養老牛温泉	北海道中標津町	33	ラストシーン。寅さんは風子（マドンナの中原理恵）の結婚式に出るため山越えをするが熊に遭遇。結婚式は旅館藤やで行われた
蘭島駅	北海道小樽市	15	JR函館本線。寅さんとリリー（マドンナの浅丘ルリ子）、謙次郎（船越英二）の3人が蘭島駅のベンチで野宿
留寿都村	北海道留寿都村	31	テキ屋仲間の長万部の熊（佐山俊二）をからかう寅さん

東　北

ロケ地	所在地	作	出来事
岩木山	青森県弘前市他	7	日本百名山。ラストシーン。列車の車窓や弘前行きバスの車窓。冠雪した岩木山がところどころに登場し背景を飾る
善知鳥神社	青森県青森市	15	善知鳥神社で易本の売をしている寅さん
青函連絡船「摩周丸」	青森県青森市	15	近代化産業遺産。売を終えた夕暮れ時。寅さんが宿へ戻る途中、振り向くと青森桟橋へ向けて青函連絡船「摩周丸」がゆっくりと入港していくのが見える
驫木駅	青森県深浦町	7	JR五能線。五能線の驫木駅に降り立つさくら。周囲は閑散としていて何もないが、漁師たちに道を聞きながら花子（マドンナの榊原るみ）が働く田野沢小学校を訪ねる
上の橋	岩手県盛岡市	33	盛岡城跡公園で、かつて一緒に売を行っていた舎弟・登（秋野太作）と再会。上の橋のたもとの登の家へ招かれる
水晶山スキー場	秋田県鹿角市	35	若菜（マドンナの樋口可南子）にフラれたと勘違いして茫然自失となった民夫（平田満）。自殺しないかと心配した寅さんと若菜たちが、夏のスキー場で民夫を発見する
桧木内川堤	秋田県角館市	38	日本さくら名所100選。にぎわう川堤の「さくらまつり」
かみのやま温泉	山形県上山市	16	かみのやま温泉の水岸山・観音寺（最上三十三観音第十番札所）の祭礼。観音堂付近で寅さんが女学生を相手に鞄を啖呵売。遠くに蔵王の山並みが見える
慈恩寺	山形県寒河江市	16	奈良時代に聖武天皇の勅願で創建された慈恩寺。順子（桜田淳子）の母で、かつて惚れたお雪さんの墓参をする寅さん。案内された住職の蘊蓄に深く共感する
深沢の渡船場	山形県大江町	16	鐘を鳴らして対岸の船頭を呼ぶ渡し船。たおやかな最上川の流れ。船に乗って寅さんが寒河江に
栗原電鉄	宮城県栗原市他	41	2007年に廃線。坂口兵馬（柄本明）が自殺未遂
松島町内各所	宮城県松島町	41	日本三景。タイトルバック。寅さんとポンシュウ（関敬六）が観光船に乗り、瑞巌寺参道で売
圓蔵寺	福島県柳津町	36	日本三虚空（こく）蔵のひとつに数えられる柳津虚空蔵を祀る圓蔵寺の縁日。ポンシュウ（関敬六）と売の準備をする寅さん
滝谷川鉄橋	福島県柳津町他	36	滝谷川に架かる滝谷川鉄橋を進む国鉄色の気動車
柳津町	福島県柳津町	36	只見川の畔に広がる柳津町。寅さんは柴又の家族へ会津桐下駄を贈ろうとしたが、財布と相談して諦める

日本海とJR五能線の驫木駅。駅舎に波浪が届きそうだ。

雪をいただいた冬の岩木山。広大な裾野が美しい。

関　東

ロケ地	所在地	作	出来事
牛久沼	茨城県牛久市ほか	34	富永健吉（米倉斉加年）と2回目の上野赤提灯。酔っ払った寅さんは、彼の家に泊まる
筑波山神社	茨城県つくば市	34	秋祭り。寅さんが健康サンダルを啖呵売
袋田駅	茨城県大子町	42	JR水郡線。寅さんと列車に乗り合わせたお爺さん（イッセー尾形）が電車から降りて乱闘
中妻駅	茨城県常総市	39	冒頭の夢シーン。取手方面行きホームの待合所で目が覚める
山あげ祭	栃木県那須烏山市	46	タイトルバックで八雲神社の山あげ祭（重要無形民俗文化財）。寅さんが参道で売
浅間山	群馬県嬬恋村	25	日本百名山。タイトルバック。群馬県の北軽井沢方面から見た美しい浅間山。日本を代表する活火山だ
碓氷川	群馬県安中市他	14	冒頭シーン。静かに流れる利根川水系の碓氷川。上州のたおやかな山並みが美しい
草軽交通バス停	群馬県中之条町	25	草軽交通バスの上荷付場停留所。ここで寅さんがリリー（マドンナの浅丘ルリ子）と再会する
妙義山	群馬県下仁田町他	14	冒頭シーン。夢から覚めた寅さん。妙義山を望む田園地帯をのんびり歩く。群馬県西毛地方の美しい風景が心を和ませる
浦安市内各所	千葉県浦安市	5	鉢巻きを締めた寅さん。節子（マドンナの長山藍子）の母が営む豆腐店で働く
谷津遊園	千葉県習志野市	30	谷津遊園で三郎（沢田研二）がチンパンジーの世話をしている
錦糸町駅	東京都墨田区	11	リリー（マドンナの浅丘ルリ子）が住んでいたアパートを探して、寅さんが駅の周辺を探し回るが、リリーは家を出たあとだった
西新井大師	東京都足立区	17	西新井大師として親しまれている真宗豊山派・總持寺で、寅さんが源ちゃんと猿の玩具を売
京成関屋駅	東京都足立区	14	京成電鉄本線。コーラスグループの大川（上條恒彦）が、看護師の京子（マドンナの十朱幸代）に愛を告白する
小岩駅	東京都江戸川区	25	JR総武本線。小岩駅前で、博がリリー（マドンナの浅丘ルリ子）と再会する
亀戸天神社	東京都江東区	10	千代（マドンナの八千草薫）と寅さんがデートする。密かに寅さんに惚れていた千代が、寅さんにフラれる
青戸団地	東京都葛飾区	19	鞠子（マドンナの真野響子）が暮らす青戸団地を寅さんが訪ねる
水元公園の池の畔	東京都葛飾区	18	昔なじみの綾（マドンナの京マチ子）、源公と池の畔でピクニック
水元公園の池	東京都葛飾区	1	寅さんと冬子（マドンナの光本幸子）がボートに乗る
中川橋	東京都葛飾区	12	寅さんとりつ子（マドンナの岸惠子）がそぞろ歩く。橋の近くで寅さんがりつ子にパンを買ってやる
江戸川縁のアパート	東京都葛飾区	22	早苗（マドンナの大原麗子）の引越を手伝いにアパートへ行くが、そこには寅さんの恋敵となる男（室田日出男）がいた
南葛飾高校	東京都葛飾区	26	定時制で国語を担当する林先生（松村達雄）が、濱口國雄「便所掃除」の詩を講義。そこへすみれ（マドンナの伊藤蘭）の様子を見ようと寅さんがひょっこり
浅草公園六区	東京都台東区	23	歓楽街の浅草公園六区。浅草新世界脇で寅さんがカーテンを啖呵売
浅草国際劇場	東京都台東区	21	慰労会で朝日印刷の面々が浅草国際劇場へ。さくらは幼なじみのスター踊り子・奈々子（マドンナの木の実ナナ）を楽屋に訪ねる
浅草六区映画街	東京都台東区	21	浅草六区映画街の東京クラブ裏。寅さんが布地を啖呵売
浅草寺雷門前	東京都台東区	11	浅草寺でスリッパなどをタンカバイ。源公がサクラで登場
浅草寺五重塔前	東京都台東区	22	浅草寺の境内で、寅さんが易本を啖呵売
上野の飲み屋街	東京都台東区	34	赤提灯でサラリーマンの富永健吉（米倉斉加年）と意気投合

上野ガード下	東京都台東区	24	マイケル（ハーブ・エデルマン）と飲み明かす。駅前のランドマークであった「聚楽」のネオンが映っている
上野駅	東京都台東区	11	上野駅構内の地下食堂街にある大衆食堂。寅さんを気遣うさくらがそっと紙幣を何枚か寅さんの財布に入れる。「20時44分発、前橋行急行……」などと構内アナウンスが聞こえる
不忍池	東京都台東区	24	不忍池の畔で易断バイ。13作でも同じ易断バイのシーンがある
神田神保町	東京都千代田区	17	神田神保町の古書店。寅さんが飲み屋で知り合った日本画家・青観（宇野重吉）の絵を売ろうと持って行く
文化学院	東京都千代田区	36	島崎真知子先生（マドンナの栗原小巻）に結婚を申し込む編集者（川谷拓三）が勤める出版社。そのロシア語辞典編集部として使われた
東京駅	東京都千代田区	46	就職活動がうまくいかない満男が博とけんか。満男は東京駅から寝台特急瀬戸号高松行に飛び乗る
ホテル・ニューオータニ	東京都千代田区	23	紀尾井町のホテル・ニューオータニで、ひとみ（マドンナの桃井かおり）と小柳邦男（布施明）の結婚披露宴が行われる
伝通院	東京都文京区	35	小石川の伝通院境内。寅さんが若菜（マドンナの樋口可南子）に惚れた民夫（平田満）に恋の指南を申し出る
根津神社	東京都文京区	18	根津神社の縁日で、寅さんがクジラ尺を啖呵売
東京大学	東京都文京区	10	とらやの2階に間借りしている岡倉助教授（米倉斉加年）を訪ね、寅さんが東京大学へ
東京大学	東京都文京区	16	弥生町の農学部へ入っていく礼子（マドンナ役は樫山文枝）。ここは弥生土器が発見された場所でもある
早稲田大学	東京都新宿区	40	女医の真知子（マドンナの三田佳子）の姪・由紀（三田寛子）が通う早稲田大学。寅さんが訪れて授業をかき回す
とげぬき地蔵	東京都豊島区	1	舎弟の登（秋野太作）とともに雑誌をタンカバイ
ハチ公前	東京都渋谷区	32	渋谷駅（乗り入れJR山手線）のハチ公前で、寺の住職の娘・朋子（マドンナの竹下景子）の弟という設定の一道（中井貴一）を待つひろみ（杉田かおる）
大井オートレース場	東京都品川区	1	寅さんと冬子（マドンナの光本幸子）がオートレースを見物
蒲田西口本通り	東京都大田区	1	寅さんと冬子（マドンナの光本幸子）が焼き鳥を食べる
羽田空港	東京都大田区	4	登（秋野太作）の勤める旅行代理店の社長に、名古屋競馬で大穴を当てた金を持ち逃げされた寅さん。その金で行く予定だったハワイ家族旅行がパア。しかし、近所の人に万歳三唱で見送られたため、いったん羽田空港に向かい、夜、こっそりととらやにとんぼ返り
羽田空港	東京都大田区	25	病気のリリー（マドンナの浅丘ルリ子）を見舞うため、寅さんが羽田空港から沖縄へフライト。博が飛行機嫌いの寅さんをやっとの思いで飛行機に乗せる。機内でフラフラとなり、飛行機からキャビンアテンダントに支えられながらタラップを降りた寅さん。車椅子でターミナルビルに向かう
調布飛行場	東京都調布市	36	調布飛行場から小型機に乗る真知子先生（マドンナの栗原小巻）を見送る寅さん
式根島各所	東京都新島村	36	泊海岸、大浦海岸、神引展望台など。寅さんの島崎真知子先生（マドンナの栗原小巻）への愛が深まっていく
式根島小学校	東京都新島村	36	寅さんとあけみが下田から連絡船で式根島へ。旅館の式根館に宿泊。寅さんは港で島崎真知子先生（マドンナの栗原小巻）に一目惚れ。授業風景がなつかしい
地鉈温泉	東京都新島村	36	岩場に湧き出る野湯。あけみが裸で入浴し、「男はつらいよ」唯一の女性の裸体シーンとなった
川崎大師	神奈川県川崎市	4	関東三大厄除け大師の門前でバイ
成田山横浜別院	神奈川県横浜市	6	本堂の横で瀬戸物をバイ。見事なタンカバイを披露
江島神社	神奈川県藤沢市	29	神社参道を寅さんと満男、かがり（マドンナのいしだあゆみ）の3人が歩く

江之島亭	神奈川県藤沢市	29	寅さんとかがり（マドンナのいしだあゆみ）が老舗魚料理屋の江之島亭座敷で、夕日を浴びながら会話をする
鎌倉高校前駅	神奈川県鎌倉市	47	長浜で出会った典子（マドンナのかたせ梨乃）のことが気になり、満男の運転で鎌倉へ。この後、満男と別れて寅さんは江ノ電・鎌倉高校前駅から旅へ
七里が浜	神奈川県鎌倉市	29	日本の渚百選。七里が浜沿いのレストラン。寅さんと満男、かがり（マドンナのいしだあゆみ）が食事をする
成就院	神奈川県鎌倉市	29	あじさい寺として知られる成就院で、満男を連れて寅さんとかがり（マドンナのいしだあゆみ）がデートをする。咲き誇る満開のあじさいが見事である
芦ノ湖	神奈川県箱根町	37	芦ノ湖遊覧船乗り場で、寅さんが鳩笛を啖呵売
国府津駅	神奈川県小田原市	49	JR東海道線。「寅次郎ハイビスカスの花 特別篇」のアバンタイトル。出張中の満男が、国府津駅のホームや列車内で寅さんを回想。白日夢のように切ないシーン

北陸・東海・中部

ロケ地	所在地	作	出来事
出雲崎港	新潟県出雲崎町	31	佐渡をみながらぼんやりと物思いにふける大物歌手のはるみ（マドンナ役は都はるみ）と寅さんが出会う。一緒に漁船に乗って佐渡へ
越後広瀬駅	新潟県魚沼市	7	JR只見線。冒頭シーン。上野駅に向かう集団就職列車。金の卵の子供たちとその親に、寅さんが励ましの言葉をかける。やがて列車は汽笛とともに発車するが、会話に夢中となった寅さんは列車に乗るのを忘れてしまう。あわてた寅さんは、蒸気機関車の後を追ってホームを走る
小木港	新潟県佐渡市	31	山本土産店で寅さんと大物歌手のはるみ（マドンナ役は都はるみ）が、別れのビールを飲む
春日山神社	新潟県上越市	47	タイトルバック。上杉謙信を祀った春日山神社。謙信公祭で寅さんとポンシュウ（関敬六）たちが易本を売している
沢崎鼻灯台	新潟県佐渡市	31	小木半島の突端にある八角形の灯台。「砂山」「佐渡おけさ」を歌いながら寅さんと散歩する大物歌手のはるみ（マドンナの都はるみ）
宿根木	新潟県佐渡市	31	民宿吾作に寅さんと大物歌手のはるみ（マドンナ役は都はるみ）が宿泊する
白根大凧合戦	新潟県新潟市	31	白根大凧合戦の様子が映し出される
高田各所	新潟県上越市	47	上越市高田町各所。アバンタイトル。雁木の残る古い町並みのレコード店。店前で演歌歌手（小林幸子）が新曲キャンペーンをしている。売れないキャンペーンの終了後、近くの郵便局で寅さんと歌手が出会う。寅さんは「大器晩成型だよ」と励ます
新潟県民会館	新潟県新潟市	31	新潟県民会館「京はるみショー」の会場前で、寅さんがコンパクト・鏡を啖呵売
新潟電鉄	新潟県新潟市	31	寅さんが食堂で夕食をとっていると、狭い道路を市内電車がゴーッと走って行く
万代橋	新潟県新潟市	31	信濃川河口に架かる名橋・万代橋風景
船岡公園	新潟県小千谷市	31	冒頭シーン。チンドン屋（関敬六）の荷物を枕に昼寝をしている寅さん
万願寺のはさ木並木	新潟県新潟市	31	1000本以上が立ち並ぶはさ木（稲を干す立木）の道。寅さんが老婆に道を尋ねる
六日町	新潟県南魚沼市	18	ラスト。小学校の清水分校で寅さんが雅子（檀ふみ）と再会する
良寛堂	新潟県出雲崎町	31	良寛堂前で寅さんが虫眼鏡を売。ほとんど人は寄りつかない
海野宿	長野県東御市	35	北国街道の宿場・海野宿（重伝建・日本の道100選）で寅さんが雲水ともめる
大出吊り橋	長野県白馬村	29	タイトルバック。白馬村の清流・姫川にかかる大出吊り橋。白馬三山を望む雄大な景色

別所温泉。厄除観音として知られる北向観音。

売を終えて宿へ帰る寅さんが歩いた犀川沿いの道。

大桑村	長野県大桑村	22	寅さんが博の父・飈一郎（志村喬）と一緒に、タクシーで定勝寺や妙覚寺などの古刹を巡る
木崎湖	長野県大町市	29	タイトルバック。後立山を望む風景のなか、木崎湖畔に佇む寅さん
小海線	長野県小諸市他	40	旧国鉄キハ 58系に乗車する寅さん。ボックス席でスルメを肴に日本酒を飲む
紅葉館	長野県南木曽町	22	寅さんが博の父・飈一郎（志村喬）と宿泊
小諸市内各所	長野県小諸市	40	小諸駅、小諸城、懐古園、健速神社など。寅さんと女医の真知子（マドンナの三田佳子）が親交を深める
塩田平	長野県上田市	18	重要文化財の三重塔で知られる前山寺の石段に座り、寅さんがあんぱんを食べている。眼前に広がるのは刈り取りが終わった塩田平の田園風景である。塩田平では、いかにも鎮守様という風情の塩野入神社で入浴用品を啖呵売
白糸の滝	長野県軽井沢町	25	タイトルバック。白糸の滝の茶店で寅さんと若いカップルが軽いギャグをかます
傍陽集落	長野県上田市	40	傍陽集落に住むお婆さんと小諸駅で知り合う寅さん。バスで一緒に帰り古民家に泊めてもらう
中塩田駅	長野県上田市	18	上田電鉄別所線。冒頭シーン。上田電鉄別所線の中塩田駅近くの床屋。椅子で寝ていると、熱い蒸しタオルを当てられ、「あっち、あっちい」と目覚める。窓の外の駅からは丸窓電車が発車する
奈良井宿	長野県塩尻市	3	重要伝統的建造物群保存地区。冒頭シーン。江戸時代から続く旅館のゑちごやで寅さんが風邪を引いている
奈良井宿	長野県塩尻市	10	重要伝統的建造物群保存地区。かぎや旅館に投宿した寅さん、登（秋野太作）と再会する
庭田屋旅館	長野県大桑村	22	庭田屋旅館で、博の父・飈一郎（志村喬）から「今昔物語」の話をしみじみと聞く寅さん
日出塩駅	長野県塩尻市	10	JR中央本線。冒頭シーン。日出塩駅の待合室で夢から覚める。ホームを重連のD51が長大な貨物車両を牽引しながら通過していく
別所温泉	長野県上田市	18	寅さんが坂東鶴八郎一座と再会。北向観世音前で行われた公演を見て、寅さんが一座のために一席設ける。しかし、金が払えずさくらに泣きつく
舞田駅	長野県上田市	35	上田電鉄別所線。ホームのベンチで、居眠りをしている寅さんが夢から醒める
明野	山梨県北杜市	10	甲斐駒ヶ岳をバックに、寅さんがひとり晩秋の明野を歩く。野道をたどり、清流でたたずみ、やがて長屋門をもつ旧家へ。旧家のお婆さん（田中絹代）と話をする
甲斐駒ヶ岳	山梨県北杜市他	8	日本百名山。ラストシーン。甲斐駒ヶ岳を背景としたのどかな田舎道。寅さんが歩いていると、坂東鶴八郎一座とばったり再会。第10作でも甲斐駒ヶ岳を背景に田舎道を歩くシーンがある
唐土神社	山梨県北杜市	10	小さな神社の縁日で、登（秋野太作）と古本を啖呵売
清水橋	山梨県北杜市	10	ラストシーン。登（秋野太作）といっしょに古い木橋を渡る寅さん

道志村	山梨県道志村	4	冒頭シーン。峠の茶屋のお婆さん（村瀬幸子）の孝行な孫のハガキを、郵便局員が読み上げ、寅さんは故郷を思い出す
安弘見神社	岐阜県中津川市	44	安弘見神社の花馬奉納で、寅さんが健康サンダルを啖呵売
奥恵那峡	岐阜県中津川市	44	タイトルバック。奥恵那峡の遊覧船に乗り遅れる寅さんとポンシュウ（関敬六）
下呂温泉	岐阜県下呂市	45	日本三名泉。ラストシーン。飛騨川に架かる橋で啖呵売する寅さん
長良川祭り	岐阜県岐阜市	38	長良川の河畔で寅さんがポンシュウ（関敬六）と花火を啖呵売
猪鼻湖神社	静岡県浜松市	6	ラストシーン。浜名湖と猪鼻湖の間にある猪鼻湖神社。寅さんと源ちゃんが幸福の鶴亀を啖呵売
入田浜	静岡県下田市	36	海水浴場の浜に座って、寅さんとあけみが「愛について」語り合う
伊太大井神社	静岡県島田市	22	大井川近くの小さな神社の縁日。寅さんが電子バンドを売
川根大橋	静岡県川根本町	22	バスの中で博の父・飈一郎（志村喬）と出会う
塩郷ダム	静岡県川根本町	22	塩郷ダムで瞳（泉ピン子）と出会い人生相談に応じる
塩郷駅	静岡県川根本町	22	大井川鐵道。ラストシーン。冒頭のシーンで蓬莱橋ですれ違った雲水（大滝秀治）と再会する
千頭駅	静岡県川根本町	22	大井川鐵道。駅前の食堂で、寅さんは塩郷ダムで出会った悩み多き女性・瞳（泉ピン子）の愚痴を聞く
西浦足保	静岡県沼津市	16	ラストシーン。礼子（マドンナの樫山文枝）にフラれた寅さんと田所教授（小林桂樹）の失意の旅が続く。第24作のラストシーンにも使われた港で、富士山をバックに船が出て行く
西浦足保	静岡県沼津市	24	ラストシーン。港町をひっそりと見守る天神社の縁日。寅さんが啖呵売。ポンシュウ（小島三児）がかみさんと子供を連れて登場。幸せそうな様子に寅さんは自棄になる
沼津市内各所	静岡県沼津市	7	夜、寅さんがラーメン屋・来々軒で花子（マドンナの榊原るみ）と出会う。沼津駅前交番で、警官（犬塚弘）と寅さんが花子に切符代を工面する
気多神社	静岡県沼津市	41	ポンシュウ（関敬六）と、オーストリアウィーン製バックを啖呵売
浜名湖舘山寺港	静岡県浜松市	36	ラストシーン。遊覧船乗り場で昼寝をしている寅さん。船が着くと、式根島の分校の生徒と再会する
富士市内各所	静岡県富士市	7	本町の履き物屋の前で寅さんが下駄を啖呵売。そびえる製紙工場の煙突が富士市らしい
蓬莱橋	静岡県島田市	22	世界最長の木橋としてギネス登録。冒頭シーン。大井川に架かる蓬莱橋で、すれ違った雲水から「あなたのお顔に女難の相が出ております」と言われる
みなと橋	静岡県下田市	36	結婚生活に嫌気がさしたあけみ。寅さんは下田の長八（笹野高史）に頼み、みなと橋であけみを見つける
焼津港	静岡県焼津市	28	ラストシーン。焼津港で兄の出航を見送るフーテンの愛子（岸本加世子）と寅さんが再会する
高蔵寺町	愛知県春日井市	9	歌子（マドンナの吉永小百合）は陶芸家と結婚。歌子と亭主が窯場で働いている
中京競馬場	愛知県名古屋市	4	中京競馬場でタコ社長とばったり会った寅さん、競馬で100万円を当てる。名古屋からタクシーを飛ばして柴又へ凱旋
名古屋市内各所	愛知県名古屋市	42	満男が泉（マドンナの後藤久美子）の母・礼子（夏木マリ）を訪ねる
金平駅	石川県小松市	9	冒頭シーン。尾小屋鉄道（1977年廃止）の金平駅（廃駅）で、寅さんが夢から醒める
兼六園	石川県金沢市	9	特別名勝・日本三名園。兼六園の外で寅さんがメノウを啖呵売。歌子（マドンナの吉永小百合）たちが観光ですれ違う
犀川	石川県金沢市	9	啖呵売に疲れた寅さんが犀川沿いをゆっくり歩く。犀川並びの旅館に投宿し、舎弟の登（秋野太作）と再会。この旅館には歌子（マドンナの吉永小百合）たちも泊まっている
永平寺	福井県永平寺町	9	曹洞宗の大本山。歌子（マドンナの吉永小百合）たちが観光する

京善駅	福井県あわら市	9	永平寺線。京福電気鉄道永平寺線（2002年廃線）の京善駅（廃駅）近くの味噌田楽屋。寅さんと歌子（マドンナの吉永小百合）たちが出会って意気投合。一緒に観光することになる。記念撮影で寅さんが「バタ～」
東尋坊	福井県坂井市	9	天然記念物となっている奇勝・東尋坊。寅さんと歌子（マドンナの吉永小百合）たちがバス旅行を楽しむ
東古市駅	福井県永平寺町	9	永平寺線。京福電気鉄道永平寺線（2002年廃線）の東古市駅（現・えちぜん鉄道勝山永平寺線の永平寺口駅）で、寅さんと歌子（マドンナの吉永小百合）たちが別れを惜しむ

近　　畿

ロケ地	所在地	作	出来事
菅浦	滋賀県長浜市	47	日本遺産。琵琶湖のほとり、菅浦の水辺で写真を趣味とする典子（マドンナのかたせ梨乃）と寅さんが出会う
長浜市内各所	滋賀県長浜市	47	仕事に嫌気がさした満男が先輩の誘いで長浜曳山まつりへ。先輩の妹（牧瀬里穂）の案内で、古い町並みや大通寺などを見学
彦根城	滋賀県彦根市	29	国宝・特別史跡。ラストシーン。埋木舎（うもれぎのや）の近くで啖呵売。寅さんは陶芸家の作次郎（片岡仁左衛門）と再会する
東大寺	奈良県奈良市	1	世界文化遺産・国宝。寅さんが、外人観光客を案内していたところ、御前様と冬子（マドンナの光本幸子）親子にばったり。大仏殿や二月堂などを見学する
奈良公園	奈良県奈良市	1	奈良公園の鷺池に浮かぶ浮見堂の蓬莱橋で記念撮影。寅さんがシャッターを切る瞬間、御前様が「バッタ～～」
奈良ホテル	奈良県奈良市	1	奈良ホテルは明治時代の1909年の創業。寅さんが御前様と冬子（マドンナの光本幸子）親子を奈良ホテルに送り届ける
宝山寺	奈良県生駒市	27	近鉄生駒ケーブル（日本最初のケーブルカー）に乗って、寅さんとふみ（マドンナの松坂慶子）が宝山寺を参詣
法隆寺	奈良県斑鳩町	1	世界文化遺産・国宝。奈良観光に出かけた御前様と冬子（マドンナの光本幸子）親子が写真撮影をしている
八木屋翠山荘	奈良県吉野町	39	寅さん、隆子（マドンナの秋吉久美子）と出会う
大和上市駅	奈良県吉野町	39	近鉄吉野線。隆子（マドンナの秋吉久美子）が寅さんたちを見送る
吉野町内各所	奈良県吉野町	39	金峯山寺仁王門、萬松堂、蔵王堂など。寅さんと隆子（マドンナの秋吉久美子）が、身の上を話す
天橋立	京都府宮津市	1	日本三景。ラストシーン。寅さんと舎弟の登（秋野太作）が智恩寺の縁日で古本を啖呵売
伊根町内各所	京都府伊根町	29	重要伝統的建造物群保存地区。寅さんが、かがり（マドンナのいしだあゆみ）を訪ねる。舟屋の町並みと静かな伊根湾
鴨川	京都府京都市	29	寅さんが陶芸家・作次郎（片岡仁左衛門）の下駄の鼻緒を直す
京都市内各所	京都府京都市	24	マイケル（ハーブ・エデルマン）がビタミン剤のセールスをする
京都市内各所	京都府京都市	2	恩師・散歩先生（東野英治郎）と娘の夏子（マドンナの佐藤オリエ）が京都見物をしていて寅さんと再会する。清水寺～哲学の道、嵐山の渡月橋で源ちゃんと啖呵売をし、京都で寅さんは生母の菊（ミヤコ蝶々）に会う
三条大橋	京都府京都市	2	ラストシーン。夏子（マドンナの佐藤オリエ）にフラれた後、再び京都へ。生母の菊（ミヤコ蝶々）と丁々発止の会話をしながら三条大橋を渡る寅さん
下鴨神社	京都府京都市	29	世界文化遺産。左京区下鴨宮河町の下鴨神社で5月に行われる葵祭。寅さんが接着剤のピッタリコンを啖呵売
神馬堂	京都府京都市	29	北区上賀茂御薗口町の神馬堂。寅さんと作次郎（片岡仁左衛門）が、名物の焼餅を食べる
西陣	京都府京都市	24	芝居小屋でマイケル（ハーブ・エデルマン）が、坂東鶴八郎一座「蝶々夫人」を観る

明治末の創業。「西の迎賓館」と呼ばれる奈良ホテル。

京都の鴨川に架かる三条大橋。

彦根城天守は国宝5天守のひとつに数えられる。

石切劔箭神社	大阪府東大阪市	27	石切劔箭神社の境内で、寅さんが水中花を啖呵売
大阪市内各所	大阪市中央区	27	港区、此花区、中央区など。寅さんとふみ（マドンナの松坂慶子）が親交を深める
新世界	大阪市浪速区	27	通天閣の近くの繁華街にある新世界ホテルに寅さんが逗留
天王寺駅	大阪府大阪市	39	JR関西本線など。駅前派出所で秀吉（死去したテキ屋仲間の子）を連れた寅さんが、不審人物と間違われる
賢島	三重県志摩市	39	寅さんと秀吉（死去したテキ屋仲間の子）が、秀吉の母ふで（五月みどり）を訪ねる
御在所ロープウェイ	三重県菰野町	3	寅さんが番頭を務める旅館の女将・志津（マドンナの新珠三千代）の娘を連れ、ロープウェイに乗って御在所岳の山上公園へ
柘植駅	三重県伊賀市	2	JR関西本線など。冒頭シーン。柘植駅前の旅館。看板には料理旅館小﨑亭とある。D51が駅構内を走り、寅さんが夢から醒める
二見町	三重県伊勢市	39	正月、寅さんがポンシュウ（関敬六）たちと啖呵売
湯の山温泉	三重県菰野町	3	山岳寺の僧兵まつり。火炎神輿で知られる湯の山温泉の勇壮な伝統行事
四日市市コンビナート	三重県四日市市	3	コンビナートが背景に見える染子（香山美子）の家/竜造とつねが湯の山温泉に向かう車窓
加太港	和歌山県和歌山市	24	冒頭シーン。連絡船の上で目を覚ます寅さん
粉河寺	和歌山県紀の川市	24	西国三十三ヵ所の粉河寺（第三番札所）で下駄を啖呵売する寅さん。ポンシュウ（小島三児）は子連れで売
根来寺	和歌山県岩出市	24	日本最大の木造多宝塔が国宝。紀州路を歩き、山門の下で柿をほおばる寅さん。寺の鐘が旅情を誘う
和歌浦	和歌山県和歌山市	39	寅さんと秀吉（死去したテキ屋仲間の子）が、秀吉の母ふで（五月みどり）を探す
和歌山駅	和歌山県和歌山市	39	JR紀勢本線など。寅さんと秀吉（死去したテキ屋仲間の子）が、秀吉の母ふで（五月みどり）を探す

菅原市場	兵庫県神戸市	48	阪神淡路大震災の被災地で、ボランティア活動をする寅さんの様子がテレビの特別番組に映り、柴又の家族がびっくり
龍野市内各所	兵庫県たつの市	17	市内の梅玉旅館、山崎街道、揖保川、龍野公園、上霞城、武家屋敷跡など。ここは日本画家の大家・青観（宇野重吉）の郷里という設定。寅さんが青観と再会。青観をねぎらう市主催の宴会で寅さんがぼたん（マドンナの太地喜和子）と出会う
龍野橋	兵庫県たつの市	17	ラストシーン。寅さんが龍野橋の上でアイスキャンディーを食べる。ぼたん（マドンナの太地喜和子）と再会を喜び合う

中国・四国

ロケ地	所在地	作	出来事
勝山町並み保存地区	岡山県真庭市	48	造り酒屋辻本店。寅さんとポンシュウ（関敬六）が試飲で酔っぱらってしまう
寿覚院	岡山県高梁市	8	重要伝統的建造物群保存地区。高梁川と町並みを望む高台にある。ここでは葬儀の後、家族で記念撮影
高梁市内各所	岡山県高梁市	32	重要伝統的建造物群保存地区。紺屋町、博の実家がある武家屋敷通り、油屋旅館、備中高梁駅、高梁川など。寺の住職の娘・朋子（マドンナの竹下景子）と寅さんの出会いがある
津山国際ホテル	岡山県津山市	48	泉（マドンナの後藤久美子）が結婚衣裳を着ている
津山市内各所	岡山県津山市	48	新郎の実家で家族が記念撮影。武家屋敷町を通る新婦の車
津山祭り	岡山県津山市	48	重要伝統的建造物群保存地区（城東町）。消火器の売をする寅さんとポンシュウ（関敬六）
備中国分寺跡	岡山県総社市	32	史跡。冒頭シーン。備中国分寺跡の梅林。寅さんが旅を続ける父娘（父はレオナルド熊）とピクニックに興じる
備中高梁駅	岡山県高梁市	8	JR伯備線。博とさくらが博の母の葬儀のために降り立つ。旧駅舎は趣のある木造駅舎であった。葬儀に寅さんも参列した
水江の渡し	岡山県倉敷市	32	寅さんが高梁川を渡る水江の渡しを使って、備中高梁の市内へ
美作滝尾駅	岡山県津山市	48	JR因美線。1928（昭和3）年竣工の木造駅舎。駅員（桜井センリ）と寅さんによる冒頭シーン。新聞の訪ね人欄に寅さんの名。トンボと遊ぶ寅さん。やがて列車が入線
安部駅	鳥取県八頭町	44	若桜鉄道。寅さんが駅の公衆電話で柴又に電話
倉吉市打吹玉川	鳥取県倉吉市	44	重要伝統的建造物群保存地区。「打吹玉川白壁土蔵群」の美しい町並みで、泉と寅さんが再会する
鳥取砂丘	鳥取県鳥取市	44	泉を探しに来た満男が砂丘の上で泉を待っている
鳥取市内各所	鳥取県鳥取市	44	八東川河畔、鳥取駅など。寅さんが昔なじみの聖子（マドンナの吉田日出子）と再会。満男と泉も市内でデートする

九州の奥座敷と呼ばれる杖立温泉の鯉のぼり祭り。

津山市に残る出雲街道沿いの古い町並み。

御机	鳥取県江府町	32	伯耆大山南壁の美しい景観が望める御机で写真を撮影する一道（中井貴一）。一道は寺の住職の娘・朋子（マドンナの竹下景子）の弟という設定
若桜橋	鳥取県鳥取市	44	若桜橋（国の登録有形文化財）で寅さんが電気スタンドを啖呵売
大日霊神社	島根県益田市	13	寅さんが傘などを啖呵売。神楽「八岐大蛇」が演じられている
琴ヶ浜	島根県大田市	13	鳴り砂で知られる琴ヶ浜が山陰本線の車窓に流れる。寅さん、さくら、タコ社長が名物の駅弁（かに飯）食べる
津和野町内各所	島根県津和野町	13	重要伝統的建造物群保存地区。SL山口号が山間を走り、高津川に架かる歩行者専用の大吊橋・安富橋（益田市）を渡る寅さん。寅さんは津和野で、夫に先立たれ町立図書館で働いている歌子（マドンナの吉永小百合）と再会する。津和野川、藩校の養老館、津和野カトリック教会など、静かな山間の町並みが映し出される
福光海岸	島根県大田市	13	温泉津駅の隣の石見福光駅近くの海岸で、ぽつねんと海を眺める寅さん
持石海岸	島根県益田市	13	ラストシーン。一直線に海岸が延びる持石海岸で、寅さんが温泉津温泉で惚れた絹代（高田敏江）と再会。絹代のもとに戻ってきた旦那、子供を祝福する
温泉津温泉	島根県大田市	13	世界遺産・重要伝統的建造物群保存地区。寅さん、さくら、社長が、絹代（高田敏江）に会いに国鉄温泉津駅で下車。窯場で働く絹代に惚れた寅さんの独りよがりに2人は翻弄される
因島大橋	広島県尾道市	32	因島大橋近く。寅さんが旅を続ける父娘（父はレオナルド熊）に再会する。「祝完成 本四架橋 因島大橋」の看板が見える
大崎下島	広島県呉市	27	みかん栽培で知られる豊町大長の小さな漁港で、寅さんがアッパッパを啖呵売
小野浦	広島県呉市	27	見晴らしのいい小野浦の高台で、寅さんが牛乳とあんぱんを食べている。ここでお墓参りのふみ（マドンナの松坂慶子）と出会う
赤間神宮	山口県下関市	37	壇ノ浦の戦いで入水した安徳天皇が埋葬されたとされる赤間神宮で、寅さんが鳩笛を啖呵売
萩市内各所	山口県萩市	37	世界文化遺産・重要伝統的建造物群保存地区。萩城趾や平安橋など。寅さんは縁日でスポーツシューズを啖呵売
厳島神社	徳島県鳴門市	26	冒頭シーン。池の畔で昼寝をしていた寅さんが目を覚ます。のびをして木に寄りかかると、その木が折れて池へ。釣りをしていた子供から「魚が逃げるで！」と怒られる
鳴門スカイライン	徳島県鳴門市	26	ラストシーン。鳴門スカイライン。寅さんが高台で海を眺めていると、奥尻島で知り合った水産加工所のおばさん（あき竹城）にばったり
金刀比羅神宮	香川県琴平町	46	意気投合した葉子（マドンナの松坂慶子）と寅さんが、金比羅参りに行く
志々島	香川県三豊市	46	志々島（映画では琴島として描かれる）で、寅さんと家出をした満男が再会。葉子（マドンナの松坂慶子）と出会い親交を深める
高見島	香川県多度津町	46	高見島（映画では琴島として描かれる）で、寅さんと家出をした満男が再会。葉子（マドンナの松坂慶子）と出会い親交を深める
富丘八幡神社	香川県土庄町	46	ラストシーン。小豆島の富丘八幡宮で寅さんが犬のぬいぐるみを売
栗林公園	香川県高松市	46	高松琴平電気鉄道琴平線の琴電に乗る葉子（マドンナの松坂慶子）と寅さん。日本庭園で知られる栗林公園（特別名勝）へ
大洲市内各所	愛媛県大洲市	19	伊予大洲城址、伊洲屋旅館、肱川河畔など。寅さんは鞠子（マドンナの真野響子）と出会い、大洲藩16代当主となる殿様（嵐寛壽郎）の知遇を得る。鞠子は音信不通となっていた殿様の義理の娘という設定。第19作はラストも大洲を舞台に殿様の執事と寅さんのからみで終わる
興居島	愛媛県松山市	19	寅さんが島の神社で長靴を啖呵売
下灘駅	愛媛県伊予市	19	JR予讃線。冒頭シーン。瀬戸内海を望む下灘駅。青春18きっぷポスターで鉄道ファンの聖地となっている。「上りがきますよ」の声に寅さんは夢から醒める

九州・沖縄

ロケ地	所在地	作	出来事
秋月	福岡県朝倉市	28	重要伝統的建造物群保存地区。城下町秋月へテキ屋仲間の常(小沢昭一)を見舞いに行く寅さん。死期が迫る常から奥さんの光枝(マドンナの音無美紀子)をもらってくれと懇願される
秋月目鏡橋	福岡県朝倉市	28	秋月目鏡橋を渡る寅さん
遠賀川	福岡県北九州市他	37	JR勝野駅に近い沈下橋を渡る寅さん
貝島炭鉱住宅	福岡県宮若市	37	炭鉱住宅に座長の家を訪ね、成長した大空小百合こと美保(マドンナの志穂美悦子)と再会する寅さん
嘉穂劇場	福岡県飯塚市	37	登録有形文化財。木造の威風堂々とした芝居小屋。懐かしくなった寅さんが立ち寄る
水天宮	福岡県久留米市	28	水天宮の総本宮である久留米水天宮の縁日。寅さんがフーテンの愛子(岸本加世子)をサクラにして啖呵売
田川伊田駅	福岡県田川市	37	JR日田彦山線など。田川伊田駅で美保(マドンナの志穂美悦子)が寅さんを見送る
門司港	福岡県北九州市	37	門司港桟橋でテキヤ仲間のキューシュー(不破万作)に会う
小城駅	佐賀県小城市	42	JR唐津線。寅さんが柴又に電話。赤電話に10円玉を次々に投入するが、途中で10円玉がなくなり電話は切れる
小城高校	佐賀県小城市	42	寅さんが泉(マドンナの後藤久美子)が通う高校を訪ねる
嘉瀬川河川敷	佐賀県佐賀市	42	第9回熱気球選手権が開催。満男がバイクで通る
嘉瀬川ダム	佐賀県佐賀市	42	満男と泉(マドンナの後藤久美子)は、畑瀬地区にある泉の母の生家へ(撮影の後、ダムに水没)
唐津くんち	佐賀県唐津市	14	ユネスコ無形文化遺産に登録されている唐津神社の例大祭。町を曳山が練り歩く
唐津神社	佐賀県唐津市	14	寅さんがウサギの人形を啖呵売
佐嘉神社	佐賀県佐賀市	42	五穀豊穣を祈願する天衝舞で、寅さんがスカーフや手袋を売
須賀神社	佐賀県小城市	42	ラストシーン。寺に続く長い石段の途中。寅さんとポンシュウ(関敬六)が売。寅さんは易本、ポンシュウは1回50円で石段を上るための杖をレンタル売
鳥栖駅	佐賀県鳥栖市	28	JR長崎本線他。冒頭シーン。駅前食堂でとんかつを食べたあと、うたた寝をしていた寅さんが目覚める
古湯温泉	佐賀県佐賀市	42	寅さん、吉野ヶ里遺跡見物の同道者たちと宿泊
松原神社	佐賀県佐賀市	42	キュウシュウ(不破万作)らと売
馬渡屋	佐賀県唐津市	14	旅館の馬渡屋で、寅さんが赤ん坊を連れた男(月亭八方)と飲む。寅さんはラストシーンでも再び呼子町を訪れる
三瀬峠	佐賀県佐賀市他	42	日本百名峠。佐賀市と福岡市の県境の峠(国道263号線)で、満男がバイク事故を起こす
吉野ケ里遺跡	佐賀県神埼市	42	国の特別史跡。寅さん、泉(マドンナの後藤久美子)の母の妹の嫁ぎ先である奥村家のやっかいになり、ごちそうを振る舞われる。翌日、二日酔いのまま、奥村家の祖父と遺跡見物へ
呼子港	佐賀県唐津市	14	渡し船の船着き場で、寅さんとヌードショーの踊り子(春川ますみ)が言葉を交わす
雲仙バス停	長崎県雲仙市	47	ラストシーン。島原鉄道バスの雲仙バス停で歌のキャンペーンバスに乗った演歌歌手・小林さち子(小林幸子)と再会する寅さん。寅さんの予言通り歌はヒットしていた
青海の里	長崎県対馬市	27	ラストシーン。棚田が美しい青海の里(長崎県景観遺産)。結婚して寿司屋の女将となったふみ(マドンナの松坂慶子)を寅さんが訪ねる

佐世保市内	長崎県佐世保市	20	ラストシーン。柚木町内。民家の片隅を借りて昼食をとった寅さん。田舎道を歩いていると、坂東鶴八郎一座に遭遇
島原城	長崎県島原市	40	日本100名城。島原城天守の下で寅さんとポンシュウ（関敬六）がデイパックの売
新上五島町内各所	長崎県新上五島町	35	中通島・青砂ヶ浦天主堂などを舞台に若菜（マドンナの樋口可南子）と寅さんが親交を深める
長崎港	長崎県長崎市	6	冒頭シーン。長崎港の大波止。五島行きの最終便が出た後、寅さんは「行こかい、戻ろか、思案橋ってなあ」とどこに泊まろうか迷っている。ここで子連れの絹代（宮本信子）と出会う
平戸市内各所	長崎県平戸市	20	寅さんがゴム手袋を啖呵売する濱尾神社、松浦史料博物館、幸橋（オランダ橋）、平戸カトリック教会などが舞台となる。柴又で女性にフラれたとらやの下宿人ワット君（中村雅俊）を励まそうと、実家の平戸を訪れるという設定で、寅さんはここでワット君の姉・藤子（マドンナの藤村志保）に惚れてしまう
福江島	長崎県五島市	6	3年ぶりに父親（森繁久彌）がひとりで暮らす実家の中村旅館に帰る絹代（宮本信子）。長崎港から絹代を励ましてきた寅さんも一緒である
和多都美神社	長崎県対馬市	27	冒頭シーン。和多都美神社の境内で昼寝している寅さんが、夢から醒める
阿蘇山	熊本県阿蘇市	12	世界ジオパーク・日本百名山。観光バスに乗ったとらや一家。寅さんが留守中に何かしでかさないか、雄大な車窓をながめながら心配する。ラストシーンでは寅さんが火口付近で虎の絵を啖呵売。そばにはりつ子（マドンナの岸惠子）に描いてもらった寅さんの肖像画が非売品として置かれている
阿蘇下田城 ふれあい温泉駅	熊本県南阿蘇村	21	現在の南阿蘇鉄道高森線の阿蘇下田城ふれあい温泉駅。寅さんがホームの木製ベンチで列車を待っていると、ゆっくりと気動車が入線してくる
阿蘇大観峰	熊本県阿蘇市	21	世界ジオパーク・日本百名山。阿蘇北外輪山の最高峰である阿蘇大観峰を望む大草原を旅する寅さん
阿弥陀杉	熊本県小国町	21	天然記念物。樹齢1200年の阿弥陀杉の下で、恋愛下手の青年・留吉（武田鉄矢）を教導。ラストも留吉とのからみで終わる
熊本城公園	熊本県熊本市	12	寅さんのことを心配しすぎて、疲れ果てた竜造とつね。家族旅行を途中で投げ出して柴又に帰る
下城の大イチョウ	熊本県小国町	12	天然記念物。樹齢千年以上の下城大イチョウ。近くをとらや一家を乗せた観光バスが通る
田の原温泉	熊本県南小国町	21	寅さん、田の原温泉の大朗館に逗留
通潤橋	熊本県山都町	21	重要文化財。通潤橋を渡る寅さん
杖立温泉	熊本県小国町	21	さくらが寅さんの宿賃のツケを払うためバスに乗って到着。寅さんに感化された留吉（武田鉄矢）の出迎えを受ける。留吉のオンボロ四駆で寅さんが投宿する田の原温泉へ
杖立温泉	熊本県小国町	12	とらや一家が山間の小さな温泉に宿泊。柴又で留守番をしている寅さんにねぎらいの電話をする
栃木温泉	熊本県南阿蘇村	12	温泉宿の下の渓流で川魚を釣る博と満男
広瀬神社	大分県竹田市	21	竹田市の立志伝中の人物、広瀬武夫海軍中佐（軍神第1号）を祀る広瀬神社。寅さんが運動靴を啖呵売
麻生釣駅	大分県南九重町	21	国鉄宮原線。麻生釣駅は宮原線の廃線（1984年）によって廃駅
アフリカンサファリ	大分県宇佐市	30	アフリカンサファリで寅さん・三郎（沢田研二）・螢子（マドンナの田中裕子）・ゆかり（児島美ゆき）が遊ぶ。三郎は千葉県の動物園でチンパンジーの飼育係を務めている
大分空港	大分県国東市	12	とらや一家、九州へ2泊3日の家族旅行。寅さんに嫌みを言われながら出発。とらや一家を乗せた全日空機が到着する
鉄輪温泉	大分県別府市	30	ラストシーン。湯煙を盛大に上げる鉄輪温泉で寅さんが正月の飾り物を啖呵売

城島後楽園遊園地	大分県別府市	30	城島後楽園遊園地で、寅さん・三郎（沢田研二）・螢子（マドンナの田中裕子）・ゆかり（児島美ゆき）が遊ぶ
杵築市内各所	大分県杵築市	30	南杵築の養徳寺で三郎（沢田研二）が母の供養をする。寅さん・三郎・螢子（マドンナの田中裕子）・ゆかり（児島美ゆき）が、武家屋敷の町並みを観光
亀都起神社	大分県玖珠町	43	亀都起神社でポンシュウ（関敬六）とCDの売をする寅さん
志高湖	大分県別府市	30	鶴見岳の南東山麓にある湖。鶴見岳から滑空を繰り返しているハングライダーの青年に声をかける
高崎山自然動物園	大分県大分市	12	ホバークラフトで大分市へ。高崎山自然動物園で猿を見る。寅さんのような猿がいる
馬溪橋	大分県中津市	43	５連のアーチ式石橋、馬溪橋を寅さんが渡る
日田祇園祭り	大分県日田市	43	泉と一緒に泉の父（寺尾聰）が暮らす日田へ。日田祇園祭りが行われている
福良天満宮	大分県臼杵市	30	福良天満宮で寅さんとポンシュウ（関敬六）が鏡や色紙を啖呵売
満月寺	大分県臼杵市	30	臼杵磨崖仏（国宝）で知られる満月寺境内。日吉塔近くの野道を歩く寅さん
湯平駅	大分県由布市	30	ＪＲ久大本線。湯平駅で螢子（マドンナの田中裕子）、ゆかり（児島美ゆき）と冗談を言いながら列車を待つ寅さん
湯平温泉	大分県由布市	30	寅さんの定宿である湯平荘で、三郎（沢田研二）、螢子（マドンナの田中裕子）、ゆかり（児島美ゆき）が出会う
由布岳	大分県由布市	4	ラストシーン。由布岳を背景に久大本線を走るD60蒸気機関車が牽引する列車。客車の中で乗客を笑わせる寅さん
夜明駅	大分県日田市	28	ＪＲ久大本線。プラットホームをさびしそうに歩く寅さん。投宿した駅前旅館の相部屋客として、自由奔放なフーテンの愛子（岸本加世子）と出会う
青島神社	宮崎県宮崎市	45	スーパーボールの売をする寅さんとポンシュウ（関敬六）が、警官に取り締まられる
吾平津神社	宮崎県日南市	45	秋の例大祭と油津みなとまつり。蝶子（マドンナ役の風吹ジュン）の弟の竜介（永瀬正敏）がステージで唄う
油津	宮崎県日南市	45	堀川運河の堀川橋。蝶子（マドンナ役の風吹ジュン）が理髪店から出てくる。喫茶店に寅さんがいる
石波海岸	宮崎県串間市	45	日本の渚百選。南幸島の浜で寅さんと蝶子（マドンナ役の風吹ジュン）が「港が見える丘」を唄う
鬼の洗濯板	宮崎県宮崎市	45	国の天然記念物。冒頭シーン。鬼の洗濯板の海岸で昼寝から目覚める寅さん
飫肥城址	宮崎県日南市	45	大手門前で蝶子（マドンナ役の風吹ジュン）と歩いていた寅さんが泉（マドンナの後藤久美子）と再会
宮崎空港	宮崎県宮崎市	45	満男が到着、バスに乗る
奄美空港	鹿児島県奄美市	48	泉（マドンナの後藤久美子）を乗せた飛行機が到着
伊作駅	鹿児島県日置市	34	鹿児島交通。ラストシーン。1984年に廃止された鹿児島交通の廃線駅。ポンシュウ（関敬六）と寅さんが列車がいつまでも来ないのを疑問に思うと、駅から延びる線路にはレールがなく枕木だけとなっていた
鰻温泉	鹿児島県指宿市	34	寅さんとふじ子（マドンナの大原麗子）は、ふじ子の夫・富永健吉（米倉斉加年）が中学生のときに訪れた鰻温泉に行く
鹿児島空港	鹿児島県霧島市	34	富永健吉（米倉斉加年）を探しに鹿児島へ。桜島を眼下に見ながら寅さんとふじ子（マドンナの大原麗子）を乗せた飛行機が着陸
鹿児島市内各所	鹿児島県鹿児島市	48	観光船乗り場など。食堂の中川家で寅さんが柴又へ電話
霧島神宮	鹿児島県霧島市	3	霧島神宮の大晦日を中継するテレビに寅さんが出演
錦江湾	鹿児島県鹿児島市他	3	ラストシーン。寅さんを乗せた種子島行きの連絡船が海上を進む。船上では寅さんが乗客の前で啖呵売を披露

古仁屋港	鹿児島県瀬戸内町	48	リリー（マドンナ役の浅丘ルリ子）と満男を乗せた「でいご丸」が出航
薩摩湖	鹿児島県日置市	34	冒頭シーン。食堂で昼寝をしていた寅さんが、怪獣のマスクをかぶった子供に起こされる
諸鈍の浜	鹿児島県瀬戸内町	48	にほんの里100選。加計呂麻島。リリー（マドンナの浅丘ルリ子）の家に寅さんが住んでいる
城山公園展望台	鹿児島県鹿児島市	34	鹿児島でも一二を争う名所。富永健吉（米倉斉加年）探しが空振りに終わったことを確認する寅さんとふじ子（マドンナの大原麗子）。錦江湾と桜島が美しい
枕崎駅	鹿児島県枕崎市	34	JR指宿枕崎線。富永健吉（米倉斉加年）の郷里を訪ねて、寅さんとふじ子（マドンナの大原麗子）が枕崎駅に降り立つ。今は新しい駅舎に。
丸木浜	鹿児島県南さつま市	34	厭世観にさいなまれて家出した富永健吉（米倉斉加年）が、幼い時に遊んだ海岸・丸木浜で想いにふける
オクマビーチ	沖縄県国頭村	25	日本の渚百選。オクマビーチで、イルカ・スタジオのスタッフとカチャーシーを楽しむ寅さん
キャンプハンセンゲート	沖縄県金武町	25	キャンプハンセンゲート前の新開地で、仕事を探すリリー（マドンナの浅丘ルリ子）
那覇空港	沖縄県那覇市	25	寅さんが病気のリリー（マドンナの浅丘ルリ子）を見舞うため羽田空港から到着。飛行機嫌いの寅さん、乗務員に支えられながらタラップを降りる。歩くのがおぼつかず、空港内は車椅子で移動する
那覇市内各所	沖縄県那覇市	25	たがみ病院へ寅さんがリリーを訪ね、ホテル入船に宿泊する寅さん。那覇市の新天地市場前でサンダルなどを啖呵売
本部町	沖縄県本部町	25	沖縄県本部町の健堅。部屋を借りている大家の息子と船に乗るリリー（マドンナの浅丘ルリ子）。半同棲生活をしながら、病み上がりのリリーを助ける寅さん。寅さんは沖縄海洋博公園のイルカ・スタジオを見物する

国の重要無形民俗文化財、ユネスコ無形文化遺産に登録されている唐津くんち。唐津神社の例大祭である。

国の特別史跡にして国宝の指定を受ける臼杵磨崖仏。

日本有数の温泉街を形成する大分県の鉄輪温泉。

不世出の喜劇役者・渥美清 68年の軌跡

◉

遺作「寅次郎紅の花」は、病魔と闘いながらの撮影となったが、
スタッフの間でも渥美清の闘病生活を知る人は少なかった。
偉大な役者の死は、茶毘にふされたあとに発表され、日本中を驚かせた。

1928 ● 東京市下谷区（現・台東区）に生まれる。本名は田所康雄。誕生日は3月10日。0歳
1940 ● 巣鴨中学に入学。小児関節炎を患う。12歳。
1945 ● カツギ屋で学費を稼ぎ、中央大学予科に入学。このころテキ屋の口上に魅せられる。17歳。
1948 ● このころ大学を中退し、地方劇団に参加する。20歳。
1950 ● 大宮日活館で下働き。ここで舞台デビュー。22歳。
1951 ● 浅草の百万弗劇場に入座。谷幹一を知る。浅草ロック座などを渡り歩く。23歳。
1953 ● 父親に勘当される。生涯の親友・関敬六と出会う。浅草フランス座に移籍。25歳。
1954 ● 結核を患い、1956年までサナトリウムで暮らす。右肺摘出。26歳。
1957 ● フランス座に復帰。この年にテレビに初出演（NTV「スイレン夫人とばら娘」）。29歳。
1959 ● 谷幹一、関敬六らとトリオ「スリーポケッツ」を結成するが、2カ月で解散。31歳。
1960 ● テレビ出演が続き、人気が出はじめる。東宝「地の涯に生きるもの」に端役で出演。32歳。
1961 ● テレビ、ラジオのレギュラー出演が続く。森繁劇団の旗揚げ公演に出演。33歳。
1962 ● コロムビアレコードからデビュー。フジテレビ「大番」に主演。34歳。
1963 ● 松竹「拝啓天皇陛下様」（監督：野村芳太郎）に主演。人気は不動のものとなる。35歳。
1964 ● 長期アフリカロケ映画、東京映画「ブワナ・トシの歌」（監督：羽仁進）に主演。36歳。
1966 ● TBSで「男はつらいよ」の原型とされる「泣いてたまるか」に主演。1968年まで続く。38歳。
1967 ● 東映に招かれ「喜劇・急行列車」に主演。39歳。
1968 ● 山田洋次脚本、フジテレビの連続ドラマ「男はつらいよ」に主演。40歳。
1969 ● 松竹「男はつらいよ」が山田洋次監督で映画化。空前の長期シリーズがスタート。結婚。41歳。
1970 ●「男はつらいよ」ほかの演技でキネマ旬報主演男優賞、毎日映画コンクール男優主演賞を受賞。42歳。
1972 ● 渥美プロダクションを設立。芸術選奨文部大臣賞受賞。44歳。
1975 ● 日本映画テレビ製作者協会（現：日本映画テレビプロデューサー協会）特別賞受賞。47歳。
1980 ● 第25回ブルーリボン賞主演男優賞受賞。52歳。
1981 ● 日本アカデミー賞特別賞受賞。53歳。
1983 ●「男はつらいよ」が世界一の長寿映画として、ギネスブックに登録される。55歳。
1988 ● 紫綬褒章を受章。60歳。
1995 ● シリーズ区切りの作品、第48作「寅次郎紅の花」が公開される。67歳
1996 ● 8月4日、転移性肺がんで死去。国民栄誉賞受賞。68歳。

自画像が描かれた渥美清の色紙。

第38作「知床慕情」（1987年）のスタジオ撮影の合間にくつろぐ渥美清。素顔の寅さんである。

1961年「二階の他人」でデビュー

山田監督は昭和6（1931）年、大阪府豊中市に生まれた。翌年、山田家は満州国（中国北東部）へ移住する。大阪の汽車製造会社で蒸気機関車の設計をしていた父親に、南満州鉄道（満鉄）から声がかかり、蒸気機関車の開発に取り組むことになったのだ。一家は満州各地を転々とし、敗戦後に内地に引き揚げた。滞満13年（3年の東京暮らしを含む）。蒸気機関車の〝洗礼〟をたっぷりと受けた山田監督は、鉄分十分の少年に育ち上がった。

無一物で引き揚げてきた一家は、山口県宇部市の親類に身を寄せた。士族の家系に生まれた父親は、戦後の混乱期になすすべもなかった。山田監督も闇屋まがいの行商で、家計を助ける日々が続いた。それでも、負けん気の強い山田監督は、旧制山口高校から一浪して東大に入学。卒業後の同29（1954）年、助監督として松竹大船撮影所に入社する。

そして7年後の同36（1961）年、「二階の他人」で監督デビュー。その後も作品を発表し続け、社内の地歩を固めていった。13作目の「吹けば飛ぶよな男だが」が『キネマ旬報』誌のベストテン10位にランクされ、知名度も一気に上がった。

こうした試行錯誤の末、「男はつらいよ」にたどり着いたのだった。この映画は庶民の熱い支持を受けてシリーズ化。並行して、「家族」や「故郷」などのシリアスな映画、「幸福の黄色いハンカチ」などの傑作をものし、映画界に押しも押されもしない地位を築いたのである。

失恋したような喪失感を感じたファン

山田監督作品の主人公にエリートが選ばれるケースは皆無だ。社会的には落伍者、負け組と見なされる者たちが主人公だ。なぜか。その答えは、「学校Ⅱ」をめぐって福岡で行われた講演に明らかだろう。

「日本人がみんな真面目になって働くしか能がない、逆に働かない奴は効率が悪いと切り捨てられたりしたら、僕はその社会は必ず衰弱していくと思う……」

「男はつらいよ」シリーズは、足かけ29年にわたって全49本が制作された。動員観客数は総計8千万人弱に達し、〝国民的映画〟と称された。しかし、平

「男はつらいよ」の動員数は総計8千万人弱

成7（1995）年12月に公開された「寅次郎紅の花」（第48作）をもって、一応の終止符が打たれた。主演の渥美清が亡くなったためだ。その後、平成9（1997）年に第49作「寅次郎ハイビスカスの花特別篇」が公開された。

最後の数作は渥美の体調が思わしくなく、観るのが辛いというファンが少なくなかった。だが、いざ終わってみると、「何だか身体の真ん中に穴っぽこがあいちまって、そこをすうすう風が通っていくみたいな気持ち」（「純情篇」第6作／1971年）となったファンが多かったのではあるまいか。そう、われわれは寅さんのように、失恋したかのごとき喪失感を味わったのだった。

"真剣勝負"の時代劇に新境地を拓く

相思相愛の関係にあったシリーズを手放した山田監督に、立ち止まっている暇はなかった。寅さんシリーズへのオマージュともいうべき「虹をつかむ男」につづいて、「学校」シリーズを制作。

さらに、藤沢周平の小説が原作の「時代劇3部作」に取り組む。「たそがれ清兵衛」「隠し剣 鬼の爪」「武士の一分」がそれだ。3部作はそろって評価が高く、日本アカデミー賞の最優秀作品賞をはじめ数々の賞を受けた。喜劇で監督人生のスタートを切った山田監督は、時代劇でも新境地を拓いたのである。

ことに、立ち回りの描写は、凡手の及ぶところではなかった。人を斬るのは、大根相手とは違う。スパリ、スパリというわけにはいかない。生死を賭けて肉体と肉体をぶつけあう、真剣勝負の迫力に圧倒された方も多いはずだ。時代劇の凋落が叫ばれていた折から、新たな可能性を拓いた点はいくら褒めても褒めたりないだろう。続いて山田監督は、監督生活50周年を記念した「東京家族」を平成25（2013）年に公開。「男はつらいよ」シリーズに続いて「家族」をテーマにした連作を発表していく。すなわち「東京家族」「家族はつらいよ」「家族はつらいよ2」「妻よ薔薇のように 家族はつらいよⅢ」である。

その後、令和元（2019）年に「男はつらいよ」の第50作「お帰り 寅さん」が公開された。シリーズスタートから50年の節目となる待望の作品で、ファンの"喪失感"を埋めて、寅さんワールドを未来につなげていく集大成的な作品となった。

公開年	作品名	主な出演者	備考
1961	二階の他人	小坂一也、葵京子	
1963	下町の太陽	倍賞千恵子、勝呂誉	
1964	馬鹿まるだし	ハナ肇、桑野みゆき	
1964	いいかげん馬鹿	ハナ肇、岩下志麻	
1964	馬鹿が戦車でやって来る	ハナ肇、岩下志麻、犬塚弘	
1965	霧の旗	倍賞千恵子、滝沢修	
1966	運が良けりゃ	ハナ肇、倍賞千恵子	
1966	なつかしい風来坊	ハナ肇、倍賞千恵子	ブルーリボン監督賞
1967	九ちゃんのでっかい夢	坂本九、倍賞千恵子、竹脇無我	
1967	愛の賛歌	倍賞千恵子、中山仁、伴淳三郎	
1967	喜劇一発勝負	ハナ肇、倍賞千恵子、加東大介	
1968	ハナ肇の一発大冒険	ハナ肇、倍賞千恵子	
1968	吹けば飛ぶよな男だが	なべおさみ、緑魔子	キネマ旬報10位
1969	喜劇一発大必勝	ハナ肇、倍賞千恵子、谷啓、犬塚弘	
1969	男はつらいよ	渥美清、倍賞千恵子、光本幸子	キネマ旬報６位
1969	続・男はつらいよ	渥美清、倍賞千恵子、佐藤オリエ	キネマ旬報９位
1970	男はつらいよ　望郷篇	渥美清、倍賞千恵子、長山藍子	キネマ旬報８位
1970	家族	井川比佐志、倍賞千恵子、笠智衆	キネマ旬報１位
1971	男はつらいよ　純情篇	渥美清、倍賞千恵子、若尾文子	
1971	男はつらいよ　奮闘篇	渥美清、倍賞千恵子、榊原るみ	
1971	男はつらいよ　寅次郎恋歌	渥美清、倍賞千恵子、池内淳子	キネマ旬報８位
1972	男はつらいよ　柴又慕情	渥美清、倍賞千恵子、吉永小百合	キネマ旬報６位
1972	故郷	井川比佐志、倍賞千恵子、笠智衆	キネマ旬報３位
1972	男はつらいよ　寅次郎夢枕	渥美清、倍賞千恵子、八千草薫	
1973	男はつらいよ　寅次郎忘れな草	渥美清、倍賞千恵子、浅丘ルリ子	キネマ旬報９位
1973	男はつらいよ　私の寅さん	渥美清、倍賞千恵子、岸恵子	
1974	男はつらいよ　寅次郎恋やつれ	渥美清、倍賞千恵子、吉永小百合	
1974	男はつらいよ　寅次郎子守唄	渥美清、倍賞千恵子、十朱幸代	
1975	男はつらいよ　寅次郎相合い傘	渥美清、倍賞千恵子、浅丘ルリ子	キネマ旬報５位
1975	同胞	寺尾聰、倍賞千恵子、渥美清	キネマ旬報９位
1975	男はつらいよ　葛飾立志篇	渥美清、倍賞千恵子、樫山文枝	
1976	男はつらいよ　寅次郎夕焼け小焼け	渥美清、倍賞千恵子、太地喜和子	キネマ旬報２位
1976	男はつらいよ　寅次郎純情詩集	渥美清、倍賞千恵子、京マチ子	
1977	男はつらいよ　寅次郎と殿様	渥美清、倍賞千恵子、真野響子	
1977	幸福の黄色いハンカチ	高倉健、倍賞千恵子、武田鉄矢	日本アカデミー賞最優秀作品賞、同最優秀監督賞、キネマ旬報１位
1977	男はつらいよ　寅次郎頑張れ！	渥美清、倍賞千恵子、藤村志保	
1978	男はつらいよ　寅次郎わが道をゆく	渥美清、倍賞千恵子、木の実ナナ	
1978	男はつらいよ　噂の寅次郎	渥美清、倍賞千恵子、大原麗子	
1979	男はつらいよ　翔んでる寅次郎	渥美清、倍賞千恵子、桃井かおり	
1979	男はつらいよ　寅次郎春の夢	渥美清、倍賞千恵子、香川京子	
1980	遙かなる山の呼び声	高倉健、倍賞千恵子、吉岡秀隆	キネマ旬報５位
1980	男はつらいよ　寅次郎ハイビスカスの花	渥美清、倍賞千恵子、浅丘ルリ子	
1980	男はつらいよ　寅次郎かもめ歌	渥美清、倍賞千恵子、伊藤蘭	
1981	男はつらいよ　浪花の恋の寅次郎	渥美清、倍賞千恵子、松坂慶子	
1981	男はつらいよ　寅次郎紙風船	渥美清、倍賞千恵子、音無美紀子	
1982	男はつらいよ　寅次郎あじさいの恋	渥美清、倍賞千恵子、いしだあゆみ	
1982	男はつらいよ　花も嵐も寅次郎	渥美清、倍賞千恵子、田中裕子	
1983	男はつらいよ　旅と女と寅次郎	渥美清、倍賞千恵子、都はるみ	
1983	男はつらいよ　口笛を吹く寅次郎	渥美清、倍賞千恵子、竹下景子	
1984	男はつらいよ　夜霧にむせぶ寅次郎	渥美清、倍賞千恵子、中原理恵	
1984	男はつらいよ　寅次郎真実一路	渥美清、倍賞千恵子、大原麗子	
1985	男はつらいよ　寅次郎恋愛塾	渥美清、倍賞千恵子、樋口可南子	
1985	男はつらいよ　柴又より愛をこめて	渥美清、倍賞千恵子、栗原小巻	
1986	キネマの天地	有森也実、中井貴一、渥美清、倍賞千恵子	キネマ旬報９位
1986	男はつらいよ　幸福の青い鳥	渥美清、倍賞千恵子、志穂美悦子	
1987	男はつらいよ　知床慕情	渥美清、倍賞千恵子、竹下景子、三船敏郎	キネマ旬報６位
1987	男はつらいよ　寅次郎物語	渥美清、倍賞千恵子、秋吉久美子	
1988	ダウンタウン・ヒーローズ	薬師丸ひろ子、中村橋之助、柳葉敏郎	

人間愛、家族愛をテーマに90作

1988	男はつらいよ　寅次郎サラダ記念日	渥美清、倍賞千恵子、三田佳子	
1989	男はつらいよ　寅次郎心の旅路	渥美清、倍賞千恵子、竹下景子	
1989	男はつらいよ　ぼくの伯父さん	渥美清、倍賞千恵子、後藤久美子	
1990	男はつらいよ　寅次郎の休日	渥美清、倍賞千恵子、夏木マリ	
1991	息子	三国連太郎、永瀬正敏、和久井映見	日本アカデミー賞最優秀作品賞ほか多数受賞、キネマ旬報１位
1991	男はつらいよ　寅次郎の告白	渥美清、倍賞千恵子、吉田日出子	
1992	男はつらいよ　寅次郎の青春	渥美清、倍賞千恵子、風吹ジュン	
1993	学校	西田敏行、田中邦衛、竹下景子	キネマ旬報６位
1993	男はつらいよ　寅次郎の縁談	渥美清、倍賞千恵子、松坂慶子	
1994	男はつらいよ　拝啓　車寅次郎様	渥美清、倍賞千恵子、かたせ梨乃	
1995	男はつらいよ　寅次郎紅の花	渥美清、倍賞千恵子、浅丘ルリ子	
1996	学校Ⅱ	西田敏行、いしだあゆみ、永瀬正敏	
1996	虹をつかむ男	西田敏行、吉岡秀隆、田中裕子	
1997	虹をつかむ男　南国奮斗篇	西田敏行、小泉今日子、吉岡秀隆	
1997	男はつらいよ　寅次郎ハイビスカスの花　特別篇	渥美清、倍賞千恵子、浅丘ルリ子	
1998	学校Ⅲ	大竹しのぶ、小林稔持	キネマ旬報６位
2000	十五才　学校Ⅳ	金井勇太、麻実れい、赤井秀和	キネマ旬報４位
2002	たそがれ清兵衛	真田広之、宮沢りえ	日本アカデミー賞最優秀作品賞、最優秀監督賞など15部門、日本の映画賞を総なめ。米国アカデミー賞最優秀外国語映画部門ノミネート。ベルリン国際映画祭コンペティション部門出品。キネマ旬報１位
2004	隠し剣鬼の爪	永瀬正敏、松たか子、小澤征悦	ベルリン国際映画祭コンペティション部門出品。ジンバブエ国際映画祭グランプリ受賞。キネマ旬報５位
2006	武士の一分	木村拓哉、檀れい、笹野高史	日本アカデミー賞優秀作品賞など。ベルリン国際映画祭パノラマ部門出品。上海国際映画祭最優秀音楽賞受賞。キネマ旬報５位
2008	母べえ	吉永小百合、浅野忠信、檀れい	ベルリン国際映画祭コンペティション部門出品。キネマ旬報７位
2010	おとうと	吉永小百合、笑福亭鶴瓶、蒼井優	ベルリン国際映画祭クロージング作品。ベルリン国際映画祭ベルリナーレ・カメラ賞（松竹が会社として受賞）
2010	京都太秦物語	海老瀬はな、USA(EXILE)	阿部勉と共同監督。ベルリン国際映画祭フォーラム部門出品
2013	東京家族	橋爪功、吉行和子、蒼井優、妻夫木聡	日本アカデミー賞優秀作品賞、優秀監督賞、優秀主演男優賞、優秀主演女優賞
2014	小さいおうち	松たか子、倍賞千恵子、黒木華	ベルリン国際映画祭最優秀女優賞（銀熊賞）、日本アカデミー賞最優秀助演女優賞、優秀作品賞、キネマ旬報ベスト・テン第６位
2015	母と暮せば	吉永小百合、二宮和也、黒木華	キネマ旬報ベスト・テン第９位、日本アカデミー賞最優秀主演男優賞、最優秀助演女優賞、優秀作品賞
2016	家族はつらいよ	橋爪功、吉行和子、蒼井優、妻夫木聡	日本アカデミー賞各賞
2017	家族はつらいよ２	橋爪功、吉行和子、蒼井優、妻夫木聡	日本アカデミー賞各賞
2018	妻よ薔薇のように 家族はつらいよⅢ	橋爪功、吉行和子、蒼井優、妻夫木聡	
2019	男はつらいよ　お帰り 寅さん	渥美清／倍賞千恵子、吉岡秀隆、後藤久美子、前田吟、池脇千鶴、夏木マリ、浅丘ルリ子他	
2021	キネマの神様	沢田研二、菅田将暉、永野芽郁	日本アカデミー賞各賞
2023	こんにちは、母さん	吉永小百合、大泉洋、永野芽郁、YOU	上海国際映画祭コンペティション部門出品

おわりに

大学紛争で世が騒然としていた昭和44（1969）年8月末、観終わった映画「男はつらいよ」（第1作）のワンシーンを反芻しながら家路をたどった。しんと静まり返った夕暮れ時で、国の行く末を思い煩うなどという気はまるでなかった。思い返していたのは以下のような場面である。

御前様の娘・冬子（光本幸子《みつもとさちこ》）に身も世もないほど惚れ込んだ寅さんは、彼女とのデートにこぎつけ有頂天。人々が寝静まった深夜、冬子を題経寺に送り届けた寅さん。門の内から差し出された冬子の白い指に触れたとたん、彼の身内で熱いものがざわめく。脈ありと踏んだ彼は、せり上がってくる喜びに促されるように唄う。

♪殺したいほど惚れてはいたが／指も触れずに別れたぜ／浪花節だと笑うておくれ／野暮な情けに生きるより／俺は仁義に生きてゆく（北島三郎《きたじまさぶろう》「喧嘩辰」）

恋を得た喜びを全身にあらわし、背広を振り回しつつ飛び跳ね、踊るように参道を駆けながら唄う。柴又の街に響けとばかりに唄いあげるのだ。すぐ先に手痛い失恋が待ち構え、参道の衆に笑いものにされようとはつゆ思わずに。

「馬鹿だねえ、まったく」。車寅次郎という男の愚かさ加減、そして純情さを、これほど見事に表現しているシーンはないだろう。背筋がゾワリとざわめいた。

格子縞の背広に腹巻、中折れ帽子に雪駄履きのこの男、お見かけどおりの渡世人。旅先の祭礼や縁日で道行く人を呼び止めては、口先ひとつで怪しげな物を売りつけるのが稼業だ。つまりはテキ屋。香具師《やし》とも呼ぶ。

生まれ故郷にはめったに寄りつかず、旅から旅へのしがない渡り鳥だが、「ぼくの伯父さん」(第42作)において一世一代の名セリフを吐く。佐賀県の旧家にワラジを脱いだ寅さんが、その家の主婦(檀《だん》ふみ)と交わす会話である。

「寅さん、これからどちらへ」

「そうですねえ、風の奴が……」

と唇で湿らせた人差し指を宙に立て、

「東から西へ吹いていますんでね、西の方へでも行きますか」

「わあーっ、私もそがん旅がしてみたか」

こんなセリフを聞かされて、家庭にぬくぬくとしていられようか。きらびやかな輝きを放つ「放浪」の二文字に誘われて、小生も旅行作家という、寅さんとほぼ同業の世界に身を投じたのであった。

令和元(2019)年に公開された第50作「お帰り 寅さん」から早4年。あと数年すれば渥美清没後30年の節目が訪れる。幾星霜の感は否めないが、それでも寅さんは不滅で、新しいファンが増えていると聞く。ぜひ読者の皆様も末永く寅さんワールドを愛し続けて欲しい。本シリーズ(続刊の2・3も発売中)が、その一助になれば幸いである。出版に際し、編集者の町田てつ氏に多大なご苦労をおかけした。心より御礼申し上げる。

岡村直樹

岡村直樹（おかむら・なおき）

東京生まれ。慶應義塾大学卒。旅行作家。文学、音楽、映画、歴史、絵画、鉄道などを切り口に文化諸相を掘り下げ、とりわけ江戸文化、川文化、映画芸術などに造詣が深い。フィールドワークを通して、多くの著作を上梓。『川の名前で読み解く日本史』（青春出版社）、『川の歳時記』（北斗出版）、『切り絵利根川の旅』（オリジン社）、『川にきく―水辺の防人たちの物語』（創樹社）、『とっておきの里祭り』（心交社）、『「清張」を乗る』（交通新聞社）、『時代小説で旅する東海道五十三次』（講談社）、『江戸「仕事人」案内』（天夢人）、『百冊の時代小説で楽しむ 日本の川 読み歩き』（同）などがある。また、自他共に認める寅さんファンとしても知られ、関連著書に『寅さん 人生の伝言』（日本放送出版協会）、『寅さんの「日本」を歩く』（天夢人）、『寅さんの「日本」を歩く 2』（同）、『寅さんの「日本」を歩く 3』（同）、『知識ゼロからの 寅さん入門』（幻冬舎）がある。川フリークで、全国109の一級水系のすべてを踏破した。2023年没。

増補新装版 **寅さんの「日本」を歩く** 一番詳しい聖地探訪大事典

二〇二三年 七月二三日　初版第一刷発行

著　者◉岡村直樹
発行人◉藤岡 功
発　行◉株式会社天夢人
〒一〇一－〇〇五一 東京都千代田区神田神保町一丁目一〇五番地
https://www.temjin-g.co.jp/
発　売◉株式会社山と溪谷社
〒一〇一－〇〇五一 東京都千代田区神田神保町一丁目一〇五番地
印刷・製本◉大日本印刷株式会社

◎内容に関するお問合せ先
天夢人　info@temjin-g.co.jp　電話〇三－六八三七－四六八〇
◎乱丁・落丁のお問合せ先
山と溪谷社カスタマーセンター　service@yamakei.co.jp
◎書店・取次様からのご注文先
山と溪谷社受注センター　電話〇四八－四五八－三四五五　FAX〇四八－四二一－〇五一三
◎書店・取次様からのご注文以外のお問合せ先
eigyo@yamakei.co.jp
◎定価はカバーに表示してあります。

ISBN 978-4-635-82516-0